财政公共支出法律控制研究

王彩霞 ◎ 著

中国财经出版传媒集团

经济科学出版社
Economic Science Press

·北 京·

图书在版编目（CIP）数据

财政公共支出法律控制研究/王彩霞著 . -- 北京：
经济科学出版社，2024.12
ISBN 978 - 7 - 5218 - 5156 - 4

Ⅰ.①财…　Ⅱ.①王…　Ⅲ.①公共财政 - 财政支出 -
财政法 - 研究 - 中国　Ⅳ.①D922.204

中国国家版本馆 CIP 数据核字（2023）第 180362 号

责任编辑：杨　洋　赵　岩
责任校对：杨　海
责任印制：范　艳

财政公共支出法律控制研究

CAIZHENG GONGGONG ZHICHU FALÜ KONGZHI YANJIU
王彩霞　著
经济科学出版社出版、发行　新华书店经销
社址：北京市海淀区阜成路甲 28 号　邮编：100142
总编部电话：010 - 88191217　发行部电话：010 - 88191522
网址：www. esp. com. cn
电子邮箱：esp@ esp. com. cn
天猫网店：经济科学出版社旗舰店
网址：http://jjkxcbs. tmall. com
北京季蜂印刷有限公司印装
710 × 1000　16 开　16.75 印张　250000 字
2024 年 12 月第 1 版　2024 年 12 月第 1 次印刷
ISBN 978 - 7 - 5218 - 5156 - 4　定价：98.00 元
（图书出现印装问题，本社负责调换。电话：010 - 88191545）
（版权所有　侵权必究　打击盗版　举报热线：010 - 88191661
QQ：2242791300　营销中心电话：010 - 88191537
电子邮箱：dbts@ esp. com. cn）

目　　录

第一章 引 言

监督会计及预算之制，其严重如此，是皆国会重要之职权，即立宪国
所以建设责任政府唯一之武器也。

——杨度[*]

我并不期望美国预算体系的任何特定的部分被作为世界上任何其他地
方的改革模式——我们的国家及其政府机构和过去的演进是如此不同，以
至于任何照搬都是不切实际的。

——爱伦·鲁宾[**]

一、选题背景和问题的提出

人类社会自产生了国家，便有了财政活动。财政乃庶政之母，其为国
家的运行提供必要的物质基础。现代社会，国家通过行使课税权"剥夺"
一定数量的私人财产形成国家财产，税收成为财政收入的主要来源，国家
也越来越依赖于税收。由于财政收入来自国民，应依照国民之意志进行支
出，实现公共利益最大化。国家聚众人之财目的是办众人之事，积极履行
国家职责，保护纳税人的基本权利，这是税收国家的基本逻辑。由于税收
具有"侵益性"，带给纳税人的"税痛感"是直接的，国家与公民间围绕
税收领域的博弈和抗争从未间断，税收法定成为限制国家公权力的基本原

---

[*] 杨度：《金铁主义说》，《中国新报》第一至五号，1907 年 1 月 20 日—5 月 20 日。

[**] ［美］爱伦·鲁宾：《公共预算中的政治：收入与支出，借贷与平衡》（第四版），中国人
民大学出版社 2001 年版，"序言"，第 6 页。

则，国家课税权的行使以公民同意为前提。而财政支出由于其本身具有授益性而易被忽视。财政部公布的数据显示，2018 年财政支出规模达到 30 万亿元，[①] 如此规模巨大的财政支出如何分配，关系到国计民生。财政支出是国家以公共权力对资源进行配置，将财政收入进行再分配的财政行为，财政支出的规模、结构等在干预经济社会的同时，事关人民福祉和社会公平正义。由此，政府依据什么规则、在何种制度框架内进行资源配置和收入分配至关重要。与公共财政相对应的现代预算则起着上述的作用，预算制度是公共财政运行的基本规则，是纳税人及其代议机构控制财政活动的机制。[②] 通过政府预算，管好政府"钱袋子"，控制了预算也就控制了政府的每一笔收支。

我国从计划经济体制转型到市场经济体制，财政模式也相应地由国家财政向公共财政转变。公共财政的转型并不是一蹴而就的，我国先后采取了一系列举措加强对政府财政收支的预算控制，如实行部门预算制度、国库集中收付制度、预算公开制度、政府采购制度、政府收支分类改革以及深化"收支两条线"管理改革等。2014 年预算法修订尘埃落定，全口径预算、预算程序的完善、地方政府发行公债的开闸以及"政府管理"到"管理政府"理念的转变，无不凝聚了理论界和实务界的智慧，也使得财政收支的立法控制取得实质性进展。然而，我们看到，一部预算法的出台并没有解决所有问题，国家财政固有的思维模式和理念仍在惯性影响着财政支出活动，导致不同财政支出类型的功能定位混乱，公共性不足。

例如，预算并没有覆盖所有的财政收入，大量财政资金游离于公共预算监督之外。2014 年预算法确立了全口径预算，意将政府的所有收支均纳入预算统一管理，无预算不支出。目前的财政收入包括一般公共预算收入、政府性基金预算收入、国有资本经营预算收入和社会保险基金预算收入；政府性基金名目繁多，大量游离于预算监督之外；国有资本经营预算

---

① 根据财政部公布的《2018 年财政收支情况》，2018 年一般公共预算支出为 220906 亿元，全国政府性基金预算支出为 80562 亿元，全国国有资本经营预算支出为 2159 亿元，三部分之和超过 30 万亿元。
② 刘剑文：《走向财税法治——信念与追求》，法律出版社 2009 年版，第 54 页。

收入并不完整，只涉及部分国有企业的较少比例的利润。金融类资产以及中央政府各部门和地方政府各个部门托管企业目前还游离于国资部门的预算编制之外，国有企业按不同的行业分别上缴10%～25%的利润，远低于国际水平。从公布的2017年国有资本经营决算情况看，国有资本经营预算收入调入一般公共预算用于社会保障等民生支出的比例约为25%[①]，大部分利润仍在体内循环，其后果必然是挤出了公共支出的数量。

从财政公共支出的结构看，并没有满足财政公共性的要求，政府和市场的界限不清。比如，政府连续多年向国有企业进行财政补贴，以此来"扶持"国有企业的发展。具有垄断性质的"两桶油"连续多年成为补贴王，2016年财政补贴的规模甚至超过上缴的利润总额[②]。此外，数据显示，改革开放以来我国财政收支规模（包括绝对规模和相对规模）逐年增长，税收的增长幅度一直高于经济增长幅度，也高于人均可支配收入的增长幅度。从课税与用税的逻辑关系出发，税收的增长并不一定是不合理的，关键看税收的增长是否相应地带来了更多高质量的公共产品和公共服务的供给。数据显示，民生支出占比虽有所提升，但其增长的速度仍然跑不过一般公共服务支出。[③] 政府不当财政行为再次引发社会热议，有些质疑指向某些行政开支的必要性。此外，一些新的税种诸如房地产税等正在酝酿，征收新税增加财政收入的同时，我们更应思考的是如何确保政财政支出更好地"满足人们美好生活"的实现。

2008年金融危机后，我国提出了4万亿元投资的刺激计划，国家对基础设施的加大投入，推动了地方政府的投资热情。近些年城市轨道交通集中上马，城市发展出现了"泛地铁化"，或者叫"地铁时代"。地铁等轨

---

① 根据《2017年全国国有资本经营收入决算表》《2017年中央国有资本经营支出决算表》《2017年地方国有资本经营支出决算表》的数据计算得来。

② 《两桶油十年获政府补贴超千亿》，载《新京报》，2014年4月15日。

③ 以2017年为例，全国一般公共预算支出中，一般公共预算支出平均增长8.17%，一般公共服务支出增长11.63%，高于教育、科学技术、文化体育、医疗卫生支出的增长速度。一般公共服务支出主要用于保障机关事业单位正常运转，支持各机关事业单位履行职能，保障各机关部门的项目支出需要等。数据详情请见2017年全国一般公共预算支出决算表，一般公共服务支出的规模由表中一般公共服务支出和其他类别的中行政运行的数额组成。

道交通的投资规模巨大、回收期长，后期的维护费用高昂，使原本紧张的地方财政雪上加霜，必然会造成对其他民生支出的挤出效应。有些基础设施的投资并没有将民生需求放到首位，"形象工程""政绩工程""拉动GDP增长"等成为地方政府公共投资的动机。对于如此规模巨大的财政支出，如何确保预算编制的科学性和合理性？社会公众如何能实质性地参与到预算决策的制定中来？财政资金的来源、投向和绩效如何？从目前获取的信息看，有关项目投资的监督只限于合规性监督，对投资项目的绩效评估和审计的信息并不多见，这是长期"重投入轻管理、重支出轻绩效"的惯性思维的表现。只关注财政支出是否有法可依、有据可循，而不注重财政支出是否符合社会公共目的，能否转化为社会公众满意的公共产品和公共服务。

上述种种现象显示，财政公共支出并没有得到有效的控制和监督。《中华人民共和国预算法》（以下简称《预算法》）为控制政府财政支出权提供了重要的法律依据，控制导向仍然是目前预算法的重要功能。但预算控制制度仍不健全。一些应当纳入公共预算管理的财源徘徊在公共预算之外，一些本不应当纳入公共支出范围的开支却由纳税人来承担，政府的缺位与越位问题同时并存。在预算权的配置方面，《预算法》进行了一定程度的完善，比如预算公开、预算草案编制的细化、预算调整草案的初步审查、预决算审查重点等，但是遗憾的是，人大的预算权并没有得到实质性的加强，并未触及人大对预算案的修正权、部分否决权、分项审批等，行政主导型的预算权分配格局未被撼动。同时，预算法"只是一部有关预算规则的程序法，不涉及到任何体制性的问题，也不涉及财政支出的预算标准"，① 正当程序并不关心结果。在财政职能愈加多元和积极的现代社会，对财政支出权的控制不应仅停留在形式上的"预算法定"，仅关注法律在程序上的形式理性，还应注重财政支出的规模和结构是否合理，预算是否平衡，重视法律的正当性，以结果为导向，确保财政支出公共目的的实现。

---

① 熊伟：《认真对待权力：公共预算的法律要义》，载《政法论坛》2011年第5期，第44页。

因此，当控制与结果两种功能并存时，应如何理顺二者之间的关系，构建包括预算法在内的财政公共支出的法律控制体系，确保所依据之"预算"乃为真正的"公共预算"，所遵从之法乃为"良法"。宏观经济运行的复杂性与多变性要求政府能灵活运用各种政策工具，法律的回应性①和稳定性的紧张关系如何来平衡？如何赋予财政法定原则更多实质性的意义？这些问题似乎并没有引起学界更多的关注。这既是财税法学的理论问题，也是在财政收支规模逐年膨胀、民生财政举步维艰、结果导向极度缺失的背景下，需要在立法实践中予以回应的现实问题。

正如德国哲学家尼克莱·哈特曼（Nocolai Hartmann）所言："问题总是在情境理解之内发生的，这种理解预设一种提供答案或解决办法的需求"。② 对上述一连串问题的追问促使作者关注财政公共支出法律控制问题，在事实与规范之间探寻符合中国"法的精神"的财政公共支出法律控制体系。

二、国内外研究现状及述评

（一）国外研究现状

1. 财政支出控制的不同学科之多面向研究视角

财政支出控制理论中，经济学、管理学、政治学、公共行政学、法学等不同学科都从各自立场和角度进行了解读。长期以来，政府预算主要是经济学家尤其是财政学家研究的范畴，对政府预算进行规范和实证研究。经济学家主要从效率角度对市场与国家的边界进行了探讨，以市场失灵作为国家财政干预范围正当与否的判断标准。不同经济发展阶段，财政支出

---

① "回应性"是财税法的重要品性，即作为回应各种社会需要和愿望的一种便利工具的法律。P. 诺内特、P. 塞尔兹尼克著，张志铭译：《转变中的法律与社会：迈向回应型法》，中国政法大学出版社 2004 年版，第 85 页。

② Nocolai Hartmann, Diesseits von Idealismus and Realismus in Kant–Stuien, Bd. XXIX (1924), 160ff.

的研究也具有明显的阶段性特征。

　　早在重商主义代表托马斯·孟的著作《英国得自对外贸易的财富》中，就阐述了国家财政收支的辩证思想。认为国王任意滥用人民的捐税而不节制，对国家来说受害匪浅。主张国家财政支出要使用得当又不浪费，于国于民都是有利的，只有国家富庶又服务于人民，这样的国王才是英明的国王。国家获得财政收入要取之有度，不能超过这个限度。[①] 重商主义的另一代表人物魁奈的观点比托马斯·孟的观点更为全面些，其阐述了增收减支的辩证关系，认为不要把浪费和合理的财政支出混为一谈。[②] 被誉为"财税学之父"的亚当·斯密阐述了税收和财政支出应遵循的原则，对财政收支平衡问题进行了首创性研究。"英国国家收入的剩余部分，及开支了常年经费以后的剩余部分非常的少，想借此完全解除国家收入上的负担，不，想借此相当减轻那负担，似乎全然无望。所以，非国家收入大有增加，非国家支出大有缩减，这负担的解除，是永难实现的。"[③] 主张从财政收入和支出两个方面来调节达到财政收支的平衡。古典经济学派的财政理论以固定财政收支的自身平衡为目标，将政府职能限制在政治领域范围，除必要的公益事业，政府支出实行节俭原则，又称为财政支出的最小原则。

　　德国社会政策学派的主要代表人物瓦格纳认为，国家的职能不能仅限于保卫生命财产的安全，国家的职能必须逐步地扩大，包括发展文化教育和增进社会福利等在内，随着国家职能的扩大，财政活动的范围也必然会随之扩大。经济大萧条催生了凯恩斯理论，其核心观点是运用扩大政府支出的办法或称之为扩张性财政政策，刺激社会需求，实现社会充分就业。他主张采用赤字财政政策，突破亚当·斯密以来传统的平衡预算的财政政策观点。供给学派是20世纪70年代兴起的一个经济学流派，认为国家对经济的全面干预妨碍了市场机制作用的正常发挥，政府的性质和活动界定在鼓励自由放任的管理服务中，国家减少社会福利支出是促进供给增长的

---

　　① 托马斯·孟的财税思想主要参见［英］托马斯·孟：《英国得自对外贸易的财富》，商务印书馆1959年版。

　　② ［法］魁奈：《魁奈经济著作选集》，商务印使馆1997年版，第339页。

　　③ ［英］亚当·斯密：《国富论》下册，商务印书馆1994年版，第497页。

重要措施。20 世纪 90 年代，由于大量赤字和政府债务，引发新一轮经济危机。以斯蒂格利茨为代表的新凯恩斯主义改变了凯恩斯主义的赤字财政政策，实行短期和长期不同的财政收支政策。经济学各个学派为财政收支控制提供了理论解释，并常为其他学科所借用。

在现代财税理论中，马斯格雷夫比较早地将经济与预算结合起来，奠定了功能财政预算理论。他认为预算会影响经济，它具有三大基本经济职能，分别是资源配置的功能、经济稳定的功能和再分配的功能。① 现代预算制度已经成为政府实现宏观经济政策的重要工具。

政府预算正式进入政治学和公共行政学界研究的视野始于 20 世纪 60 年代。谈到预算政治学，我们无法绕过阿伦·威尔达夫斯基和娜奥米·凯顿所著的《预算过程中的新政治》，他们创造了一个简单有力的观点：所有预算都涉及政治，大多数政治涉及预算，因此，预算应当被理解为一场政治博弈的一部分。预算是"追求权力的斗争"。因此，预算决策是关于权力的决策。② 他们提出的预算渐进理论得到普遍性的接受，也是近些年来最具影响力的主流理论，尽管也有不少批评。③ 该理论在 20 世纪 70 年代受到鲁宾等学者的挑战。鲁宾建立了一个公共预算模型，将宏观预算与微观预算结合在一起，预算被分为收入、过程、支出、平衡和执行五个相互独立而又前后相继的决策束。在这个模型中，他扩大了研究的范围，不仅研究预算行动者，而且研究预算过程和环境对于预算决策的影响。④ 由此，鲁宾提出了一个理解公共预算的独特的理论框架。随着公共选择学派

---

① 参见［美］理查德·A. 马斯格雷夫：《财政理论与实践》（第五版），中国财政经济出版社 2003 年版。

② ［美］阿伦·威尔达夫斯基，娜奥米·凯顿：《预算过程中的新政治》（第五版）序言，中国人民大学出版社 2014 年版，第 2 页。

③ 根据爱伦·鲁宾的研究，现有的文献表明，至少有五种方式来认识预算中的政治性：改革主义，渐进主义协商论，利益集团决定论，政治过程论，政策制定论。五种观点既相互影响，又相互冲突。预算渐进理论的核心观点是，政府通过回顾项目现已得到多少资金，并且通过给予它们一个"公平份额"的增量来决定应当给每个政府项目多少钱。"公平份额"的多少要视项目支持者在政治博弈中的表现而定。

④ ［美］爱伦·鲁宾：《公共预算中的政治：收入与支出，借贷与平衡》（第四版），中国人民大学出版社 2001 年版，第 34～35 页。

的产生和发展，预算理论得以丰富，如尼斯坎南提出的"官僚预算最大化模型"试图对政府预算行为和官僚行为进行解释。他假设官僚力图使其预算最大化，认为一些变量因素诸如薪金、福利津贴、荣誉、权力、恩惠、产出、改革和管理官僚机构的容易度等都可以影响官僚效用。预算越大，官僚效用越大。[①] 后来，尼斯坎南放弃了这一假设，赞同官僚力图使其自由决定的预算最大化。[②]

财政支出控制的法学视角。财政支出主要依赖预算制度来实现，由立法机关通过的预算本身即具有法律属性，不论是日本"二战"后成为通说的预算法规范说，还是预算法律说，使得预算制度与法学有着千丝万缕的关系。[③] 财政支出控制的法学研究的成果主要体现在各国的法律规范中。财税宪定是很多国家的做法，此外还有制定专门性法律对财政收支关系进行规范。宪政经济学的代表人物美国经济学家布坎南集中于对征税权的宪法控制，对政府支出的论述较少。

对政府预算的研究从单一学科的关注到纳入不同学科的研究范畴，使得认识政府预算的视野变得更加广阔，对政府预算的理解也更加全面，这不仅大大拓展了相关学科的研究领域；反过来，学科的发展也推动了预算制度的发展。财政支出控制制度的完善有赖于不同学科综合知识的滋养。

2. 预算权力的分配

鲁宾认为，预算过程分配着决策权力。预算过程之间最显著的差异是它们由行政机构和立法机构主导的程度，也因此分为立法主导型和行政主导型。在行政主导的模型中，行政首脑会根据项目的优先或政策议程提出预算提议。这些提议因为是行政首脑提出的建议版本，有些会与立法机构完全偏离。在行政主导的模式下，立法机构会照例批准行政机构的预算，

---

① ［美］威廉姆·A. 尼斯坎南：《官僚制与公共经济学》，中国青年出版社 2004 年版，第 24 ~ 34 页。

② ［美］威廉姆·A. 尼斯坎南：《官僚制与公共经济学》，中国青年出版社 2004 年版，第 275 页。

③ 预算法规范说的代表人物有清宫四郎、宫泽俊义、杉村章三郎等，参见蔡茂寅："预算的基本原理与法律性质"，载（台湾）《月旦法学教室》2003 年第 5 期，第 128 ~ 132 页。

不进行细致审查，也不进行任何修改的情况下批准提议。如果立法机构提出质疑并作出反对的修改，行政首脑有权否决这项改动，或者重写立法。在立法主导的模型下，行政首脑的角色变得非常微弱。议员想要某种特定开支可以直接寻求各个局的首脑的帮助写出来，直接越过行政首脑的审查直接送到立法机构进行审议和批准，行政首脑在立法主导模型中作用是虚化的。通常，预算过程是游离在完全的行政主导和完全的立法主导这两个极端之间的。从规范的和法律的意义上，立法有权提出开支动议、批准征税和提出开支建议，但是他们将大量权力授予行政机构。① 提出控制预算执行中行政裁量权的动态过程。② 威尔达夫斯基认为"控制钱袋的权力"实际上是一项立法权，没有国会的预算授权就不许用钱。在实践中授权和拨款的边界很难界定。遗憾的是，侵蚀授权和拨款基础的诸多可能性加剧了委员会之间的权力斗争，还为通过议员大会修正案使拨款立法复杂化提供了激励，这样一来，必须通过的拨款也可能成为筹码。预算政策由授权和拨款立法共同决定。③ 作为一项通则，授权委员会负责推荐待国会批准的项目和活动。该委员会制定项目目标并常常设定拨款的资金上限。授权阶段一旦完成，拨款委员会便会提出"预算授权"的实际水平，并允许联邦机构履行职责。④

3. 从预算过程为导向到预算结果为导向的财政收支控制理论与制度的发展趋势

希克（Allen Schick）避开了预算的政治性，强调预算过程的功能性，包括预算的控制、管理与规划等因素。⑤ 他在《当代公共支出管理方法》

---

① ［美］爱伦·鲁宾：《公共预算中的政治：收入与支出，借贷与平衡》（第四版），中国人民大学出版社 2001 年版，第 97～98 页。

② ［美］爱伦·鲁宾：《公共预算中的政治：收入与支出，借贷与平衡》（第四版），中国人民大学出版社 2001 年版，第 283 页。

③ ［美］阿伦·威尔达夫斯基，娜奥米·凯顿：《预算过程中的新政治》（第五版），中国人民大学出版社 2014 年版，第 13 页。

④ Louis Fisher, "The Authorization – Appropropritation Process in Congress：Foral Rules and Informal Practices," *Catholic University Law Review*, Vol. 29, No. 5, 1979, pp. 52 – 105.

⑤ Allen Schick, "An Inquiry into the Possibility of a Budgetary Theory. Irene Rubin". *New Directions in Budget History*, New York：State University of New York Press, 1988.

中指出，传统预算通过公认的程序规则来实现，而公共支出管理则强调实际执行结果。公共支出管理认为，即使一国坚持采用已经得到公认的预算规则，它还是有可能无法获得最佳的结果。希克对公共支出管理的基本要素和特点进行了概括，包括财政总额控制、分配效率和运作效率。规范化的程序对于预算执行结果本身并不关心，如是否导致了预算平衡或赤字，公共支出规模是否持续膨胀，预算优先安排项目有没有被执行等。[①] 由此指出了规范化的程序对结果的无视和失效。

希克以经济危机为分析背景，探讨它对许多发达国家的预算造成了破坏，并对这些国家是否充分具备实施下一代财政规则的稳定性条件展开论述。他认为，规则从来不是健全的财政政策的有效替代品。过去重要的经验教训之一是，过于僵化的规则往往行不通，而且不能得到有效的执行。相反，愈加灵活、有弹性的规则可能会给政府带来更大的约束财政政策的能力，而不是那些对经济和政治环境不敏感的规则。他认为，必要的解决方案是整合包括实体性规则和程序性规则在内的财政和预算制度。[②]

作为关注预算执行的结果和效果的重要理论——绩效预算理论，目前已经成为西方主要发达国家财政改革的方向。绩效预算制度是政府依据其需实现的职能和施政计划，确定实现计划所需要的支出经费，并评估和测量某项支出计划可能产生的社会经济效果和业绩。沃克认为由于财政长期的增长和不平衡，所以政府都做了些什么？怎么做的？谁做的？是如何获得财政支持的等问题就成为人们关注的焦点，绩效预算就是因此而提出的。[③]

在财政支出规模控制方面，希克介绍了制定和执行财政总额控制时选

---

① ［美］艾伦·希克：《当代公共支出管理方法》，经济管理出版社 2000 年版，第 1 ~ 3 页。

② See Allen Schick, "Post-crisis Fiscal Rules: Stabilizing Public Finance while Responding to Economic aftershocks," *OECD Journal on Budgeting*, Vol. 2, 2010, pp. 35 – 51.

③ Walker, D. M, 21st century challenges: Performance budgeting could help promote necessary reexamination: GAO – 05 – 709T, GAOReports, 2005, pp. 1 – 21.

用的不同手段，分为以下几组：长期约束和每年更新的约束，外部约束与内部约束，一年期约束与多年期约束。① 法定支出对于财政总额的影响一致受到学界的关注，希克分析了对法定支出计划的控制方法、优点和缺点，并结合实践中主要国家的做法，认为对经济发达国家的经验教训进行研究对于发展中国家而言是有益的。② 有学者也认为这种做法削弱了地方财政自主权，使地方减少自有财源的依赖，转而依靠财政转移支付③。

综合以上不同学科的多面向透视，从不同的理论研究视角对财政支出和政府预算进行的研究，涉及政府预算问题的不同侧面。这些理论对现代政府预算理论的发展都作出了不同贡献，但同时也看到，目前为止并不存在一个一般性的、内在一致性的理论模式，各种理论呈碎片化不成体系，也体现了政府预算的错综复杂和各种利益的纠缠与博弈。

总体来讲，国外一些国家对财政支出控制的研究比较超前，当然，研究外国法律不能脱离它们的背景，国外对财政支出控制的研究及立法的完善，与各国的宪政传统、民主文化等息息相关。但不可否认，这为研究我国财政支出法律控制问题提供了理论和实践方面的借鉴意义。

（二）国内研究现状

1. 政府财政权的宪法约束

对政府财政公共支出的法律控制，实质上是对政府财政权的控制。学界立足宪法学探讨财政权的控制并取得丰硕成果。刘剑文教授和熊伟教授系统阐释了公共财政与宪政的关系，刘剑文教授认为有效地解决公民权利与国家权力的冲突与协调问题是宪法理论的一切命题的基本出发点。体现在财政领域，公民权利与国家权力的冲突与协调则表现为私有财产权与国

---

① ［美］艾伦·希克：《当代公共支出管理方法》，经济管理出版社 2000 年版，第 52 ~ 56 页。

② ［美］艾伦·希克：《当代公共支出管理方法》，经济管理出版社 2000 年版，第 74 ~ 76 页。

③ Jerome G. Rose, "Tax and Expenditure Limitations: how to Implement and Live within Them", N. J: Center for Urban Policy Research, Rutgers, 1982, P. 14.

家财政权的冲突和协调。构建和谐社会，有效解决二者的关系和协调二者的冲突需要遵循宪政精神。① 熊伟教授认为，在宪政维度下推进公共财政改革，首先必须处理财政权的来源及其约束问题。在宪政国家，财政权一般受制于"人民主权原则"，表现在财政法领域就是财政民主。认为财政权本身的配置直接关系到宪政问题，具体表现为财政与市场的分权、纵向财政分权、横向财政分权。② 财政宪法是以财税法中基本事项作为调整对象，如创设财政法的基本原则，国家机构之间财政权力的配置、中央政府与地方政府财政关系等。这些基本事项的厘清为我国财政法立法建设与深入研究提供了可靠的素材。王世涛教授认为，财政税收的基本问题的解决应当从宪法上寻求突破，中国财税法治化的变革需要完善宪政体制，这是根本，只有从宪法上寻求突破，才会有出路。进一步提出宪政意义的财政是财政更高法律价值的体现，是以国家与公民这一基本宪法关系为对象进行的理性分析，而且必须置于宪法秩序中才能得到理解。③ 张守文教授认为，宪法缺失是当前中国所面临的财政危机产生的法律原因，财税法治是宪法基本精神的延续，健康有序的社会经济秩序有赖于良好的宪政秩序。④ 朱孔武教授从人大预算审查角度提出财政权的宪法约束，人大审查预算是落实人民主权原则的重要制度安排，也是我国宪法的法治原则的具体要求：对于人民主权原则而言，人大代表代表人民对预算所承载的重大政府决策作出取舍；对于法治原则而言，预算审查成为人大监督行政权的有效手段，旨在防范行政机构的恣意或对公民宪法权利的非法侵害。⑤

2. 财政法的基本原则与财政权的法律控制

财政法的基本原则体现了财政法的价值追求，对财政行为具有一般的指导意义和普遍约束力。财政法的基本原则基本达成共识，包括财政民主

---

① 刘剑文：《走向财税法治——信念与追求》，法律出版社 2009 年版，第 39 页。
② 熊伟：《财政法基本问题》，北京大学出版社 2012 年版，第 28~31 页。
③ 王世涛：《财政宪法学研究：财政的宪政视角》，法律出版社 2012 年版，第 70~72 页。
④ 张守文：《财政危机中的宪政问题》，载《法学》2003 年第 9 期，第 43~47 页。
⑤ 朱孔武：《论预算审议在我国民主宪政体制中的地位》，载《岭南学刊》2009 年第 6 期，第 68~72 页。

主义、财政法定主义、财政健全主义和财政平等主义，指引着财税法的立法、执法、司法和守法。四个原则着眼点不同，财政民主主义对焦财政的民主参与、财政法定主义对焦财政的形式规范，财政健全主义对焦财政的安全稳健，财政平等主义对焦财政的公平合理。以财政法治的视角衡量，财政法定是财政法治的形式要素，财政健全是财政法治的功能目标，财政平等是财政法治的价值追求，而财政民主则是上述三者有机结合的制度保障。① 财政法定主义一般表现为权利（力）法定、财政义务法定、财政程序法定、财政责任法定，抑或由收入法定、财政平衡的法治保障、财政支出的法治约束三部分构成。②

刘剑文教授认为，财政法定的核心要旨是合理配置和规范财政权，落实的关键点在于强化人大的主导地位，使其在关键的财政领域更好地行使应有的决定权和监督权。财政法定分为"形式上的财政法定"和"实质上的财政法定"。形式上的"财政法定"主要关注法律在程序上的形式理性。在此基础上，还应当重视法律的正当性，走向实质上的"财政法定"。人大不仅要立法，还应立"良法"才能实现"财政法治"。③ 形式法定与实质公平是重中之重。④ 熊伟教授也有类似的观点，认为财税所需要的法治是兼顾形式正义与实质公平，融形式与实质为一体的法律之治。法律保留、法律优位、平等原则、不溯及既往代表法治原则在形式层面的要义，另外，将财税的理性楔入法治原则，包括限定原权力、提供目的指引、保障权利底线，核心仍在宪法政治。⑤ 张怡教授认为，欲保持实存税法的基本框架结构，就必须矫治资源配置方式。先衡平后法定再到实质公平既是一种步骤也是一种原则，其意在于从资源配置的发端开始，先要衡平矛盾、化解冲突，解决市场竞争起点的机会平等问题，在此基础上确定一致

---

① 熊伟：《财政法基本原则论纲》，载《中国法学》2004 年第 3 期，第 99~108 页。
② 熊伟：《法治、财税与国家治理》，法律出版社 2015 年版，第 35~48 页。
③ 刘剑文：《论财政法定原则——一种权力法治化的现代探索》，载《法学家》2014 年第 4 期，第 30~31 页。
④ 刘剑文：《强国之道——财税法治的破与立》，社会科学文献出版社 2013 年版，第 78 页。
⑤ 熊伟：《法治、财税与国家治理》，法律出版社 2015 年版，第 69~85 页。

的"起跑线",通过税收法定,方能达到协调社会财富公平分配的实质。①

陈治教授对财政权的实质控制做了进一步的研究,认为传统财政权控制理论以及由此建立的税收、预算控制机制集中于解决财政权的行使依据问题,强调控制工具应当达到形式理性要求,但对财政权行使结果缺乏考虑,与社会期待的良好治理状态相比存在明显差距。提出我国应在推进税收、预算形式控制机制完善的同时,加快实现以结果为导向的财政权实质控制的步伐,以适应现代国家财政活动的控权要求。②

3. 财政支出的预算控制

随着公共财政理论的兴起,从财政支出角度控制财政权的研究比较多见。预算法是规范财政收支行为的主要法律规范,学界围绕预算从政治学、法学、管理学、财政学等视角对预算展开研究。③ 法学研究多集中在预算权的配置、预算程序的完善、预算的监督、责任等领域。预算法治方面的研究文献卷帙浩繁。有学者对财政支出的合宪性展开研究,如郭维真教授在《中国财政支出制度的法学解析:以合宪性为视角》一书中,对财政支出法源、主体、结构、预算控制等方面进行了合宪性检视和构建。其中,对财政支出财源的分析,弥补了财政支出理论的缺失。④ 刘洲、朱芳芳等也分别以公共预算为视角,探讨了财政支出的法律控制。刘洲从权利和权力两个维度对财政支出的预算控制展开分析,主要侧重程序上的形式理性角度来阐述。⑤ 魏陆在《人大预算监督:从形式向实质的艰难转变》中,提出了一套衡量立法部门预算监督效力的评判标准,认为目前人大预

---

① 张怡:《税收法定化:从税收衡平到税收实质公平的演进》,载《现代法学》2015 年第 3 期,第 27~33 页。

② 相关观点参见陈治:《迈向财政权实质控制的理论逻辑与法治进路》,载《现代法学》2018 年第 2 期;《迈向实质意义的预算法定》,载《政法论坛》2014 年第 2 期;《财政法定实质化及其实现进路》,载《西南政法大学学报》2017 年第 1 期,第 15 页。

③ 在知网上仅以"预算"为篇名进行检索,结果显示,相关文献的数量在 1978 年之前每年仅 10 篇左右,到近些年来的每年数千篇,且分布在不同的领域和学科,足见预算在实际生活和科学研究的地位。具体来说,从 1994 年以后每年对预算的关注度越来越大,成果数量增长很快,2014 年达到一个高峰。近年有所回落。

④ 参见郭维真:《中国财政支出制度的法学解析》,法律出版社 2012 年版。

⑤ 参见刘洲:《财政支出的法律控制研究——基于公共预算的视角》,西南政法大学博士论文,2011 年;朱芳芳:《地方公共支出管理问题研究》,厦门大学博士论文,2003 年。

算监督基本流于形式，离实质性的预算监督仍有很大差距。① 对预算权的构造及配置的研究越发深入，是完善预算控制制度的重心所在。

预算法是控制财政支出的主要法律，有学者注意到预算法在财政支出控制方面存在失效的情形。如陈治教授在《中国预算法实施的现实困境、功能限度与改革进路——基于财政可持续视角的考量》一文中，立足可持续发展的视角审视预算制度，认为预算法并非应对财政可持续问题的唯一工具，预算法自身存在由其程序规则与实体约束构成的功能限度。② 陈治教授在《迈向财政权实质控制的理论逻辑与法治进路》中认为传统财政权控制理论及预算控制机制强调预算工具达到形式理性的要求，但对行使结果欠缺考虑，指出应矫正形式控制理路，引导财政控权向实质控制转型。③ 熊伟教授在《认真对待权力：公共预算的法律要义》一文中，提出预算法侧重相对微观的程序控制，其技术性超过政治性，难以承担制约权力的全部重任。④

关于预算本身的合理性、如何保障源头的公平正义，有学者提出通过制订财政中长期计划、跨年度平衡预算等制度。财政平衡不仅是预算法的基本原则，也是财政健全主义的主要内容。叶姗教授根据不同的发生机理对财政赤字细分为源于经济发展周期性失序的周期性赤字、源于财税制度结构性失衡的结构性赤字和源于预算过程管理性失当的管理型赤字三种类型，不同的类型的财政赤字法律控制思路不同，在此基础上提炼出法律控制财政赤字、削减公债规模、促进预算平衡的基本原理和规范体系。⑤ "以支定收"和"以收定支"代表着两种不同的财政观，有学者对财政收入和财政支出进行了实证分析，⑥ 熊伟教授认为强化预算由收支控制转向

① 魏陆：《人大预算监督：从形式向实质的艰难转变》，载马骏、谭君久等主编：《走向"预算国家"：治理、民主和改革》，中央编译出版社2011年版，第153页。

② 陈治：《中国预算法实施的现实困境、功能限度与改革进路——基于财政可持续视角的考量》，载《财经法学》2017年第1期，第6~9页。

③ 陈治：《迈向财政权实质控制的理论逻辑与法治进路》，载《现代法学》2018年第2期，第92~94页。

④ 熊伟：《认真对待权利：公共预算的法律要义》，载《政法论坛》2011年第5期，第45页。

⑤ 参见叶姗：《财政赤字的法律控制》，北京大学出版社2013年版。

⑥ 段炳德：《"以支定收"还是"以收定支"：我国财政收支关系的实证研究》，载《北京工商大学学报》（社会科学版）2007年第1期，第54~58页。

集中于支出控制，不断完善支出控制的技术手段，是中国公共财政改革的大趋势所在。可见，对财政支出的法律控制，既有立足宪政角度的宏观研究，也有细致到具体法治环节的微观研究，体现了研究方法的多样性和对具体问题研究的深入性。

4. 关于绩效预算的研究

绩效预算在世界范围内的兴起和发展引发了理论界对财政支出结果的关注和研究。我国从最初以绩效评价为主展开的预算绩效管理试点至今已有十多年的时间，出台了一系列规章制度，尤其是 2018 年国务院颁布了《关于全面实施预算绩效管理的意见》后，各地纷纷出台文件予以落实，将绩效预算的实践引向一个新的发展阶段。理论界对绩效预算的研究最初多见于财政学、公共管理等领域，随着绩效预算改革的进一步深入，法学视角的研究成果也逐渐显现。孟庆瑜在《绩效预算法律问题研究》一文中，通过阐释绩效预算内涵、分析我国开展绩效预算的制度约束，提出我国应以《预算法》修改为契机，嵌入绩效理念，优化预算权在政府、权力机关和社会公众之间的配置，制定以绩效评价为核心的专门性法律制度。[1]胡明认为，现代预算具有公共性、民主性、规范性的品性，与之相匹配，预算善治、预算共治与预算法治应成为预算治理的基本维度，预算治理现代化的实质是要实现预算治理主体、客体、目标、手段、方式等要素的转型，从预算治理体系和治理能力两个面向破解困境。[2] 蒋悟真、李其成和郭创拓基于善治的视角对绩效预算展开研究，认为绩效预算应以结果为导向、以分权为手段、以绩效评价为核心、以绩效问责为约束。[3]

（三）对已有研究的评析

纵览国内外对财政支出控制的理论研究和实践状况，研究日益深入，

---

① 孟庆瑜：《绩效预算法律问题研究》，载《现代法学》2013 年第 1 期，第 85 页。

② 胡明：《预算治理现代化转型的困境及其破解之道》，载《法商研究》2016 年第 2 期，第 42 页。

③ 蒋悟真、李其成、郭创拓：《绩效预算：基于善治的预算治理》，载《当代财经》2017 年第 11 期，第 26 页。

形成一定数量的相关文献成果，为本书提供了诸多借鉴思路，也为后续深入研究奠定了基础。但是对于本书的论题而言，已有的研究成果具有以下特点或需要继续深入研究的地方。

其一，研究视角比较集中、研究方法相对单一。从现有大量的文献观察，虽然对财政支出的控制的研究在理论、制度和观念层面已经取得了长足的发展，从税收法定到预算法定，从财政收入层面的结构优化到财政支出层面的预算控制，从预算的编制到预算监督的程序控制，研究视角越来越广泛，但仍较集中，侧重法律程序的形式理性层面，欠缺结果导向的研究，且多关注具体法律制度的构建，忽略了所遵从之法的正当性和合理性的考量。无论是预算权的配置，还是绩效预算的研究，都没有将其放置于财政支出法律控制的整体中考量，各执一端。现有的研究多将财政收入和支出分开研究，"取"和"用"分离，也不利于对财政权力的控制和公共财政的实现。本书以财政收支关联性为基础，着重过程控制与结果控制的对接和整合，在此基础上进行具体制度的构建。研究方法方面看，既有传统的法解释学，也有法政治学、法经济学等社科法学的运用，但后者的运用仍相对薄弱，法学是一个不自足的学科，有必要吸收经济学、政治学、管理学等其他学科理论和知识的给养，增强解释力。尤其在面对现代性、复杂性、交叉性的预算问题时，多学科、多手段的综合运用已是必然。

其二，从经济、政治、公共管理角度研究财政收支规模、结构、财政平衡的较多，从法律和法治角度探讨的较少，进行系统性、综合性阐述的更是尚付阙如。经济学和财政学是较早对财政支出展开研究的，具有强大的话语权，如其构建的"市场经济—公共财政"的分析框架成为各学科展开研究的逻辑起点。一直以来，面对经济学、财政学、公共管理学强大的话语权，法学的研究更多地从程序控制进路来制约财政权力，至于财政规模是否适度、财政支出结构是否合理、财政支出项目的有效性等问题，法学则因其自身的稳定性等特点与财政支出的政策性、财政与市场界限的变动性的"不合拍"而表现出"畏难"情绪，鲜少涉及。有学者在这方面开始进行有益的尝试，探讨财政支出法学理论超越的可能性。虽然随着工业化经济体制结构的改变，常常会导致对国家作用问题不断地重新定义，但是从权利义务的角度对财政支出进行剖析，只需从动态的角度对国民需求进行类型化分析，从国民需求反射出国家财政支出的使命所在，从而没必要纠结于特定的经济环境和经济背景给出一时适用的经济理论和政策建议。[①]

其三，忽略了法学的实践品性，夸大了其"公理"的成分。对财政支出的控制是各国面临的共同问题，对同一问题进行研究和应对催生了比较研究法。本书无意抨击比较研究法，并且认为这种研究方法是法学研究中必不可少的方法论。但是，在参酌外国立法或学说时，要说明参考之理由。[②] 也就是说，尽管各国面临的问题相同或相似，但"问题"产生的背景、文化、经济等因素不尽相同，如此国外成熟的理论和经验在我国可能会"水土不服"。如预算权的分配、立法审议与行政裁量的界限、弹性的适度等问题并没有放之四海皆准的"公式"般的规则。虽然"他山之石，可以攻玉"，但更要警惕"橘生淮南则为橘，生于淮北则为枳"的可能。

三、研究价值

当前，我国已经步入财政体制改革的关键时期，财税立法步入了"快车道"。根据国家的"十三五"规划，至 2020 年要落实税收法定原则，我国现代财税制度将基本建立。税收法定、预算法定等原则和制度的确立和落实对财政收支行为、实现依法理财提供了形式层面上的规范和标准，但财税法治的要义是良法善治，实现实质正义。财政支出行为不仅要形式上合法，更要合理，防止财政权在"合法化"的外衣下对私人财产权不合理的侵犯。本选题的研究价值在于以下方面。

第一，丰富和完善了财税法理论。财政公共支出控制本质上是对公共财产权的限制，财政支出权的合法行使事关国民的福祉，是财政正当性的重要体现。之所以对财政支出进行法律控制，与公共资源的有限性密切相

---

① 郭维真：《中国财政支出制度的法学解析：以合宪性为视角》，法律出版社 2012 年版，第 41 页。

② 杨仁寿：《法学方法论》，中国政法大学出版社 2013 年版，第 168 页。

关，如何对有限的公共资源在不同主体间进行分配，关系到不同主体权利实现的程度以及利益格局的重新调整，凸显出财政法所追求的公平、民主、法治、正义等价值的重要性，有助于分配正义理论的发展和完善。

此外，正如许多学者对税收法定含义的论述，在宪法层面，"税"的概念包括征收和使用，打通了征税和用税环节，[①] 只有同时关注财政收入端和财政支出端的公民权利，才能真正地保障和满足纳税人的权利。本书选题关注财政收支的关联性，避免将"取"和"用"分而治之，研究路径比较新颖，并试图丰富和完善公共财产法理论。形式控制注重预算法定，目前学界关注较多，实质控制更关注财政收支规模、结构、平衡等方面的合理性，走出了预算法无法解决财政支出合理性的困境。通过对财政支出法律控制的研究，探寻其理据、理念、价值规范以及实践标准等，丰富和完善了财税法理论。

第二，有助于深化财政法定、财政民主原则的理论研究，推动财税法治的进一步发展。财政法定原则是财税法的基本原则之一，是宪法权力制约原则和法治原则在财税法领域的具体体现。学界对财政法定原则的内涵、基本内容、实现路径等进行了研究，对某些问题也达成了共识，但与税收法定原则相比，学界对财政法定的关注则逊色很多。[②] 该原则在很多文献中通常是作为理论基础得到运用，并没有进一步地深挖。其内涵缺乏全面解析，虽能够较好地回答法律应当如何规定某一财政事项，但它难以用来概览式地界定法律应当规定哪些财政事项。[③] 财政法定原则为财政公共支出法律控制提供了合法性基础，同时财政公共支出的法律控制研究丰富了财政法定原则的内涵，揭示哪些事项应当"法定"。财政法定的研究除了应满足形式上的法定，还应确保实质上的财税法定，达到公共财产权

[①] 如日本税法学家北野弘久著名的"税收法定三阶段论"中，将打通税收的征收和使用作为税收法定最高阶段。参见日北野弘久：《日本税法学原论（第5版）》，郭美松、陈刚译，中国检察出版社2008年版，第59页。

[②] 从知网上检索篇名"税收法定"，共检索到508篇文献，而检索"财政法定"，与之相关的文献只有3篇。

[③] 刘剑文：《论财政法定原则——一种权力法治化的现代探索》，载《法学家》2014年第4期，第19页。

与私人财产权的平衡与协调，两个层面的并重和协同发展是财税法定原则的应有之义和发展趋向。

第三，有利于优化财税立法体系的完善。国家的"十三五"规划提出，到 2020 年现代财税制度基本建立。现代财税制度中法律制度是关键，通过对财政收支具体制度的设计和完善，从完善宪法规范到基本法律规范，从制定财政基本法到预算法的修正到诸如《财政转移支付法》《财政收支划分法》《财政监督法》等其他财税单行法的制定以及《会计法》《审计法》相关配套制度的完善，都将推进财税立法体系的进一步发展。

第四，能有效避免只重投入不重产出和结果的"GDP 竞赛"行为，减少公共资源的浪费和重复性的投资。长期以来，我国奉行以投入为导向的预算管理制度，突出预算控制功能，遵循预算的正当程序。预算过程控制并不能带来结果的合理，各地上演了以投资驱动的 GDP 竞赛，各种政绩工程、形象工程层出不穷，不仅浪费了公共资源，最终还偏离了公共财政的目标，社会公众的公共需求得不到满足。本书选题在建构财政公共支出的法律控制进路时将结果控制纳入其中，以结果为导向，将绩效思想嵌入预算全过程，绩效评价与预算挂钩，以提高社会公众福祉为目标，实现预算善治。

四、研究内容与方法

（一）研究内容

本书围绕财政公共支出的法律控制展开研究。遵循"提出问题—理论阐释—实证分析—原则设定—制度建构"的逻辑脉络，首先，对财政公共支出法律控制进行理论阐释，既铺垫理论依据，也明确了研究范域；其次，揭示财政公共支出法律控制的困境，使研究更具针对性和现实性；再次，确定财政公共支出法律控制的路径和原则；最后，在此基础上提出过程控制和结果控制的法律控制思路及具体措施。本书分为七章，具体研究内容如下。

第一章为引言。本章作为本书的开端，主要围绕选题背景，国内外研究现状、研究价值、研究内容和方法、创造及不足之处等方面进行总体概述。

第二章为财政公共支出法律控制的理论阐释。本章对财政公共支出法律控制的基本范畴、逻辑和法律控制的两条进路进行分析和界定，为财政公共支出的法律控制提供理据。财政公共支出具有"公共性"和"权力性"的特点，为财政公共支出的法律控制提供理论支撑。财政公共支出从哪里来？到哪里去？怎么去？这是一个闭环式的逻辑链条，是贯穿全文的本源性问题，在此基础上阐释财政公共支出法律控制的逻辑。"控制"和"结果"代表预算的两种不同功能，总结各国财政公共支出法律控制的演变规律，提炼出财政公共支出法律控制的两条进路——过程控制和结果控制，明确研究范域，阐释两条进路的基本特征和内涵。

第三章为财政公共支出法律控制的现实困境。本章主要考察我国传统预算控制的现实情形以及结果导向的控制路径的困境。重点从预算权配置、传统预算在控制财政规模、财政结构合理性、预算平衡等方面的失效、绩效对预算支出的失控等维度展开综合分析和实证研究，揭示现行财政公共支出法律控制的困境。具言之，包括预算权配置的失衡带来的困境、传统预算控制对财政支出合理性控制失效引致的困境以及绩效预算结果导向不显导致的困境。

第四章为财政公共支出法律控制的路径选择和基本原则。本章阐释财政公共支出法律控制的路径选择，提出遵循的基本原则。针对我国的预算治理存在控制导向和结果导向并存的局面，重点研究过程控制和结果控制二者的关系。实践中两种进路并存导致"各自为政"，实现过程控制和结果控制的对接和整合则是解决问题的关键，是构建我国财政支出法律控制制度的突破口。基本原则的设定为解决上述问题提供了指引和方向，也是构建具体制度应遵行的原则，具体包括财政目的正当性原则、授权与限权的适度平衡、人大监督与公众参与的相互补充、财政收支相关联、事前分权与事后问责有机结合等基本原则。

第五章为财政公共支出法律控制之过程控制。本章立足过程控制这一路径展开研究，进行具体制度的建构。主要从预算权的配置以及参与式预算的制度构建两个方面展开研究。以预算法权分析为出发点，对预算权进行二元构造，重点研究预算权在立法机关与行政机关之间、在行政机构内部之间的配置，以及对具体财政支出行为的法律控制。参与式预算是缓解代议制民主缺陷的必然产物，在主体、权利、效力、制度四个维度上建构参与式预算的基本框架，并在制度设计上与传统预算民主相衔接。

第六章为财政公共支出法律控制之结果控制。本章立足结果控制这一路径展开研究，并进行具体制度的建构。分别从财政公共支出总额法律控制、财政支出结构法律控制、跨年度预算平衡制度、政府债务支出控制、绩效预算法律制度五个方面有针对性、有重点地进行具体制度的构建，研究制度供给的方式。

第七章结语部分对本书的研究进行归纳总结，进一步提出建立财政公共支出的法律控制体系，构建以财政基本法等宪法性财政法律为统领，由预算法、财政监督法、具体财政支出的单行立法构成的有机系统，促进和保障社会分配正义。

（二）研究方法

1. 规范研究与实证研究相结合

根据是否具有价值判断因素，分为规范分析与实证分析。规范分析是以一定的价值判断为基础，对问题进行分析、评价和判断的研究方法，是解决"应当是什么"的问题。实证分析是研究客观经济现象本身的内在规律，分析和预测人们行为的后果的研究方法，解决"是什么"的问题。财政公共支出法律控制问题既要对当下财政支出规模、结构、预算平衡等进行实然描述和分析，又要从应然角度对财政公共支出控制确定基本原则和价值规范。在实证分析中，为了呈现较真实的财政支出面貌，运用了数理统计等分析工具和大量数据，使研究更具准确性。

2. 比较研究法

比较研究法是对不同法系以及不同国家或地区的法律制度进行比较，寻找其异同及各自优缺点的方法。境外尤其是老牌发达国家对财政支出控制的法律规范相对完善，对我国相关的制度构建具有借鉴意义。发展中国家尤其是处于转型时期的国家的做法由于所处背景比较相似，比较研究亦具价值。本书在对财政支出的控制不仅进行制度比较，还要对制度背后的背景进行比较。[①] 在此基础上进行吸收借鉴，对我国的相关制度进行调节、修订甚至局部改革。

3. 类型化研究

类型化研究是以构建理想的类型为目标、以明确类型化的标准为核心的研究方法。类型化是弥补概念不确定性的具体方法，它通过开放式的思维模式，突破传统概念法学的封闭式思考的局限，进而来梳理各种概念和理论。在分析财政收入与支出间关联关系中，运用类型化研究法，将财政收入和支出分别进行类型化关联起来，从而实现对不同的财政支出的法律控制。本书确定的两个研究范域"过程控制"与"结果控制"某种意义上也是类型化研究方法的具体应用。

4. 多学科交叉研究法

财税法的研究不是封闭和自足的系统，汲取其他学科的理论营养丰富财税法学的理论非常必要。财政问题是多种学科研究的对象，主要有经济学、财政学、管理学、社会学、政治学、法学等。对财政公共支出控制的研究中，除了法学研究方法，还运用到经济学、财政学、社会学、法哲学等理论和知识，进行多角度诠释和分析。正如霍姆斯所言："理性地研究法律，当前的主宰者或许还是白纸黑字的研究者，但未来属于统计学和经济学的研究者。"不论该言论是否有其片面之处，对于具有经济性的财政公共支出控制而言，除了法学的通常研究方法外，经济观察对收支政策尤其重要，引入经济学、统计学等工具将会使研究更精准、更具科学性。

五、创新之处及研究不足

（一）可能的创新之处

1. 研究视角新颖

财政公共支出的法律控制并不是一个新问题，对预算制度的研究、对

---

① 信春鹰：《法律移植的理论与实践》，载《北方法学》2007 年第 3 期，第 36 页。

财政权的宪政约束等都是对该问题进行不同视角的回应，但是系统性的研究仍不多见，尤其在 2014 年预算法修订后。以往的研究通常将财政收入和财政支出分开研究，没有考虑到"收"与"支"的关联和对应关系，理论上是不完整的。本书关注财政收支关联关系，探讨财政支出合理性控制的法律问题，视角新颖；以往的研究将财政法定、财政民主、财政平等等原则只是作为论题的理论基础或论据，本书也没有例外，但在对财政支出的法律控制进行论证的同时对上述原则内涵进行丰富和具体化。财政支出法律控制的方式从单一预算程序控制向以结果导向的结果控制并重的方向发展，从控权到控权与授权相结合，实际上是对财政法定原则内涵的充实和深化。

2. 研究进路新颖

对财政支出的控制的研究多采用"预算控制"的进路，追求形式理性，与以往的研究相比，本书的切入点和制度改革重心有明显差异。本书的研究从"过程控制—结果控制"两个维度展开，强化结果导向在财政支出法律控制中的分量。在我国的法治建设中，"重实体轻程序"的现象一直被学界所诟病，久而久之，对实体和程序的关系似乎又走进了另一个认识上的误区，即"程序本体论"，夸大了程序法的功能和地位，认为程序法乃实体法之母。究竟程序法和实体法的关系如何？"关系论"的提出是否是一个真命题？值得学界深入思考。梁平等对此问题撰文，提出二者是一个行为的两个方面，是互相依附的关系。一方面，围绕着实体问题，以实体结果的指向性推动着程序的进行；另一方面，由于单纯强调实体结果的指向性，可能造成程序被虚化，反过来影响到能否导向实体公正，因而，需要程序法来规制程序的运行。[①] 财政公共支出的法律控制体系中主要以预算法为主，预算法是一部以程序法规范为主的法律，相应地对财政支出实体控制的规则相对是缺失的，因此，本书构建了"过程控制"与"结果控制"的分析框架，弥补目前结果导向缺失的立法现状，追求法律

---

① 梁平等：《论实体法与程序法的关系》，载《武汉理工大学学报》（社会科学版）2014 年第 6 期，第 1077 页。

内容的合理性，具有社会正当性。

3. 突出实证性，结合数据对财政支出现实状况进行分析

数据分析是财政学、经济学中常见的研究方法，是对社会现象的数量关系、数量变化、数量特征的分析。在法学研究中通常注重定性的研究，实证研究中对数据的考察通常也是不充分的。本书在对财政支出法律控制进行实证研究时，从财政部、国家统计局、美国白宫预算管理局、美国财政部、欧盟等国内外官方网站以及数据库中收集大量相关的数据，包括窄口径和全口径财政支出规模、经济合作与发展组织（OECD）国家财政相对规模、部分发展中国家财政收入规模、财政相对规模的演变、部分支出项目规模及增长比例、公共预算超收情况、中央预算稳定调节基金的规模、财政赤字率好债务负担率；等等。通过数据分析能较准确地描述目前我国财政支出的真实面貌，反映出相关制度存在的问题，从而能对症下药，寻求可行的解决路径。

（二）不足之处

第一，研究的内容不够全面。财政支出法律控制是一项复杂和艰难的"系统工程"，预算是最主要的控制通道和工具，本书主要立足于预算展开研究。虽然书中对具体的财政支出行为的法律控制也进行了探讨，但并未系统展开。我国实行全口径预算后，全部的支出均应纳入预算，预算控制了支出决策，但对于预算执行阶段具体的财政支出行为则难以控制。换言之，预算解决的是"花多少"的静态问题，而顾及不到"如何花"的动态问题。财政公共支出行为可以依据不同的标准分成不同的类型，可以概括分为转移性支出和购买性支出，也有学者将财政支出涉及的权力类型概括为财政转移支付权、政府采购权、财政投资权、财政拨贷款权。上述权力的控制理应属于本书研究的内容。但由于篇幅所限，虽书中有涉及此内容，但并未详细展开，未关照到每一项具体的财政支出的法律控制。从这个意义上讲，本书研究的内容是不全面的。这些不足将留给笔者在后续的研究中不断完善。

第二，财政公共支出的"过程控制—结果控制"是本书的研究范域和分析框架，但对二者的关联性问题研究不够充分，虽已竭力研究二者的对接和整合，但仍难免造成过程与结果两张皮的感觉，构建具体法律制度不够细化。在后续的研究中，将以系统论的视角更系统地研究两种进路的整合路径并进行有针对性的制度建构。

第二章 财政公共支出法律控制的理论阐释

第一节 财政公共支出法律控制的范畴界定

一、财政公共支出的内涵与类型

作为"法律控制"的对象，厘清财政公共支出的内涵和外延是展开研究的逻辑基点。政府通过财政收支行为干预经济社会生活，参与社会经济事务，财政收支的规模可以反映出政府干预经济社会的程度，财政支出的结构折射出政府参与经济社会的广度。

（一）财政公共支出的内涵界定

财政公共支出与财政支出、政府支出、预算支出是比较相近易混淆的概念，有必要厘清上述概念之间的关系。事实上，概念之间的关系也会随着制度的发展而发生变化。财政支出即政府支出，涵盖政府的一切支出，包括预算支出与预算外支出。因此，如果所有的政府支出均纳入预算管理，则财政支出与政府支出不具有本质上的区别，上述几个概念可以通用；对于存在预算外收入的国家，财政支出和政府支出的外延均大于预算支出。我国从 2011 年 1 月 1 日起，将预算外资金的收入全部纳入预算管理，这部分资金的支出由一般公共预算或政府性基金预算安排，并相应修订《政府收支分类科目》，取消全部预算外收支科目。① 这意味着"预算外收入"在我国已经成为历史。随后在 2014 年修订的《预算法》第四条里规定："政府的全部收入和支出都应当纳入预算"，全口径预算法定化，由此，从应然角度讲，财政支出与预算支出应无二致。至于实然情况中出现的乱象，如乱收费、乱罚款、各种摊派等制度外收入的存在、部分土地使用金仍未纳入地方预算等，不应影响概念的界定。

　　财政公共支出是在传统的国家财政观转型为公共财政观的过程中提出的，是政府为了满足社会公共需要、履行其职责而进行的财政支出。概念强调其支出的公共性，其范围取决于公共财政的范围。在实行单一公共财政模式的西方国家通常与"财政支出"通用，分为经常性支出和资本性支出。由于公共财政理论以市场失灵为逻辑前提，因此其资本性支出主要集中在市场失灵领域，提供私人无法提供的公共产品，不以营利性为目的。那么，在我国，财政公共支出与财政支出两个概念的关系如何呢？我国实行社会主义市场经济，以生产资料公有制为主体，国家因此兼具双重身份（政权行使者和国有资产所有者）和双重职能（社会管理者职能和国有资产管理者职能），将我国的财政类型概括为"公共财政"和"国有资产（本）财政"的"双元结构财政"成为学界代表性的观点。② 显然，该观点认为国有资本财政与公共财政是并列的关系，统一于国家财政，是一种狭义的公共财政观。财政公共支出主要指向公共财政支出，对于以营利为目的的国有资产财政支出则被排除在外。这一观点值得商榷。财政具有天然的公共性，作为财政组成部分的国有资产财政不应偏离公共性，正如顾功耘所言，我国的财政体制体现出"政治权力属性的分配"与"财产权力属性的分配"的二元色彩，两种属性的分配从应然角度看都体现了国家财政固有的"公共性"，均应纳入公共财政的范畴。③ 实践中，国有资本

---

① 参见财政部《关于将按预算外资金管理的收入纳入预算管理的通知》（财预〔2010〕88 号）。

② 参见邓子基、邱华炳：《财政学》，高等教育出版社 2000 年版，第 25～28 页。

③ 顾功耘、胡改蓉：《国有资本经营预算的"公共性"解读与制度完善》，载《法商研究》2013 年第 1 期，第 78 页。

进入非竞争性领域进行公共投资已不鲜见，如对基础设施、国家安全、基础产业等的投资，这类支出不应排除在财政公共支出的范畴之外。因此，财政公共支出的界定并不以其收入的性质为标准，也不以是否以营利为目的为关键，而应以其支出是否满足公共需要、提供公共产品和服务为考察重点。当财政支出目的在于营利时，当且仅当其收益回归于国库纳入国家总体预算分配时方具有正当性。① 由此可见，从应然层面看，财政公共支出并不能将国有资本财政支出排除在外，财政公共支出与财政支出没有实质上的差别。目前，我国部分国有经济仍未退出竞争性领域，近年来通过增加它们利润上缴的比例以及提高国有资本经营预算调入一般公共预算的比重而对其公共性不足有所弥补。从长远看，随着公共财政和国有资产管理体制的发展和逐步完善，调节国有经济布局，国有企业逐步退出竞争性领域，国有企业利润上缴的比例逐步提高，以及国有资本经营预算调入一般公共预算比例的逐步提升，财政公共支出的范围与财政支出将逐步趋近。

财政公共支出是政府为履行其职能、满足公共需要而支出的费用的总和，也是政府将集中起来的货币资金，有计划地分配使用到各种用途中的过程。它反映了政府的政策意图，规定了政府活动的范围和方向。② 财政学主要解决公共资源配置效率问题，在财政支出项目中如何择优选择通过成本效益核算，更好地实现经济效益和社会效益。然而，非价值财富无法通过经济学模型具体地量化，公正和正义的评价标准也并不单纯地依靠价值财富进行量度。③ 追求正义是法律的内在要求和价值追求，财政收支是国家权力和公民权利的博弈和再分配，对财政公共支出进行法学视角的解读非常必要和重要，这样做"不仅是国民宪法权利及法律权利以形式正义的方式实现，同时也是以民主的方式发现和承载某种能够被认识和确定的

---

① 郭维真：《中国财政支出制度的法学解析：以合宪性为视角》，法律出版社 2012 年版，第 77 页。

② 钟晓敏：《财政学》，高等教育出版社 2010 年版，第 113 页。

③ 郭维真：《中国财政支出制度的法学解析：以合宪性为视角》，法律出版社 2012 年版，第 39 页。

国民共同的幸福的终极价值和共同意志。"①

(二) 财政公共支出的类型

财政公共支出的划分，一方面可以用来分析财政支出的方向和结构，另一方面可以对财政支出进行合宪性审查。

1.《预算法》及《收支分类科目》中的分类：功能分类和经济性质分类

《预算法》明确将全口径预算法定化，将预算细化为一般公共预算、政府性基金预算、社会保险基金预算和国有资本经营预算，相应地形成了四类财政支出。在实务中，财政支出按照功能和经济性质分类，从不同的侧面和不同的方式反映政府支出活动。《预算法》借鉴了这一分类标准。

按照功能分类，就是按照政府的主要职能活动分类，反映政府职能活动的支出总量、支出结构与资金的使用方向。依据《预算法》第二十七条的规定，一般公共预算支出按照功能分类，包括一般公共服务支出，外交、公共安全、国防支出，农业、环境保护支出，教育、科技、文化、卫生、体育支出，社会保障及就业支出和其他支出。联合国《政府职能分类》将一国财政支出的职能分为四类，即反映政府需要且与个人和企业劳务无关的一般政府服务、反映政府直接向社会和家庭及个人提供服务的社会服务、反映政府经济管理和提高运行效率的经济服务、其他支出。② 我国在借鉴上述分类并结合我国的实际国情的基础上进行编制政府收支分类科目，《2019 年政府收支分类科目》中一般公共预算支出功能分类设置了27 大类。其他三类预算支出均按照功能标准进行支出科目的分类。

按照经济性质分类，就是按照支出的经济性质和具体用途所做的分类，简言之，即政府的钱是怎么花出去的。《预算法》第二十七条规定，一般公共预算支出经济分类包括工资福利支出、商品和服务支出、资本性

---

① 郭维真：《中国财政支出制度的法学解析：以合宪性为视角》，法律出版社 2012 年版，第 54 页。

② 《政府收支分类科目设置情况》，财政部官网，2019 年 3 月 20 日访问。

支出和其他支出。《2019 年政府收支分类科目》中对所有财政支出经济分类设置了 15 类，具体包括机关工资福利支出、商品和服务支出、资本性支出、对事业单位的经常性补助和资本性补助、对企业的补助和资本性支出、对个人和家庭的补助、对社会保障基金的补助、债务利息及费用支出、债务还本支出、转移性支出等。

此外，根据对经济的不同影响，财政支出是否得到等价的补偿，财政公共支出分为购买性支出和转移性支出。购买性支出是指政府在商品和劳务市场购买所需要的劳务和商品的支出，具有等价有偿性和消耗性，影响资源配置。购买性支出可以细化为社会消耗性支出和投资性支出，前者如行政管理支出、国防支出、社科文卫支出；后者主要指政府投资。转移性支出指政府单方面将收入转移出去的支出，不直接获得商品和劳务，具有无偿性，影响收入分配。转移性支出又可以分为财政补贴、社会保障支出、税收支出、债务利息及费用支出等，主要由社会保障性支出和财政补贴支出组成。通过比较两类支出的规模即可显示出政府职能中资源配置职能或收入分配职能的地位。

2. 财政支出方式的类型化

财政支出方式是指财政部门将财政收入分配给各用款单位使用的具体形式。其与预算支出既有联系又有区别。预算支出是预算案的组成部分，是对年度内财政支出规模和结构的计划安排，所有的财政收入均纳入预算，"无预算不支出"，预算对财政支出构成实质约束，侧重于财政支出的决策。财政支出方式是以预算为依据的前提下，财政资金分配给用款单位的具体实施的方式和过程，应属于预算执行的范畴，侧重于财政支出的实施。预算案按照功能分类和经济性质分类编制预算支出的总额和支出方向，但是并不规范和约束预算支出的具体执行程序。财政支出的各种方式既要以预算为依据，同时还应将各种不同的财政支出行为规范化，实现对财政支出的有效控制。

财政支出的具体方式多样化，难以找到划分的统一标准。具体而言，主要包括政府采购、财政投资、财政贷款、财政补贴、税式支出等。（1）政府采购。政府采购是指各级国家机关、事业单位和团体组织，使用财政性资金采购依法制定的集中采购目录以内的或者采购限额标准以上的货物、工程和服务的行为。政府采购的功能定位从最初的单一财政支出的一种方式，伴随着政府职能的演变而演变为"集政府财政支出管理、政府行为廉政建设、保护民族产业、促进国际贸易等多元政策目标于一身的经济制度"。① 政府采购规模持续快速增长，2017 年达到 32114.3 亿元，比上一年增长 24.8%，占全国财政支出的 12.2%。② 2002 年我国颁布了《中华人民共和国政府采购法》，规范了政府采购行为，提高了采购资金的使用效率。未来仍需在采购程序、权责对等、结果导向等方面进一步完善。（2）政府投资。政府投资是指公共机关将财政资金投入生产性和建设性项目的行为。政府投资的投资主体是政府，为了促进国民经济各部门的协调发展，利用财政支出对特定的社会经济部门进行投资。2019 年出台的《政府投资条例》是关于政府投资管理的第一部行政法规，改变了政府投资没有上位法、法律位阶低的立法现状。该条例厘清了政府投资与企业投资的边界、严格资金的管控、不得违规借债、注重绩效，仍存在公众参与形式化、与预算衔接不畅等问题。（3）财政贷款。财政贷款是指公共机关运用财政资金向其他主体提供贷款或者为商业贷款行为进行担保和贴息的行为。需要对政府借贷行为进行法律规制，如对政府借贷的条件、额度控制、借贷或担保程序、法律责任等方面的法律规制。（4）财政补贴。财政补贴是指国家财政部门根据国家政策的需要，在一定的时期内对某些特定的产业、地区、部门、企事业单位或某些特定的产品、事项给予的补助和津贴。财政补贴通常属于转移性支出。（5）税式支出。在税法中对正常的税制结构有目的、有意识地规定一些背离条款，对某些纳税人或特定的经济行为给予税收优惠，实行区别对待以起到税收鼓励或税收照顾的作用，由此导致的支出或财政收入的减少被称为税式支出。对其他直接的财政支出而言，税式支出属于一种间接的支出，对税式支出的管理有利于更全面

---

① 魏艳：《特许经营抑或政府采购：破解 PPP 模式的立法困局》，载《东方法学》2018 年第 2 期，第 145 页。

② 资料来源：财政部官网。

完整地反映财政收支活动。

3. 其他分类

除上述分类外，财政支出理论上还可以从多样化的视角进行审视。第一，按照财政资金是否具有特定用途，分为一般性财政支出与专项财政支出。一般性财政支出一般来源于税收收入，提供基本公共产品和公共服务。而专项财政支出具有特定目的指向，这种特定用途或是来自特定收入，或是预算安排为了支持特定项目，或是来自法律的强制规定。第二，按照财政管理体制，将财政支出分为中央财政支出和地方财政支出。中央和地方支出责任的合理划分、事权与支出责任相适应是财税体制改革的重要内容。第三，依据财政支出是否具有营利性，划分为非营利性财政支出和营利性财政支出。非营利性财政支出不以营利为目的，提供公共产品以满足公民的基本需要，提高国民福祉。营利性财政支出是以追求盈利为目的的支出，这种支出的存在与国家经济发展的特定阶段及不同性质的财政收入有关，目前已不占主体。

财政支出通常是用经济指标来衡量的经济参数，一系列经济指标反映出财政支出规模、结构的变化，反映出政府经济活动边界的变化，反映出国家与公民间权益关系的变化，国家财政权与公民财产权的利益博弈。财政支出不仅仅是经济问题，更是政治问题、法律问题。相应地，在民主、法治理念的引导下，构建财政支出控制的法律制度，平衡财政权与财产权，从而使财政支出规模、结构趋向合理，实现实质正义。

二、财政公共支出的法律特征

（一）公共性

公共性是财政支出根本性的法律特征，尤其在公共财政提出后，公共性成为财政支出的价值追求和目标。事实上，国家的产生即意味着其应提供一定数量的公共品和服务，以此来获取和维持其正当性，所以无论何种类型和不同时期的财政均具有一定的公共性，公共性是财政与生俱来的本质属性。公共财政模式下的财政是为了满足公共需要、实现社会公共利益，其他类型的财政提供公共品的最终目的在于维护君主的利益或国家利益，提供的公共服务非常有限，仅限于国家安全和阶级统治的安全。"公共性"或"公共"是被理论和实务界广泛使用的高频词汇，但在如何界定公共性问题上并没有给出一个明确的答案。正是由于无法明确公共性的内涵，实践中出现政府越位和缺位的现象，可以说，公共性的边界决定了政府职能的范围以及财政支出的边界。

所谓"公共性"，是指"个体为了某种共同利益而决定共同实施某项集体活动，按约定分享活动的收益、分担其成本、强制实施的过程"。[①]哈特（David K. Hart）在论述公共行政的内涵时，认为公共的内涵应当被定义为公民，强调公共行政的公共方面也就等于强调公共行政对公民的责任，即促进公民整体的利益和价值。公共行政是实现民主的一种形式。[②]他的观点被称为"公民主义"。财政支出的公共性，主要体现为：（1）财政支出目的的公共性。公共财政支出以满足公共需要为目的，实现公共利益或社会福利最大化。（2）财政支出提供产品的公共性。公共产品概念及理论最初由经济学家提出，主流的定义是"消费的非竞争性和非排他性"。公共产品相对于私人产品而言，布坎南从产品的供给机制出发来定义公共产品，他认为公共产品通过政治机制提供，私人产品则通过市场交易获得。可见，财政支出不仅仅是一个经济问题，更是政治问题。公共产品提供的是否充分、公平，往往是衡量财政支出公共性的重要因素。（3）决策过程的公共性。一项公共政策实施的有效性很大程度上依赖其合法性，这意味着决策的程序要符合宪法从而取得正当性，通过代议制和公众参与控制财政支出权的恣意，达致对公民财产权的保护。通过过程的公共性，集合民众的"公意"以形成"公共需要"，如此才能保证财政决策的公共性。

---

① 马珺：《公共物品问题：文献综述》，载《中华女子学院学报》2012年第1期，第6页。

② David K. Hart, "The Virtuous Citizen, the Honorable Bureaucrat, and 'Public' Administration", *Public Administration Review*, Vol. 44, Special Issue: Citizenship and Public Administration, 1984, pp. 111 – 120.

（二）权力性

基于不同的道德观和政治观，形成了不同的权力观，权力的概念被称为一种"在本质上可争议的概念"①。权力具有强制性，其与强制力相伴而行，权力的实现也依赖于国家强制力作为保障。正如多元主义经验政治论者达尔将"直觉意义上的权力观"描述为"A 拥有支配 B 的权力在某种程度上就是它能够使 B 去做某些 B 不会去做的事情"，②将权力看作一种因果关系。公权力的强制性是保障公权力机关分配利益、定纷止争的权威性和确保社会主体义务履行的必要的权力品性。③财政支出主要通过预算和具体的财政支出方式实现，是政府行使职权的行为。不论是预算抑或财政补贴、政府采购等具体财政行为均具有权力性。强制性主要表现为强制义务主体履行法定的义务，财政支出的强制性是如何体现的？权力主体和义务主体的确定是关键，由此，对财政支出法律关系的分析成为解决问题的密钥。政府税权体现出纳税人履行法定的纳税义务的强制性，对比而言，财政支出的强制性似乎并不显见。传统的法律关系理论将法律关系的内容定位为权利和义务，将权力因素排除在外，无法恰当解释公、私交融的财政支出法律关系。财政支出法律关系属于经济法律关系，经济法律关系应当是法律关系主体间的职权与职责、权利与义务的关系。很多情况下，国家、政府机构或其授权部门享有的经济职权与经济职责是合一的。④财政支出过程包括财政支出决策、执行以及监督。相应地，财政支出法律关系的主体包括财政支出的决策机构（主要指立法机关、财政部门）、执行机构（主要指核心预算部门财政部门及其他预算部门）、监督机构（主要指立法机关、审计部门、社会组织、公民）。立法机关既有审

---

① ［英］史蒂文·卢克斯：《权力：一种激进的观点》，彭斌译，江苏人民出版社 2012 年版，第 18 页。

② ［美］史蒂文·卢克斯：《权力：一种激进的观点》，彭斌译，江苏人民出版社 2012 年版，第 3 页。

③ 邓佑文：《论公众行政参与权的权力性》，载《政治与法律》2015 年第 10 期，第 79 页。

④ 李昌麒：《经济法学》（第二版），法律出版社 2008 年版，第 91 页。

查批准、监督预算支出的权力，同时也是立法机关的职责；财政部门拥有一定的财政资金配置权，同时应当履行执行立法机关批准的预算案的职责；预算部门享有资金申请权和资金使用权，同时受制于财政部门的资金配置权。通过上述的分析，财政支出通过预算支出和具体支出行为表现出强制性的特点。财政部门将私人财产转化为公共财产，国家具备了拥有权力的物质基础，一旦丧失与权力对应的公共财产，无论在字面上法律授予国家再多的权力都是一纸空文。① 实际上，政府通过征税获得财政资金，从而获得了财政资金的支配权，财政资金如何分配，在不同的项目中如何选择都体现出政府分配利益的权威性。

财政支出法律关系的主体和内容在不同阶段会发生相应的变化，总体来讲，国家和政府的权力占据主导和核心地位，正因为公共财政支出的公共性和权力性，"控制"成为财政支出制度的功能导向，为法律控制财政支出提供理论依据。

三、法律控制的必然选择

权力往往具有侵犯性，由于财政公共支出具有权力性，公民的权利最容易受到权力的侵害，正如孟德斯鸠所言："一切有权力的人都会滥用权力，这是万古不易的经验。"② 如不对财政权力进行控制，财政支出越位、缺位、错位的"失控"行为则不可避免。财政支出失控不仅侵害公民私人财产，扩张的财政支出规模会导致更大程度的对私人财产的"掠夺"。那么，如何避免或纠正财政"失控"行为呢？法律控制是必然的选择。

首先，法律是最具强制性的控制手段。在一套系统的社会控制机制或体系中，法律调整及其控制机制是最具强制性的控制手段，它通过由国家制定的法律规范及其实现手段，对社会关系施加控制。③ 鉴于权力扩张的

---

① 童之伟：《再论法理学的更新》，载《法学研究》1999 年第 2 期，第 3 ~ 21 页。
② ［法］孟德斯鸠：《论法的精神》（上册），商务印书馆 1961 年版，第 154 页。
③ 徐孟洲：《耦合经济法论》，中国人民大学出版社 2010 年版，第 1 页。

趋势和不断滥用的经验，"控权论"主张行政权力始终应当控制，此处的控制是积极意义的驾驭和支配，而不是消极地一味限权。法律控制的方式是综合性的，包括规则性控制、过程性控制、补救性控制、自治性控制、内部性控制、合理性控制和其他非正式控制等。①

其次，法律是利益调整的有效手段。"法律对利益的调整机制主要通过将利益要求转化为一定的权利（权力），并把它们及相对应的义务归诸于法律主体，以及通过设置权利和义务的补救办法——惩罚、赔偿等来实现的。"② 财政支出过程中，参与者众多庞杂，整个预算过程可以分为两轮预算申请，第一轮预算申请发生在"二上二下"的预算过程中，涉及行政内部的财政资源申请者（支出部门）和审批者（财政部门和准预算机构）；第二轮预算申请发生在行政机关和立法机关之间，前者可以看作财政资源的申请者，后者属于财政资源的审批者。此外，一些非正式层面的主体如公众、政府首脑等对预算决策和执行具有一定的影响力和控制力。整体来看，财政的背后隐含着国家与纳税人、中央与地方、立法机关与行政机关、政府与社会等不同的关系，由于资源的有限性，他们之间存在不同程度的利益冲突，这些关系正是宪法与法律所要调整的对象，通过平衡利益冲突，进而对利益格局进行重新调整和安排，"法律的作用之一就是调整及调和种种相互冲突的利益。"③

最后，法律控制是财政法定和财政民主理念的必然要求。真正的财政问题是伴随着国家产生的。人类社会自产生了国家，便有了财政活动，古今中外，人类历史的每一次重大变革，无不与财税有关。正如宋代大学者苏辙所言："财者，为国之命而万世之本。国之所以存亡，事之所以成败，常必由之。"④ 唐代理财家杨炎称财政为"邦国之本"，英国古典经济学家亚

---

① 参见孙笑侠：《法律对行政的控制》，山东人民出版社 1999 年版，第 38～41 页。

② 付子堂：《法理学进阶》（第五版），法律出版社 2016 年版，第 40 页。

③ ［美］E. 博登海默：《法理学：法哲学及其方法》，邓正来、姬敬武译，华夏出版社 1987 年版，第 297 页。

④ （宋）苏辙：《上神宗皇帝书》，载《三苏全书》第 17 册，语文出版社 2001 年版，第 216 页。

当·斯密称财政为"庶政之母"。上述对财政的描述均充分体现了财政是国家运行的物质基础，以及在国家治理中的重要地位，中外在这一点的认识上似乎有相通之处。国家的运行以及履行职能需要一定的经济基础，为此，公民让渡出一部分财产交由国家形成国家的财政收入，从而享受政府提供的公共服务。国家的两面性昭然若揭：一方面，它是"扶持之手"，履行着维持经济增长、提供公共品的职能；另一方面，它也可能成为"掠夺之手"，掠取公众赋税，满足自身利益最大化。① 国家对公民私人财产的"掠夺"不是无限度的，财政收支行为必须经过公民的同意，这种"同意权"成为财政法定主义和民主主义的理论基础和依据。聚众人之财是否办众人之事，事关公民的切身利益和福祉，财政支出权应当具有法律依据，在法律授权的范围内行使。财政法定同时也是财政民主实现的形式，唯有通过法律控制，才能达到控制政府财政支出权的目的，实现财政支出的公共性。

四、财政公共支出法律控制的历史演变

财政支出控制制度和思想贯穿财税发展的历史，但在不同的历史时期，财政支出控制制度的理念、制度等仍存在差别。此外，中西方在经济、政治、文化、法治、民主等方面的运行轨迹和发展态势不同，财政支出控制制度的变迁并非步调一致。经济制度和政治制度的发展变化，决定法律制度的变迁，因此本书将分别从前资本主义时期、自由资本主义时期和垄断资本主义时期探求财政支出控制制度变迁的轨迹和演进方向。

（一）古代财政支出控制制度及思想

中国自夏朝就有了财政，如《史记·夏本纪》中记载："自虞夏时，贡赋备矣"②，"贡"是国民向君王缴纳各地的土产。财政主要历经奴隶社

---

① 纪志耿、黄婧：《从掠夺之手到扶持之手——政府职能转变的理论基础及其现实意蕴》，载《现代经济探讨》2011年第4期，第30页。

② （汉）司马迁：《史记·夏本纪》，甘宏伟、江俊伟注，崇文书局2009年版，第11页。

会和封建社会时期，由于奴隶主专政或封建君主专政，君主独揽财政大权。在"天下乃君主之私产"的前提下，财政收入和财政支出的规模、结构等均取决于国王的意志，虽然对于各种贡赋制定了征收的标准，但是随意性较大，是君主聚敛财富的工具。古代的中国没有"预算"一词，财政支出的数据和支用方向并不透明，只有皇帝和少数大臣知晓，当然也不需要得到民众的同意，一直实行秘密财政制度。虽然不实行预算理财，但是这个时期财政支出的管理在不断发展。《礼记》中即提出"量入以为出"①的预算原则，唐代实行一年一造的周期化、流程化记账，唐代《两税法》强调"量出以制入"，②目的是限制政府征税的规模。可见"以收定支"还是"以支定收"的问题在古代已然出现。唐代被认为出现了复式预算的雏形，将项目分为稳定和不稳定两部分，稳定项目编入"长行旨符"，不再每年编制，不稳定项目随时补充。较早记载支用关系和分类的有《礼记》和《汉书》，根据《礼记》的记载，九赋是国家的经常性收入，而九式是国家的经常性支出。《汉书·食货志》中也记载："有赋有税，税谓公田什一及工商衡虞之入也。赋共车马甲兵士徒之役，充实府库赐予之用。税给郊社宗庙百神之祀，天子奉养，百官禄食，庶事之费"③。先秦时期财政的显著特点是国家财政和王室财政混为一体而不加区分，国家财政也就是王室的财政，国家财政支出等同于王室的财政支出。有学者将这个时期的财政类型概括为"家计型财政"。汉代起，国家财政和皇室财政分开管理，财政分灶有利于明确界定预算管理的范围，将皇室的财政支出与国家的财政支出分开。中国古代存在大量的财政法制，但并不成体系，诸如"两税法""一条鞭法"等古代税法中的"法"虽然也是"国法"，但其内容主要指皇权保障下的收税"方法"，而不是国家与民众、征税人

---

① 参见《礼记·王制》："冢宰制国用，必于岁之杪，五谷皆入然后制国用。用地小大，视年之丰耗。以三十年之通制国用，量入以为出，祭用数之仂"，这也是我国古代关于预算较早的记载。

② 我国是较早提出"量出为入"的国家，在我国古代财税史上具有重要的意义。但由于两税法没有得到执行，"量出为入"的思想也只是停留在纸面，并未付诸于实践。

③ （东汉）班固：《汉书》（第1卷），线装书局2010年版，第378页。

与纳税人权力义务相制衡的现代税收"法律"。[1]

古代先贤认识到财政支出要有限度，提出许多财政支出控制的思想。先秦儒家主张"藏富于民"，即"政之急者，莫大乎使民富且寿也"[2]"百姓足，君孰与不足；百姓不足，君孰与足"[3]，体现了社会财富在国家及民众之间的分配以及培养税源的财政思想。特别反对财政上的"聚敛"，认为"财聚则民散，财散则民聚"，反对"涸泽而渔"。为了维护专职王权的统治，前资本主义时期基本主张轻徭薄赋，勤俭节约。基于上述财税支出控制的思想，我国民众的税负相对而言并不算重，但为何民众却怨声载道？除了官吏腐败、变相征收苛捐杂税等原因之外，与财税法制的不健全有很大关系。税赋征收后，对其支用情况并不公开和说明，预算决算制度滞后，取之于民并非用之于民，"秘密财政"必然会引起民生凋敝和不满。

西方封建国家也是典型的分封制，下级领主对上级领主有缴纳贡赋的义务。封建社会时期的国王宣传"君权神授"作为权力的来源，进而获得了征税的权力，国民负有纳税的义务。早期的财政观主要在于国家如何有效地组织财政收入，而对财政支出的关注较少。[4] 重商主义盛行于16～17世纪的欧洲，资本主义生产方式还没有确立起来，其代表人物之一托马斯·孟认为："一个国王，凡是不去压迫他的人民，而却能维护他的财产和权利，同时不是自己坠入贫困，为人所耻。为人所恨和受到危险的，一定是要积累财富而又勤俭节约的。"[5] 同时认为国家（国王）获得财政收入要取之有度，不能超过一定限度，即不损害民众的根本利益，体现了对国王权力进行控制的思想。重农主义的代表人物魁奈主张自然界和人类社会中存在"自然秩序"，实现"自然秩序"的唯一途径就是实现经济自

---

① 杨大春：《中国近代财税法学史研究》，北京大学出版社 2010 年版，第 15 页。

② 王国宣、王秀梅译注：《孔子家语》，中国书局 2009 年版，第 117 页。

③ （春秋）孔子：《论语》，杨伯峻、杨逢彬注译，岳麓书社 2018 年版，第 150 页。

④ 如古希腊思想家色诺芬在其《雅典的收入》中，比较系统地形成了他的财政收入观，只在书中的最后一段对财政支出做了概括性描述。参见曾康华：《西方财税理论研究》，中国财政经济出版社 2007 年版。

⑤ ［英］托马斯·孟：《英国得自对外贸易的财富》，商务印书馆 1997 年版，第 67 页。

由，反对国家干预政策。在财政经费的使用方面，阐述了增收节支的辩证关系，如果财政支出能够带来国家经济繁荣，就应该增加财政支出，合理又充分地使用国家财政收入是遵循的原则。[①]

前资本主义时期王权具有绝对的至上性，皇权大于法律，即使存在财税法制，对皇权的约束是非常微弱的，财政支出被认为是国王的私事，民众只有遵从的义务。从零星的、分散的法律制度能够窥见财政支出控制的规定和做法，如课税要适度，支出要与收入平衡等，但对财政支出的控制制度并没有形成体系化和法治化，没有系统和严格的预决算制度。

（二）近代财政支出控制制度和思想

近代中国[②]经历了晚清和民国两个阶段。晚清时期，随着洋务运动的发展，西方国家的财税理念和法制在西学东渐的潮流中引进中国。一些有识之士纷纷将外国的财税制度介绍到中国，如黄遵宪所著的《日本国志》，详细介绍了日本的财政税收制度，在长期闭关锁国的情形下是不可多得的著作，为中国财税制度近代化改革提供了指引，奉为圭臬。随后的维新运动更是加大了西学东渐的脚步，尤其是宪政制度的引入和介绍。1901 年清政府为了挽回颓势、应对各派政治力量的需要而进行了为期 11 年的新政，新政的核心是仿效英日，实行君主立宪，制定法律。新政主张"以清理财政为预备立宪第一要政"[③]。组织机构方面，先后设立财政部和度支部，负责全国的财政事务。度支部制定的《清理财政章程》是一个调整预决算的程序性法案，依据此，1911 年我国制定了有史以来的第一部预算，即宣统三年预算案。面对清政府的预备立宪，这阶段提出的有关财税法制的观念和思想比之前的要进步很多，也更具体。梁启超被誉为中国近代民主与

---

① 曾康华：《西方财税理论研究》，中国财政经济出版社 2007 年版，第 22～23 页。

② 按照我国主流观点，中国近代是指 1840 年中英第一次鸦片战争至 1949 年中华人民共和国成立。

③ 佚名编辑：《大清宣统政纪》卷 8，载《近代中国史料丛刊》第三编（18），台湾文海图书出版公司 1970 年版，第 36 页。转引自杨大春：《中国近代财税法学史研究》，北京大学出版社 2010 年版，第 39 页。

宪政思想与实践的先行者，他将预算与政治和法律联系起来，认为预算权是国会的权力和义务，国家要以宪法保障国会对预算的立法权。国会的职权"最要而不可阙者有二：一曰议决法律，二曰监督财政。法律非经国会赞成不能颁布，预算非经国会赞成不能实行。凡所以限制君主之权，无使滥用也。是故无国会不得为立宪，有国会而非由民选，不得为立宪；虽有民选国会，而此两种权力不圆满具足，仍不得为立宪。"① 此外，对每年的决算由审计员监督，建立非常严密的财政预算监督体系，也体现了权力制衡的宪政原则。并提出税收法定的原则，以及"良税"之观点。应该说，这些观念和思想在当时的年代非常超前，有些已经接近现代财税法制的思想。

1911 年辛亥革命结束了中国的封建专制制度，民国政府改立共和政体，民主和法治成为文化主流。《中华民国临时约法》没有全盘否定新政的财税法律，做了一些保留。预算案的编制权借鉴美国的做法赋予议会，制定了会计条例、公债条例。南京国民政府成立后，建立起现代六法体系，在此带动下，财税法律体系也愈加完善，初具规模。组织机构方面设立了预算管理委员会，决定实行预决算制度。后又设立国民政府主计处，拟定《预算章程》和《办理预决算收支分类标准》。民国经济学家卫挺生提出的"超然主计与四方联综控制"论成为国民政府时期预算制度的一大亮点，即预算独立、财政收支由四方联综控制。② 从近代尤其是清朝新政以后的财税法制的发展观之，预算法一直是财政法的中心，并且与宪政等联系在一起，对现代财税法治的发展具有深刻的启示。

欧洲的文艺复兴和宗教改革将人们关注的重心转向人本身，而不再是超自然的力量，宣告了中世纪神学统治的终结。启蒙运动反对封建专制，追求自由、民主，人们对于权力的根源与税收的正当性问题上有了更深刻的认识，由"君权神授"转向了契约论。13 世纪的英国，约翰国王残暴的征税行为引起了贵族领主们的反抗，其成果即是 1215 年《大宪章》的

---

① 梁启超：《饮冰室文集》之二十三，中华书局 1989 年重印本，第 39 页。
② 付志宇、陈龙：《现代财政学》，机械工业出版社 2016 年版，第 5 页。

签订。《大宪章》对国王的征税进行了一定的限制，被认为是税收法定的源头。1689年，《权利法案》的颁布，标志着近代税收法定主义的确立。税收法定原则"从根本上说，其核心要旨都是对征税权的规范和控制"。①巧合的是，具有控制国王和政府财政支出功能的预算法定原则也是最早出现在英国，也就是说，议会取得了国王的财政收支权。预算法定原则主要规定在《权利法案》《丹宁议案》《民事设立法》《公共收入统一基金支出法》等各部法律中。其他国家如美国1787年《美国宪法》、1921年《预算与会计法》确立了税收法定原则和预算法定原则。法国1789年《人权宣言》规定了"人权、法制、公民自由和私有财产权"等原则，将税的"收"与"支"都纳入宪法创设，包括非税收入的宪定，对国家的征税权、非税收入征收权进行限制。

私有权神圣不可侵犯是近代资本主义法律制度具有的重要特征，其与市场经济、民主政治相契合，对于建立之初的资本主义市场经济的发展具有重要意义。作为近代资本主义法律最明显的特征，此原则对于财税法的立法必然会产生影响。私有财产神圣不可侵犯在近代表现为一种绝对的所有权，任何人包括政府在内都不可侵犯。国民纳税本质上是牺牲一部分私人所有权，换句话说是国家对私人财产的"合法"掠夺。私人财产神圣不可侵犯的法律原则决定了征税是有限度的，要将私人财产权的牺牲降到最低程度。收入的规模决定了支出的规模，由此，在近代资本主义时期财政收支的规模不会很大。这个时期的经济学主流理论被称为"自由放任主义"，主张政府尽量避免干预市场，维护经济自由。亚当·斯密提出君主只有三个应尽的义务②，间接地表明了财政支出的规模和方向，"管的最少的政府是最好的政府"是他对国家职能的整体定位。对于财政收支平衡的问题，提出"非国家收入大有增加，非国家支出大有缩减，这负担的解

---

① 刘剑文：《落实税收法定原则的现实路径》，载《政法论坛》2015年第3期，第15页。

② 这三个义务分别是：第一，保护社会，使之不受其他独立社会的侵犯。第二，尽可能地保护社会上各个人，使之不受社会上任何其他人的侵害或压迫。第三，建设并维持某些公共事业及某些公共设施。参见［英］亚当·斯密：《国富论》下册，商务印书馆1994年版，第252～253页。

除，是永难实现的"①，表明财政收支不平衡的问题应从收入和支出两个方面去调节。穆勒对政府干预也是持有谨慎的态度，认为除非政府干预能带来很大便利，否则便决不允许政府进行干预。② 自由资本主义时期，古典经济学派经济学对于公债的发行都持保守或反对态度，如亚当·斯密并不主张国家举借公债，只有在非常时期公债才有存在的必要。

　　无论是中国还是西方国家，财税法制和财税法理论都得到了的前所未有的发展。伴随着民主、法制的推行，对政府财政收支的控制迈向了有法可依的新阶段，并且与宪政紧密相连。西方国家率先在法律中落实了"税收法定""预算法定"等原则，对政府财政收支活动从无法可依到有法可依的形式控制。国家预算，仅能用以消极地维持法律秩序。③ 我国在清末新政中编制了有史以来的第一部预算案，开启了预算控制的时代，与世界开始接轨。近代的中国是一个动荡激变的时代，法律执行的效果不尽如人意，甚至有些规定只停留在纸面上。从制度演进的路径上看，中西方有很大的不同。西方国家是自下而上的改革，我国则是由政府发起的由上而下的演进路径。值得一提的是，这个时期的财税法学成果比较显著，对财税法的理论和具体制度展开研究，提出了比较超前的先进的财税法理论和思想，如税收法定主义、良税恶税之分、财税宪政、预算权理论等，还有对西方财税法理论和制度的介绍和引入，推动了我国财税法制的变迁。

（三）现代财政收支控制制度和思想

　　19世纪下半叶到20世纪初，处于资本主义经济从自由资本主义向垄断资本主义过渡的阶段。对政府角色的认识发生了转变，亚当·斯密时代的"夜警政府"已经不符合客观实际，主张政府要积极干预经济，承担起社会责任。如历史学派的李斯特和瓦格纳，都强调了国家干预的必要性。瓦格纳的财税理论对财政职能、收支规模的控制有比较深刻的论述。认为

---

① ［英］亚当·斯密：《国富论》下册，商务印书馆1994年版，第497页。
② ［英］穆勒：《政治经济学原理》下卷，商务印书馆1997年版，第371页。
③ 葛克昌：《行政程序与纳税人基本权》，北京大学出版社2005年版，第24页。

国家议会是支配国家财政支出规模的权力机构，从而使国家的活动具有正义的性质。限制了国家财政支出的规模也就控制了国家活动的规模，国家活动以增进社会福利或公共利益为目的，以此形成合理的国家财政支出结构。[①] 最值得一提的是其提出的国家经费膨胀理论，被称为瓦格纳法则。遗憾的是，瓦格纳法则只是从实证的角度证明了国家经费的膨胀，并没有对其正当性提供完美的解释和论证。

20 世纪 30 年代的经济危机从根本上动摇了古典经济学的财政收支平衡观，主张"赤字财政论"的"凯恩斯主义"开始盛行。1930 年后发达国家的财政支出增长较快，公共支出占 GDP 的比重从 19 世纪 70 年代的 10% 上升到 20 世纪 70 年代的 50% 左右[②]。此时财政收支的矛盾显现出来，陷入一种"高福利、高支出、高税收、高赤字、高债务"的困境，控制财政支出成为发达国家财政管理的一项重要任务，主要包括支出总量的控制和支出结构的控制。控制财政支出的有效手段主要是通过完善预算法律制度来实现，将财政收支限定在一定范围之内。如新的支出必须具备收入来源，否则不被批准；规定赤字率的上限等。"凯恩斯主义"破产后，随后的经济学流派提出"政府适度干预论"，如供给学派主张减税、削减政府福利开支、减少政府干预等。上述的思想在各国的法律中都有不同程度的体现。例如，美国的《预算平衡法》《财政赤字削减综合协调法》《预算责任和效率法》《联邦综合预算调节法》，法国的《财政组织法》和英国的《财政稳健法》等，以财政收支关联性为基础，将财政收支的增长控制在一定范围内。一些发展中国家如印度、非洲一些国家等亦效仿发达国家对税收甚至财政收支进行宪定。从 19 世纪开始，历史进入了"预算时代"[③]。

自由资本主义法律所遵循的私有财产神圣不可侵犯的原则引发了许多

---

① 曾康华：《西方财税理论研究》，中国财政经济出版社 2007 年版，第 56 页。

② 史琳琰、胡怀国：《新发展阶段深化供给侧结构性改革的理论逻辑与具体路径》，载《财经理论研究》2022 年第 6 期，第 7 页。

③ 预算专家凯顿（Caiden）将中世纪后期一直到 19 世纪以前的财政史称为"前预算时代"，而将现代预算制度成型的 19 世纪视为"预算时代"的开始。

矛盾，到了 20 世纪初，所有权滥用开始受到限制，由绝对、极端的所有权转变为负有一定社会义务的所有权。旨在实现形式平等与契约自由并秉承价值中立立场而拒绝涉足社会再分配领域的形式化法律便颇多力有不逮之处。[①] 法律原则的转变似乎为这个时期国家职责的扩张、财政收支规模的膨胀等提供了正当的法理基础。国家之预算除用于法律秩序之维护外，亦成为社会秩序之促成者，以积极达成保护、教养、预防、重分配等功能。[②]

新中国成立后的历史可以分为几个不同的阶段。按照经济体制的变迁轨迹，可以分为计划经济体制时期（1949～1978 年）、有计划的商品经济体制时期（1979～1993 年）和市场经济体制（1994 年至今）；按照财政体制的发展轨迹，可以分为统收统支、总额分成、分级包干、分税制的财政体制。反观预算制度的演进过程则相对稳定，滞后于经济体制和财政体制的发展和变化，法治化水平较低。虽从新中国成立后我国即开始编制预决算，[③] 但是预算所依据的法律依据都是行政法规、部门规章或其他规范性文件，如 1950 年政务院颁布了《中央金库条例》，1951 年政务院颁布了《预算决算暂行条例》，1950 年财政部颁布了《各级人民政府暂行总会计制度》《各级人民政府暂行单行预算会计制度》以及政务院颁布的关于编制预决算的指示等。在 1952～1992 年的 40 年间，预算制度一直延续以前的做法，几乎没有变动，具有典型的计划经济色彩。随着社会主义市场经济决策的落地，预算管理制度开始改革，包括实行复式预算、零基预算试点等，尤其是 1995 年《预算法》的颁布，契合了分税制的财政体制，提升了预算法的位阶，规定了预算的全过程及预算权力的分配，是纳税人控制政府财政收支的基本法。继 1998 年我国提出建立公共财政这一目标以来，在控制财政收支的制度方面进行了一些诸如"收支两条线""编制部门

---

① 刘翀：《论现代形式法的实质化发展》，载《燕山大学学报（哲学社会科学版）》2014 年第 4 期，第 67 页。

② 葛克昌：《行政程序与纳税人基本权》，北京大学出版社 2005 年版，第 24 页。

③ 1949 年 12 月 27 日，政务院发出《关于 1949 年财政决算及 1950 年财政预算编制的指示》，要求各级政府和中央直属企业部门编制 1949 年财政收支决算 1950 年预算，同时明确了编制的具体方法和要求。

预算""改进政府收支科目分类""国库集中收付"等一系列制度的改革。2014 年对预算法进一步修订，完成了从"管"到"治"的理念跃迁[①]，但是仍然是侧重于相对微观的程序控制，难以承担制约权力的全部重任。[②]

进入现代社会，中西方财政收支控制制度的发展呈现出不同的发展阶段。在高福利、高债务的背景下，加之极端的"国家干预主义"没落，西方国家对财政收支的控制已不再停留在形式上，而对财政支出的规模、结构等进行合理性的控制。相较于西方，我国的预算法治进程较为缓慢，对财政支出还未达到结果合理性控制。"制度变迁决定了人类历史中的社会演化方式，因而是理解历史变迁的关键"，[③] 财政收支制度从程序性的过程控制到过程控制与结果合理性控制相结合是财税法治发展的必然要求。

第二节　财政公共支出法律控制的内在逻辑

财政公共支出从哪里来？到哪里去？怎么去？这是一个闭环式的逻辑链条，是贯穿全书的本源性问题。在不同的历史时期，财政收入的来源不同，财政在国家中的地位和任务也不同，财政收入与财政支出的关联程度亦有所差异。同时，国家形态的变迁也伴随着财政的转型。本章历史地考察国家形态和财政类型的演变进程，在公共财政、税收国家、预算国家、社会国家等框架下探寻财政公共支出法律控制的内在逻辑。

一、目标引导：国家财政到公共财政的历史嬗变

从传统专制社会到现代社会，我国经历了王权财政、国家财政和公共

---

① 参见刘剑文：《从"管"到"治"：新预算法的理念跃迁与制度革新》，载《法商研究》2015 年第 1 期，第 3~8 页。

② 参见熊伟：《认真对待权利：公共预算的法律要义》，载《政府论坛》2011 年第 5 期，第 40~47 页。

③ ［美］道格拉斯·C. 诺思：《制度、制度变迁与经济绩效》，杭行译，格致出版社、上海三联书店、上海人民出版社 2008 年版，第 3 页。

财政。传统的专制社会，所有的人力和物力均属于君主所有，经济上垄断政治上集权，所谓"普天之下莫非王土，率土之滨莫非王臣"就是最好的写照。君王权力高于一切，领地内的臣民向领主和君王纳贡成为天经地义。此时的生产方式是自给自足的自然经济，以家庭为单位进行生产和消费，自给自足，进行偶尔和少量的剩余产品交换。王权财政是一个自足的体系，民众是被统治的对象，不可能成为制约君主的独立力量。在"天下乃君主之私产"的前提下，财政收入和财政支出的规模、结构等均取决于国王的意志，虽然对于各种贡赋制定了征收的标准，但是随意性较大，是君主聚敛财富的工具。

新中国成立后，我国经历了几个不同的阶段。经济体制的转变的实质是资源配置方式的改变。计划经济体制是以计划为主来配置资源，市场经济是以市场来配置资源。计划经济时期，我国实行生产资料公有制，社会经济结构比较单一，基本上以公有制经济成分组成。政府掌握了一切资源，直接以指令性计划组织和安排经济运行，企业作为微观经营单位不具有经营自主权，没有决策权和收益权，利润全部上缴国家。由于企业和个人均不纳税，国营企业的利润成为国家财政收入的主要来源。这一时期的政府具有"三重身份"，它既是生产资料的所有者，又是生产资料的经营者，同时还是社会管理者，导致财政征收关系中的征纳双方具有同一性，造成了"政府花自己的钱"的幻觉。财产权与国家相连，国家所有权是财产权的普遍形式。虽然生产资料公有制，名义上由全民所有，实际上是国家所有，国家意志取代了公众意志，形成以国家为主体的统收统支的分配模式，故被称为"国家财政"或"自给型财政"。

1992年我国社会主义市场经济体制目标确立，意味着市场成为配置资源的主要手段，形成了以公有制为主体、多种经济成分并存的新格局。经过分灶吃饭、个人所得税法和中外合资经营企业所得税法的颁布、两步利改税、分税制等一系列的公共财政改革铺垫，1998年我国正式提出将公共财政改革目标作为财政体制改革的终极目标。与计划经济时期的"国家财政"不同，公共财政是弥补市场缺陷财政、满足公共需要财政、法制约束财政、民主管理和监督财政、独立分权财政等多个侧面的统一体。① 公共财政立足于市场失灵，以市场失灵为逻辑前提，市场失灵为政府干预提供了机会，但是政府并不是完美的，也会失灵，"政府的缺陷至少与市场一样严重。其中一个突出的表现就是政府在试图矫正市场失灵时往往导致管制失灵"。② 基于此，一方面，公共财政干预市场具有合理性和正当性；另一方面，公共财政干预权应有一定的边界，包括规模、结构、职能等方面的限制，体现了控权性的特点。市场经济中，企业成为自负盈亏的独立的市场主体，企业收益分配的形式从上缴利润到两次利改税到最后的税利分流，通过政企分离、政资分离，明确政府社会管理者和国有资产所有者的双重身份，财产权与国家分离，私人财产权勃兴。国家筹集财政收入的主要方式不再是利润，而是个人及企业缴纳的税费。由于是"一方花另一方的钱"即"政府花人民的钱"，征纳双方利益不尽一致，国家财政高度统收统支的模式不再符合市场经济的需求。财政收入的"公共性"决定了财政支出的"公共性"，征税应当得到"人民的同意"，用税应当满足民众的公共需求，不可以恣意妄为，对财政支出的法律控制自在逻辑之中。由此可见，产权私有是税收产生的基础，政府和社会的二元性使得市场意志得以体现，政府的财政权受到更多的约束。

从王权财政到国家财政再到公共财政的历史变迁中，产权制度、生产方式等因素起着决定性的作用。与私有制、自然经济相对应的是王权财政，其财政来源是贡赋，财政是为统治阶级服务的，个人需求高于公共需求；与公有制、计划经济相对应的是国家财政，不存在独立的纳税人，只为政府服务，属于"取自家之财，办自家之事"；与私有产权、市场经济相对应的财政模式是公共财政，市场机制无法充分有效地提供公共产品，国民以纳税交换国家提供的公共服务和公共产品。国家以公共产品对市场运行进行宏观调控、分配财政资源的过程中，对财政权范围和界限的法律

---

① 张馨：《应从市场经济的基点看待公共财政问题》，载《财政研究》1999 年第 1 期，第 62 页。

② ［美］詹姆斯·布坎南：《自由、市场与国家》，北京经济学院出版社 1998 年版，第 28 页。

界定至关重要，平衡国家与国民、政府与市场、中央与地方的关系，避免私人财产权利的损害。公共财政的公共性体现为财政目的公共性、财政产品的公共性，以及制度层面的公共性。[①] 公共性的实现需要对财政支出进行控制，协调与平衡私人财产权与国家财政权之间的关系，解决公民权利与国家权力之间的冲突是宪政问题的出发点，宪政的核心是限制国家权力，保障公民权利，体现在财政领域，即是限制国家的财政收支权，最大限度地增进国民福祉，保障公民私人财产权不受侵犯。

二、社会基础：自产国家到税收国家、预算国家财政类型的变迁

财政制度在人类社会发展进程中扮演着重要角色，它不仅关系到经济发展，同时也是连接经济系统、政治系统和社会系统的"节点"。财政社会学在 20 世纪 70 年代发展起来并逐渐被重视，它不仅仅是一个理论，而是致力于发展一种新的"宏观历史范式"，一种观察和理解社会的方式。[②] 它主要从财政视角探究国家建构的动因和国家治理结构的转型。其核心观点是：作为国家汲取和运用社会资源重要载体的财政制度，是社会演进的基本动力，它决定了现代国家的成长方式与路径。研究的主要内容集中于探索税收或非税收形式的财政收入、财政支出的数量与结构等如何为社会所决定以及如何影响社会；国家汲取财政收入和运用财政收入的方式如何对经济组织、社会结构、精神文化乃至国家命运产生影响等。[③] 概言之，财政社会学是将财政放置于比较宏观的社会历史背景当中探讨财政收入和支出与经济和社会间的相互影响。财源之取得方式足以影响国家之性格，尤其是基本法律秩序。[④] 财政收入结构的不同通常决定了国家对社会的渗

---

① 刘剑文：《走向财税法治——信念与追求》，法律出版社 2009 年版，第 40 页。

② 马骏、温明月：《税收、租金与治理：理论与检验》，载《社会学研究》2012 年第 2 期，第 87 页。

③ 刘守刚：《财政类型与现代国家构建——一项基于文献的研究》，载《公共行政评论》2008 年第 1 期，第 170 页。

④ 葛克昌：《租税国的危机》，厦门大学出版社 2016 年版，第 109 页

透程度以及社会对国家的制约等。本书将从国家与社会的关系的视角对历史上不同的财政类型进行阐述分析，管窥其中涵慑的财政权控制的制度与思想的变迁，探究财政收入类型与财政支出之间的关系。

（一）财政类型的转型与变迁

历史上看，财政收入的形式主要有贡赋、租金、关税、税收、自产和公债六大类，根据财政形式在财政收入中的主导地位，相应地划分为六种财政国家：贡赋国家、租金国家、关税国家、税收国家、自产国家和公债国家。其中，贡赋国家、租金国家、关税国家和自产国家的国家与社会的关系可以概括为国家社会一元结构，国家社会高度一元化，社会丧失独立性。税收国家的产生，国家与社会的关系由一元结构转变为二元结构，社会相对独立，产生不受国家权力支配的自由主体。公债国家源于 20 世纪初西方国家由于战争和经济危机财政支出扩张，导致过度举债，由此引发了"租税国危机"的议题，税收国家面临现代性难题，国家与社会之间由二元结构走向融合的一体化。

贡赋国家是以贡赋为主要财政收入来源的国家，产生于中国的先秦时期和古希腊的雅典。君主将土地分封给领主，形成以土地为纽带的"领地国家"，领主应承担向君主缴纳贡赋的义务。名义上君主作为最高统治者垄断一切资源，是产权的最高所有者，实际上财产被各领主实际控制，各自为政，享有一定的赋税自主权，形成原始的联邦制政体形态和分权财政体制。

所谓租金型国家是指国家凭借其垄断性政治权力以"出售"或"出租"特权获得的收入为主要财政收入的国家形态。西欧国家进入绝对君主时期以后，我国进入秦汉以后，所形成的就是租金型的财政制度。[1] 这一时期，政体上由原始的联邦制转变为中央集权制，国王拥有绝对至高无上的权力，国家的财政收入来源于国家对土地、财产等资源的垄断带来的收

---

[1]　王婷婷：《范式与路径：中国财政治理法治化研究》，载《财经法学》2016 年第 1 期，第 82 页。

入。由于政治上的专制集权，产权上对财产权的完全控制，统治权和财产权合一，国家和社会很难分离，二者间形成"压制型"的关系。现今，部分国家仍然具有租金国家的特点，主要依靠矿产、石油等自然资源的出口获得租金收入，而不依赖税收。由于租金收入是"非劳动所得"（unearned-income），国家对社会的依赖较弱，民众参与政治的渠道有限，诉求很难得到回应。此外，由于租金收入的来源比较集中，完全由国家所控制，相对于税收而言其收支状况是不透明的，进而逃避议会的监督。[①]

关税国家是指以关税收入作为国家主要财政收入的国家形态。作为租税体系的一部分，关税具有与其他税收不同的地方。关税是一个古老的税种，产生于中国的西周时期和古希腊的城邦时代，建立在经济发展和国家主权基础上，都经历了最初的部族或部落之间的增关设卡的国内关税到对海外贸易的货物和商人进行征收的国境关税的过程。[②] 关税的功能除了筹集收入的财政功能外，还具有维护国家主权和经济利益的政治功能，体现了国家之间利益交换关系。关税收入曾一度以来成为财政收入的重要来源，如美国从独立战争到第一次世界大战期间，进口关税是美国联邦政府收入的三个主要来源之一（另外两个来源是对烟酒征收的消费税和土地销售收入），在内战前甚至占到联邦收入的一半以上。所谓公债国家或债务国家，是 20 世纪 30 年代的财政类型，公债成为政府获得财政收入的重要来源，但是由于公债需要利用税收来偿还，过高比例的公债会造成财政风险甚至危机，因此公债在财政收入中不应该成为主体地位，公债国家是否能成为一种国家形态值得商榷。

自产国家最初是用来概括西欧封建时期的财政类型，国家的财政收入主要来自君主自有土地的收益。在我国计划经济时期，国家的财政收入主要源于自营的企业和自身的财产的增值，在形式上具备自产国家的特点。葛克昌将具备此类特征的财政概括为"所有权者国家"，由于国家的财政

---

① 马骏、温明月：《税收、租金与治理：理论与检验》，载《社会学研究》2012 年第 2 期，第 90 页。

② 我国自唐朝开始出现了国境关税的雏形即市舶制度，向从事海外贸易的商船征收关税。

收入主要来自国营企业上缴的利润，国家以"企业家"的身份从事营利活动，故又称为"企业家国家"。① 自产国家对社会的依赖程度较低，极易形成国家养人民的"财政幻觉"，甚至利用威权和资源垄断优势与民营企业共同竞争，与民争利。国家政权从上至下对社会进行无孔不入的单向控制，而社会难以控制政府的财政收支行为，政府的财政支出更多地用于满足国家职能的需要而不是公共需要。

"税收国家"是指国家不拥有财产，不直接经营国有企业，政府的财政收入以税收收入为主要来源的国家形态。税收国家的提出源于一场"税收国家"的争论，1917 年奥地利社会主义学者葛德雪（Goldscheid）看到奥地利"一战"后史无前例的战争之债以及财政危机，发表《国家社会主义或国家资本主义》一文，提出传统的税收收入无法偿付巨额的战争债务，应另行开拓盈利收入之财源。国家应有计划地进入私人经济领域，将"租税国"改造成"拥有资本能力的经济国家"。② 随后，1918 年奥地利经济学家熊彼特针对葛德雪的观点进行了反驳，他在《税收国家的危机》一文中主张税收国家起源于现代意义上税收理论，与现代国家同时产生和发展。国家财政支出规模越大，对以追逐最大利益为驱动的私人利益越有依赖，而不应以战争作为借口，干预私人经济和生活。③ 征税者与纳税人达成契约，纳税人以税收为代价交换政府的公共服务与公共产品，这种"对价性"决定了财政支出的"公共性"和"非营利性"，政府对社会的依赖程度提升，公民意识到是人民在养国家，公民社会逐渐独立并成为制约监督政府财政权力的力量。由此，只有税收国家才能实现好的治理成为财政社会学的一个基本假设。总体来讲，税收国家作为一种理论分析工具，它至少具备如下几个要点：第一，税收国家的经济基础是市场经济；

---

① 就国家财政之收入面观察，国家财源出诸国有土地、矿场、财产及国有企业收入，谓之"所有权者国家"。参见葛克昌：《租税国危机》，厦门大学出版社 2016 年版，第 130 页。

② Rudolf Goldscheid, "A Sociological Approach to Problems of Public Finance", Richard A. Musgrave and Alan. Peacock（ed.）, *Classics in the Theory of Public Finance*, ST Martin's Press, 1958, pp. 212 - 213.

③ Joseph A. Schumpeter, "The Crisis of the Tax State," Joseph A. Schumpeter（ed.）, *The Economics and Sociology of Capitalism*, Princeton University Press, 1991, P5.

第二，税收国家的政治基础是民主制度和法治国家；第三，税收国家以国家与社会二元化为前提；第四，税收国家不仅关注征税，同时意味着用税应当满足公共需求。

（二）税收国家对财政支出控制制度的影响

税收国家是从收入端对税收国家类型的抽象概括，具体指国家凭借政治权力征收税收并且税收收入成为国家财政收入的主体部分的国家形态。当然，并不是有了税收收入就可称其为税收国家，[①] 它是伴随着市场经济的产生、民主机制的生成以及法治化程度的提高而孕育发展的。赋税制度的性质对于财政支出控制制度的演进方向具有重大的影响。第一，税收的公共性决定了财政支出的公共性。税收国家的财政收入主要来自私人部门缴纳的税收，涉及无数纳税人的利益，具有公共性，国家保障个人利益有效运作的私人经济基础，财政支出的目的则应满足民众的公共需求。这有别于其他财政类型的国家，比如自产国家，由于财政来源的非公共性，决定了财政支出以确保国有经济的正常运行为首要目的，具有明显的交换关系，进而导致财政支出的结构、目标等的差异。具言之，财政收入筹集形式与财政支出存在着一定关联性，取之于民，用之于民即是最朴素的追求和最好的例证。第二，"无代表不纳税"的民主和法治理念深刻影响着财政支出端用税权的行使。政府代表国家行使的征税权是国家权力的重要组成部分，征税权的合法性来源于公民的"同意"，这种"同意"是通过公民选举出的代表组成的代议机关实现的。西方资产阶级革命大多因税而起，最终将国王的征税权关进了制度的笼子，实行税收法定原则。税收推动了代议制民主和法治国的形成。国民赋予国家以课税权力，其终极的目

---

① 古代社会即存在税收，在我国，贡、赋、税是早期主要的财政收入形式，贡赋早于税收，有学者认为，贡赋即具有了税收的原生形态，当公共权力体系逐渐生成时，财政形态则跨出了实质性的一步，产生了税收的萌芽，它是基于国家公共权力的强制性课征。古代社会的税收主要包括实物税、力役税和货币税。古代的税收都带有明显的阶级烙印，是维护专制统治的一种掠夺工具，被称为"恶税"。参见黄天华：《试论我国盐税的起源》，载《现代财经》2010年第3期，第5~9页。

的并不是保障国家顺利地将课税权蜕变为政治集团敛财的工具，而在于确保国家有充足资金满足纳税人的"公共需求"。[1] 逐渐形成的纳税人意识不仅希望政府的征税权受到制度性的约束，也希望政府能够有效率地使用这些资金，提供更多公共服务。由最初通过议会控制政府的征税权到控制政府支出的权力，在代议制民主的基础上确立了预算民主原则，为财政支出控制奠定法律基础和政治基础。第三，税收国家中租税负担的界限制约财政支出总额。税收具有两面性，一方面它是国家正常运转发挥职能的"扶持之手"，另一方面它是国家公权力获取公民部分私人财产权的"掠夺之手"，如国家行使课税权不受控制，恣意征税，就会严重损害公民基本权利，最终危及社会稳定，这已被中西方历史所证实。对于纳税者来说，纳税是获得经济基本权的前提，或者说，税收是经济自由的对价。因此，税收国家的租税负担是有一定界限的，在确保形式及实体之"租税法定主义"的同时，也需要保障法治国之预见可能性、个人自由与平等待遇。租税客体由纳税义务人之经济负担能力所组成。[2] 税制设计中的课税禁区、比例原则等均是对纳税人基本权利之保障，体现了税收正义。财政平衡是财政管理制度的基本原则，无论是自由法治国抑或社会法治国，财政支出总额会因此受到限制。

税收国家是分析财政公共支出问题的逻辑起点，只有税收国家才是真正意义上的现代国家。正如熊彼特所言，租税国正是具有无比之活力与负担能力，不仅能负担战后债务，更有余力支付民生福利国任务之庞大支出。同时，税收国家所具有的公共性、民主性、法治化和基本权保障等理念，对财政支出及其控制制度的建构产生一定影响。[3]

---

① 张富强：《论税收国家的基础》，载《中国法学》2016年第2期，第174页。

② 葛克昌：《租税国的危机》，厦门大学出版社2016年版，第125页。

③ 自产国家和税收国家是20世纪以来最主要的两种财政类型。1978年经济体制改革以来，我国开启了从自产国家向税收国家转型的时期。具体言之，目前我国的财政收入主要包括税收、政府性基金和国有资本收益，与西方国家相比，税收收入在财政收入中占比并不算高，因此并非典型的税收国家，计划经济时代自产国家的体制、制度与物质遗产对于当代中国的税收来源具有结构性的影响。这极大地削弱了国家目的的"公共性"，加剧了国家与社会的紧张关系。

(三) 预算国家与财政支出控制制度的发展

虽然税收国家对财政支出控制制度有一定影响，税收国家理论间接性地对财政支出提出特定要求，但税收国家更多地关注财政收入的筹集方式，这也是西方财政社会学者最初提出"税收国家"等不同类型财政国家的分类标准。税法无法规制非税收入，无法规制支出，而一旦对收入的用途没有约束，收入就变得等同于政府决策者的私人收入。"预算国家"概念的提出则是针对财政资金到哪里去以及如何去问题的关注，预算国家为财政支出法律控制提供一个分析框架和理论支撑。

1. "预算国家"概念的提出及内涵

严格来说，预算国家与税收国家并不是遵循同一标准进行的分类，税收国家是财政社会学者根据收入来源的不同抽象出来的财政国家的一种类型。关于二者的关系，学界持有不同的观点。一种观点认为税收国家是预算国家的必要条件，只有税收国家才能成为预算国家。从税收国家到预算国家，是一次重要的财政转型。这种观点以王绍光为代表。另一种观点认为"预算国家"的概念值得商榷，因为二者并未遵循统一的划分标准，且对是否一定经历税收国家才能进入预算国家提出质疑。[①] 笔者认为，税收国家与预算国家的概括分别是从不同的角度对财政国家的概括，税收国家侧重财政收入一端，预算国家则从财政管理与财政支出的角度进行的概括，税收国家是预算国家的前提条件，二者并行不悖。历史角度考察，税收国家到预算国家通常要经历漫长演化的时间。在西欧，税收国家在封建制度崩溃后逐渐形成，从 16 世纪起开始了税收国家的建设，然而直到 19 世纪有些国家才真正进入预算国家，财政转型的时间不可谓不长。以英国为例，由于国王违反税收契约的超额征税行为，导致封建领主大量负债，陷入经济窘境，1215 年封建领主们攻入伦敦城。最终经过谈判，国王签署了《大宪章》，主要对国王的征税权进行了限制。1688 年"光荣革命"后

---

① 刘守刚：《家财型财政的概念及其运用》，载《经济与管理评论》2012 年第 1 期，第127 页。

英国王权衰落，建立君主立宪制，议会权力增强。在开支方面，主要关注支出总量，不关注也无力制约支出方向。直到 1787 年，议会通过《统一基金法》，建立"统一基金"，要求所有的收入均应纳入统一基金，所有的支出应由统一基金支付。统一基金的建立极大地增强了议会的预算控制权。[1] 1854 年议会通过《公共税收与统一账户法》，规定政府每年要向下议院报告财政收支报告。此后又设立国库收支审查委员会和独立的收支审计部门，议会对财政收支的监督取得实质性进步。英国在 19 世纪 70 年代完成了预算国家的转型。

"预算国家"的概念率先由王绍光提出，他认为仅仅拥有预算不一定成为预算国家，"预算国家"是指拥有现代预算制度的国家。何为现代预算？学界围绕现代预算的基本内涵、突出特征、实现路径等展开研究。著名预算专家克里夫兰（Cleveland）认为现代预算的评价标准包括三个方面：（1）现代预算是由应该负责并且可以负责的行政首脑提交的财政收支计划，这是它区别于其他计划之处；（2）这个计划必须由代议机构审查批准，在代议机构批准政府的财政收支计划之前，政府不得收一分钱、花一分钱；（3）这个计划必须包括全面而且详细的政府计划的活动的各种信息，以有助于负责审批的代议机构做出同意或不同意的决定。[2] 王绍光认为现代预算有两个典型标志：第一是财政上的集中统一，也就是说，在财政收支管理方面实行权力集中，将所有的政府收支统筹到一本账里，而不能有两本账、三本账、四本账，并建立统一的程序与规则对所有的收支进行管理。第二是预算监督，也就是说代议机构能监督政府的财政收支，确保预算是依财政年度制定的、公开透明的、清楚的、事先批准的、事后有约束力的。两者缺一不可、互相支持。[3] 显然，现代预算是不同于传统预算的一种预算模式。传统预算目的在于财政收支记录，与财政无关，统治者

---

① 马金华：《外国财政史》，中国财政经济出版社 2011 年版，第 39 页。

② Federick A. Cleveland, Evolution of the Budget Ideain the United Stated, *Annals of the American Academy of Political And Social Science*, Vol. 62, November 1915.

③ 王绍光、马骏：《走向"预算国家"——财政转型与国家建设》，载《公共行政评论》2008 年第 1 期，第 11 页。

记录每年的收入和支出以防止出现入不敷出的现象或是防止下属盗用税款和乱花钱。现代预算制度是在国家权力与公民权利的长期博弈中产生的，其核心在于对国家财政收支尤其是财政支出的控制和制约，实现财政资金的有效配置。现代预算所具有的特点是传统预算所不具备的，如预算的科学性、法治性、全面性、公共性、透明性、预算监督等，根本的目的是通过预算控制政府的财政权，尤其是对财政支出行为的有效控制。

2. 预算国家与财政支出控制的内在关联

预算国家的提出，预示着预算在整个财政系统甚至国家治理中的重要地位。正如日本学者神野直彦所言："在为被统治者所支配的市场经济社会，所有财政现象都被纳入预算，受被统治者控制，已成为制度。"[①] 可以说，政府的收入、支出、公债的发行等一切行为均应囊括在预算之中。由于预算收入是预先推算的，具有不确定性，再加上税收法定原则的限制，实际上能够被立法机关决定和有效控制的是财政支出。预算是控制财政支出的有效手段，"预算将成为财政支出的又一种表达"。[②] 预算国家与财政支出关系最为紧密，它与财政支出控制的内在关联主要表现在：第一，预算国家理论改变了只关注财政收入一端的控制，推动了财政支出一端财政支出控制制度的发展。预算国家是指拥有现代预算制度的国家，一方面强调通过预算对财政权的控制，另一方面凸显不同于传统预算的现代预算在政府理财和国家治理过程的核心地位。历史上看，议会控制政府的财政支出要晚于对财政收入的控制，也就是说对财政权的制约首先是体现在对财政收入权的控制方面，对于财政收入使用的控制和监督往往很难实现，因为决定财政支用的单位很分散，无法将所有的收支统一到一本账本中，议会因此很难监督和控制政府的收支行为。预算国家强调预算的完整性与预算监督，将政府所有开支反映到预算当中，并且接受议会的审查批准和监督，强调财政支出的合法性。第二，预算国家的核心是通过预算达

---

① 神野直彦：《财政学——财政现象的实体化分析》，南京大学出版社 2012 年版，第 63 页。
② 郭维真：《中国财政支出的法学解析：以合宪性为视角》，法律出版社 2012 年版，第 17 页。

到财政权的控制，预算是政府行为的核心，一切政府行为均以预算为基础，预算权成为财政权中最核心的内容，甚至可以说广义的预算权即是财政权。因此，预算权的合理配置关系到财政支出控制的效果，也是宪政建设和民主政治的客观要求。第三，预算国家确定了预算法定原则，财政支出因此进入法律视野。财政权的概念是从英国议会财政权发展起来的，最初财政权主要集中在财政收入层面，"无代表不纳税"的税收法定原则对国王的征税权予以限制。从税收法定到预算法定，财政法定原则进一步得到了发展。

三、直接动因：夜警国家到社会国家的转变

夜警国家和社会国家是萨孟武对近代国家的类型区分，前者指的是国家职能局限在国防、治安、秩序等最低限度内，后者的国家职能则大幅扩展到经济、社会和文化领域。这种划分是以政府职能的变迁为依据，国家和社会的关系为主线进行的分类。从历史的角度看，国家与社会的关系历经前资本主义社会的国家社会同构时期、自由资本主义阶段的国家社会分立时期和垄断资本主义阶段的国家社会融合时期。反映在理论研究方面，早期的国家主义和自由主义代表了政治国家绝对化和市民社会绝对化的两种极端主张。自由主义者强调国家与社会的对比性，强烈要求社会力应在国家管束中解放出来。国家主义则主张国家置于社会之上，成为其上层建筑。[①]

18世纪自由资本主义时期，以亚当·斯密、大卫·李嘉图、托马斯·马尔萨斯等为代表的古典经济学派主张自由放任主义，提出最小的政府就是最好的政府。政府有三项义务，包括军事安全保障、司法保护以及建立并维护公共机构和公共设施，政府支出被控制在维持国家机构运行的狭小范围。[②] 它们以限制政府权力来保障公民自由，正如自由主义者洛克所

---

① 葛克昌：《租税国的危机》，厦门大学出版社2016年版，第31页。

② ［英］亚当·斯密：《国民财富的性质和原因的研究》（下），郭大力、王亚南译，商务印书馆1981年版，第260页。

言，公民只享有保护自由的生命、健康、自由和财产的权力，并不享有支配他人的生命、自由和财产的权力，所以公民能够放弃并转让给政府的全部权力，就只能是保护公民的生命、自由和财产的权力，同时这也是政府的全部权力。这种类型的国家被称为"夜警国家"或"自由法治国"。在国家与社会的关系方面，倡行国家社会二元对立，政府财政行为附属于行政行为，政府的职能被弱化，极少触及社会公共领域，财政支出规模相对较小。

19世纪末以来，随着垄断资本主义的到来，信息不对称等市场失灵现象日渐凸显，国家干预主义成为主流，政府担负的职责和发挥的功能、作用的范围和方式发生变化，财政支出规模骤然增加。"二战"后，经济和社会发生巨大的变迁，建立在马克斯·韦伯官僚制度下的公共行政出现了合法性危机，不能满足大众的公共需要，去官僚化的新型的政府职能理论正在形成。政府职能的重心由注重政治统治向社会管理职能转变，国家与社会相互交集而非截然二分，在区分国家与社会的前提下，它们并非相互对立，而是"共和与互生"的关系。① 财政活动广泛介入社会保障、医疗、教育等社会生活，财政支出的公共性日益加强，关系到民众的福祉。② 社会福利的给付在20世纪由民间转由政府承担。上述类型的国家被称为"社会国家"或"社会法治国"。

社会国家的形成，国家职能从满足国家需求转向公共需求，提供公共产品、调节收入分配、保障稳定与增长等社会国家的财政职能。社会支出与日俱增，财政支出规模膨胀，政府财政支出权的控制和监督日益受到关注，议会也在不断寻求能够控制政府财政支出的措施。英国是财政支出法律控制较早的国家，1688年"光荣革命"后，英国议会即加大了财政支出控制的力度，对政府资金指定专门用途，政府不能随便挪用，同时还设立了第一个现代意义上的公共账目委员会审查政府的开支，到后来要求财政部每年都要编制预算提交议会审查。1780年的《丹宁议案》、1782年的《民事设立法》

---

① 张琴：《从国家与社会关系看经济法的价值重构》，载《重庆科技学院学报（社会科学版）》2016年第1期，第21页。

② 19世纪，英国改革了济贫法（1834年），通过了教育法、公共卫生法、失业工人法、国民保险法等，社会福利支出大幅提高，20世纪初高达财政开支的1/4到1/3。

以及 1787 年的《统一基金法》将拨款权由政府转移为议会拥有，财政收入和支出通过统一的基金账户完成，财政支出逐步纳入法律的视野，也为预算法定奠定了基础。19 世纪中叶，议会又通过了《公共收入统一基金支出法》《国库与审计署法》，基本完成了议会控制财政收支的法律架构。

我国政府职能的变迁路径与西方国家不同，计划经济时期政府直接以指令计划配置全社会的资源，组织和安排整个社会的经济运行，国家职能无所不包，财政职能具有"统、包、大"的特点，正如学者所认为的，国家有能力把整个社会管起来。在市场经济体制下，政府与市场的界限逐渐分明，政府发挥作用的范围仅限于市场失灵的领域，因此，从计划经济到市场经济发展的过程是政府不断放权和转换职能的过程。相同的是，在市场经济体制下，财政职能由满足国家需要转向满足公共需要，提供公共产品和服务。这种变化从各国的财政支出结构即可见一斑，除了国防、外交、一般性公共服务等满足国家政治统治支出外，社会保障、教育、科技、文化、医疗、环保等方面的支出所占比例越来越大。由此可见，从"夜警国家"到"社会国家"国家职能的变迁，财政支出的范围由"国家"进入"社会"，财政权的扩张成为控制财政支出的直接动因。

四、发展动力：公共财产权与公民财产权的对立统一

（一）公民财产权与公共财产权的具体解析

1. 公民财产权及其相对性

在传统观念中，财产权主要指私人财产权，对私人财产的保护基本上是由民法和宪法财产权保护制度组成的。有学者用公式"宪法财产权 - 国家赋税 = 私人财产权"来解释宪法财产权和私人财产权的关系。[1] 这个公式至少说明了一点，即私人财产权从诞生之日起就是一种相对权利，承担

---

[1]　王士如、高景芳、郭倩：《宪政视野下的公共权力与公民财产》，法律出版社 2011 年版，第 58 页。

社会义务。国家公共权力的建立是税收产生的社会条件，税赋是国家的经济基础，私人财产权自诞生之日即要受到征收的限制，是一种相对权利。虽然古典自然法学派将财产权视作一种自然权利，认为在政治社会之前就存在财产权，① 但是在政治社会产生之前，这种应然的财产权在没有国家的保护下能否转化为实然的权利？即使近代资本主义国家宪法所倡导的"私有财产神圣不可侵犯"，那也"只是一种道德上和哲学上的思想表述，是近代自然法思想的一种话语，未必符合具有严格意义上的法律规范的要求。"② 财产权传统观点仅关注到私人财产权的限制及其正当性，即国家通过征收获得财产的正当性，但对征收的财产的使用和处分缺乏关注。

2. 公共财产权的界定及权力体系

财产与财产的权利是有区别的。"财产是有权控制稀少的或者预期会稀少的自然物资，归自己或是给别人使用，如果别人付出代价。可是，财产的权利是政府或其他机构的集体活动，给予个人一种专享的权利，可以不让别人使用那种预期稀少、对于专用会造成冲突的东西。这样，财产不仅是一种权利，而且是权利的冲突，可是财产的权利是管理冲突的集体行动。"③ 财产权不是从来就有的，而是社会进化到文明阶段且产品有了剩余的产物。"财产权一经产生就分裂为私有财产权与公有财产权，……私有财产权为私益存在，公有财产权为公益而存在，并最终在实现人自身利益的基础上趋于融合。"④ 可见，公共财产权的存在并不晚于私人财产权。其实，对公共财产的保护，从人类历史上第一部保存比较完整的成文法典《汉谟拉比法典》，到罗马法及古代印度最重要的法律文献《摩奴法典》，里面都可以找到相应的规定。在我国，宪法及数百个法律规范中都提到公

① 洛克是财产自然权利说的开山鼻祖。他用劳动来论证财产权是一种自然权利，目的在于限制政府权力。一是证明了财产权产生于政治社会建立以前的自然状态；二是劳动创造财产权，不需要经过其他人的同意。认为生命、自由、财产是人的不可转让、不可剥夺的权利，国家的目的就是保护这些权利不受侵犯。

② 林来梵：《针对国家享有的财产权：从比较法角度的一个考察》，载《法商研究》2003年第1期，第57页。

③ ［美］J. R. 康芒斯：《制度经济学》（上），于树生译，商务印书馆1962年版，第357页。

④ 唐清利、何真：《财产权与宪法的演进》，法律出版社2010年版，第70～71页。

共财产。本章以《中华人民共和国宪法》为例来分析公共财产的含义。宪法第十二条规定："社会主义公共财产神圣不可侵犯"，一部分学者认为这里的公共财产主要从公有制角度来规定的，其包括国有财产和集体财产，另一部分学者认为，公共财产与共有财产并不能等同，"新中国成立以来所制定的历部宪法或宪法性文献中，'公共财产'的核心内涵在于其存在意义和服务功能的公共性，而非物质形态和价值体现上的权属性。在这个意义上，'公共财产'并非'公有财产'的同义词，而是相对于私有财产和公有财产的社会性与公益性的物质财富。"① 考察历史，"公共财产"的概念在不同的经济体制下其内涵外延亦会发生相应变化。笔者以为，法律文本中的"公共财产"是经济制度下的基本范畴，不是权利客体意义上的概念。在市场经济条件下，政企分开、两权分立、政资分离，公共财产已经不再对应国有企业和集体企业，国有企业和集体企业并非全部都是公共财产，而只限于服务于公共利益的部分，虽然在外延上随着公共财政的推行二者会逐渐重合。法律文本中的"公共财产"主要关注的是物质形态的财产，包括资产的总量和结构，属于存量的范畴。相比而言，财税法意义上的"公共财产"主要指通过国家预算来管理的价值形态的财产（如税收、公债收入、非税收入、国有资产收益等），属于增量范畴。法律文本中的"公共财产"与财税法意义上的"公共财产"，既有相同点，又存在差异。相同点在于二者均强调存在意义和服务功能的"公共性"，差异性则主要体现在外延的不同，二者是存量与增量的关系。

　　视角和立场的不同，概念的界定也会有所差异。总体而言，对公共财产至少有以下三种不同的理解。第一种，从财产所有权角度，公共财产是指与私人财产相对的其他财产，此为最广义的公共财产，包括国家和公共部门持有的全部财产，② 可以细化为公有财产（意同国有资产）和增量财

---

① 汪庆红：《中国公共财产的概念考察——以宪法为中心》，载《理论导刊》2014 年第 10 期，第 39 页。

② 公共部门是指被国家授予公共权力，并以社会的公共利益为组织目标，管理各项社会公共事务，向全体社会成员提供法定服务的政府组织。政府是公共经济部门的最主要成员，还包括公共企业、非营利组织等。

产。前者按照不同的标准可以分为经营性国有财产和非经营性国有财产（此处暂不区分财产和资产的不同），经营性的财产体现了全民共有的属性，但不同于财政的公共性要求，非经营性的完全服从于社会公益性目的；第二种，从财产的职能属性角度，公共财产专指国有资产中服务于公共利益的财产；第三种，从公共财政角度，公共财产通常指通过国家预算来管理的增量财产。财政学对政府制度的研究在相当程度上是通过对政府收支的考察来实现的，因为政府的收支活动在相当大的程度上反映了政府制度运行的客观过程。当然，财政学也开始关注存量的国有资产的研究，"财政收支中的一部分是为了形成国有资产或者是为了管理好存量的国有资产而发生的，存量的这部分正是财政学所忽略的，事实上，只有不仅仅对收支，而且对存量进行一体化的考虑和统筹把握，才有助于我们更全面地做好财政工作。只有将收入、支出与存量国有资产做一通盘考虑，财政学的视界才算比较完整……也就是我们经常所说的'大财政'和'小财政'之分。"① 公共财产法作为公共财政的法学解读，公共财产的视域也应和公共财政相契合。从大财政的角度出发，财税法意义上的公共财产应从最广义的公共财产来理解，不仅调整通过国家预算来管理的增量财产，还包括存量的公共财产。"存量"与"增量"间紧密相连，互相转化。调整增量公共财产的法律规范主要是财税法，但调整存量国有资产的法律规范不仅关涉财税法，还包含其他法律部门如经济法、民法、宪法等性质的法律规范，且这部分性质的法律规范占主体。基于此，在法律部门的归属上，国有资产法等调整存量国有资产的法律划归其他法律部门更加合理。② 本书所指的公共财产主要指第三种含义，即通过国家预算来管理的增量财产。

公共财产理论将私人财产转化为政府持有的财产类型化为公共财产，"从财产属性角度，规范、控制公共财产权为功能取向的现代财税法理论，是在财税法治思维下对国家治理模式的新探索。"③ 公共财产具备财产的

---

① 毛程连：《国有资产管理学》，复旦大学出版社 2005 年版，第 17 页。

② 将国有资产法划归经济法的较常见。如顾功耘：《经济法教程》，上海人民出版社 2002 年版。

③ 刘剑文：《论财税体制改革的正当性——公共财产法语境下的治理逻辑》，载《清华法学》2014 年第 5 期，第 8 页。

一般属性和运动过程，关注财产的权属性、动态性、过程性，终极价值是对私人财产权的保护，真正实现"取之于民，用之于民"。

公共财产的取得、使用和收益、处分与财政收入、财政支出、财政管理相对应，决定了在法律层面公共财产法的结构与财税法的体系之间相对应的逻辑关系。公民将私人财产权让渡一部分给公权力转化为公共财产，私人财产权转化为公共财产权，由国家拥有。不同于以往对公共财产权从静态、结果状态角度的界定，王桦宇、刘剑文将公共财产权定义为"政府基于其公共性特质取得用益和处分财产的权力，包括对私人财产征税、处罚、国有化等非对价性给付，征收土地房屋、收费、发行公债等对价性给付，以及支配这些财产的权力。"[1] 公共财产权可以具体化为可实际运行的一系列权力体系，包括财政收入权、财政管理权、财政支出权，其中，财政收入权是手段，为行政权力的运转提供财源和物质保障，构成了公共财产权的基础。财政支出权是目的，财政管理权是连接征税和用税的桥梁和纽带。对公共财产权进一步进行划分，可以从横向和纵向两个维度展开。横向维度主要在立法机关、行政机关不同国家机关之间的划分，纵向维度则是在中央和地方之间的划分。

（二）公民财产权与公共财产权的对立统一

公民财产权与公共财产权作为财税法的基本范畴，反映和体现了财税法调整社会关系的实质——公民私有财产与公共财产的紧张关系。二者自产生以来就存在着一种对立统一的辩证关系。

首先，公民财产权是公共财产权的本源，没有公民财产权就没有公共财产权。或者说，二者缺一则存续的一个也无意义。公共财产权是源于纳税人的委托、私人财产权的让渡而存在，自产生之后即有了独立的价值，应受到法律的保障和规范。公共财产权的目的是为保障和维护私人财产权，这也是公共财产权干预私人财产权的正当性所在。没有私人财产权，

---

[1] 刘剑文、王桦宇：《公共财产权的概念和法治逻辑》，载《中国社会科学》2014 年第 8 期，第 135 页。

公共财产权也就失去存在的客观条件和意义。

其次，二者所保护的法益有所区别。"法益作为法律所承认、保障和调整的利益，不仅应涵盖权利、权力，还应包含除权利之外应受法律保护的其他正当利益。"① 毕金平将法益类型化为个人法益和集体法益，个人法益是指可以由个人处分和享有的利益，集体法益是指个人不能单独处分的法益，而以社会一员的身份与他人共同享有和处分的利益。在财税法中，个人法益主要指向纳税人权利，集体法益主要指向公共财政权。② 由此可见，个人法益和集体法益是两种不同类型的利益，虽然从终极意义上说二者皆统一于人的利益，但一经分层，则互相独立，甚至对立。无论私人财产权还是公共财产权，都是某种利益，与财产有关，正如波斯纳所言，"权力总是与物质力量紧密联系的"，③ 从这个意义上说，财税法是有关财产分配的法。法律并不能创造财富并使财产增加，社会财富从总量上是一定的，公民财产和公共财产是此消彼长的关系。由于权力从表面上看凌驾于一切权利之上，同权力相比，纳税人权利处在弱者的地位，较容易受到损害，所以，法律对纳税人权利的保护力度应当超过对公共财产权的保护。

最后，公民财产权与公共财产权相互转化、相互渗透。依据哲学辩证法的观点，矛盾的双方在一定条件下会走向自己的对立面，转化是对立面之间更深刻、更富有生命的联系。公民的私人财产权转化为公共财产权，又通过财政支出将取之于民的财产返还给了公民，由集体利益转化为个体利益，发生权利权力化和权力权利化。在"公民财产权——公共财产权——公民财产权"的循环中，实现了分配公平和正义。然而，实现二者良性循环的相互转化需要满足一定的条件，只有在财税法治、民主、宪政的环境下才能真正凸显公共财产法的公共性。

---

① 史玉成：《环境利益、环境权利与环境权力的分层架构——基于法益分析方法的思考》，载《法商研究》2013年第5期，第48页。
② 毕金平：《论财税法法益的层级类型》，载《学术界》2015年第7期，第84页。
③ ［美］波斯纳：《法理学问题》，中国政法大学出版社1994年版，第24页。

第三节　财政公共支出法律控制的两条进路

一、从控制到结果：两种不同的预算分配模式

希克把公共预算系统的职能划分为三种：计划、管理和控制。三种职能分别从宏观、中观和微观界定了政府预算的角色。预算的计划职能包括确定组织目标、测量实现目标所需资源，以及制定一系列获取、使用和分配这些资源所需的配套政策；管理职能指管理者确保有效获取并使用资源的过程；控制职能是指确保项目实施过程中的每一项具体工作任务都能够有效地开展。希克认为，每一种预算系统都同时承担着这三种职能，但侧重点不同。分项列支预算重在控制，原来的绩效预算意在管理，计划项目预算转向了计划。[1] 20 世纪 70 年代末出现的新绩效预算模式认为预算资金应该以结果为导向，产出不是预算资金配置的最终目的。也就是说，分项列支预算是以控制为导向，新绩效预算则追求结果，将目标、结果和资源联系起来，以结果为导向。分项列支是传统的预算编制方式，它将各个部门的每一个项目的支出和资金来源列出，控制政府的开支，控制的重心在于预算投入。控制的途径是依托以财政部门为核心预算机构的"行政控制"和以立法机关为预算审议机构实施的"政治控制"。[2] 根据希克对预算改革的经典划分，公共预算系统基本遵循控制、管理、计划和结果的演进过程。换言之，控制与结果并不同时出现，控制是结果的必要条件，"首先要建立可靠的外部控制，然后转向内部控制制度，只有在这些制度已经很好地包含在管理制度之中后才可以转向管理责任。如果政府在建立

---

[1]　Allen Schick：" The road to PPB：The Stages of Budget Reform"，Pulic Administration Review，1966，12，pp. 243 – 258.

[2]　陈治：《实施民生财政背景下的预算法治变革》，法律出版社 2016 年版，第 27 页。

起可靠的、强有力的控制制度之前就采用管理决策自由和责任制度的话就要冒巨大的风险"。①

关于控制取向和结果取向的演变，著名公共预算专家凯顿也有类似的观点。他将预算划分为三个阶段及相应的三种预算模式：前预算时代、预算时代和超预算时代。三种预算模式的划分是在运用财政收入汲取能力、公共责任和行政控制三个变量的基础上进行的总结，各阶段具体特点如表 2 - 1 所示。前预算时代，由于缺乏核心的预算机构，因而行政控制程度较低，君权专制，不直接对公众承担责任。预算时代，建立了现代预算制度，强化核心预算机构的内部控制即行政控制以及议会的政治控制，行政控制和公共责任同时显现出较高的状态。超预算时代，预算分配模式由控制取向走向结果取向，弱化了行政控制而强化了绩效预算的管理者对公众的公共责任。

表 2 - 1   **三种预算模式及特点**

	时期	财政收入汲取能力	公共责任	行政控制
前预算时代	专制君主制时期（中世纪后期到 19 世纪初）	强	低	低
预算时代	建立现代预算以后（19 世纪初到 20 世纪 70 年代）	强	高	高
超预算时代	20 世纪 70 年代至今	强	高	低

资料来源：马骏：《中国公共预算改革：理性与民主化》，中央编译局出版社 2005 年版，第 89 页。

上述的结论与西方国家预算法律的演变是契合的，有学者分析了美国预算法的变迁，将美国联邦预算法归结为两种类型，分别属于程序导向型立法和结果导向型立法。认为美国 20 世纪 80 年代以前的预算法试图通过预算来控制，20 世纪 80 年代以后的预算法试图来控制预算。② 由此看来，

---

① ［美］艾伦·希克：《当代公共支出管理方法》，王卫星译，经济管理出版社 2000 年版，第 34 页。

② ［美］詹姆斯·L.陈：《论美国重大的联邦预算法》，白彦锋译，载《经济社会体制比较》2008 年第 1 期，第 64 页。

预算分配的模式可以分为两种：一种是以控制为导向，另一种是以结果为导向。控制导向的实现大多依托预算程序实现，本书将之称为过程控制进路；结果导向的预算功能的实现侧重于财政支出的结果和效果的合理性控制，本书称为结果控制进路。

二、过程控制和结果控制的特征描述

所谓定义，诚如该语词所提示的，最初所指的就是在某类事物和他类事物之间划定界限或作区分的问题，这个界限乃是通过个别独立的语词在语言上所做的划分。[①] 过程控制和结果控制是控制财政公共支出不同的两条进路，体现出财政公共支出法律控制的不同面向，是对法律控制财政支出的历史嬗变过程中不同面向的类型化分析，对二者划定界限进行区分是定义的主要目的，这个问题的解答也构成探究财政公共支出法律控制制度的主要端绪。然而，过程控制与结果控制就像圣奥古斯丁（St Augustine）关于时间观念的某段名言，在对某事物进行定义时会陷入一种困境。按照穆勒的说法："最简单最正确的定义概念就是，它是阐明词义的一种主张，也就是说，要么它是被普遍接受的意义，要么它是言者或者作者……打算使其具有的意义。"[②] 概念和命题必须以特定的方式与问题保持关联，因此只能从问题出发来加以理解，对财政公共支出的过程控制和结果控制的解释同样也只能被赋予与问题保持关联的含义。

（一）过程控制的内涵与基本特征

从近代社会到现代社会，国家、市场、社会之间的关系发生变化，各国法律对财政收支控制的范式相应地有了变化。西方国家建立现代预算的时间各异，英国早在1214年通过《大宪章》确立了英国早期议会"无代

---

① 哈特：《法律的概念》（第二版），许家馨、李冠宜译，法律出版社2011年版，第13页
② ［美］乔·萨脱利：《民主新论》，冯克力、闫克文译，东方出版社1998年版，第287页。

表，不纳税"的原则，进而确立了英国早期的议会制度。此后历经政治斗争，直到 1816 年，英国在《联合王国综合基金法案》的要求下最终形成了唯一的"联合王国综合基金"，标志着世界上第一个现代意义上的完整预算在英国出现了。1832 年，英国国会通过立法，规定内阁财政大臣每年必须向国会提出全部《财政收支计划书》，并由国会批准。至此，英国在世界上首次确立了现代预算制度。欧洲其他国家也纷纷编制财政收支计划，由议会批准。通过"税收法定"和"预算法定"，实现立法机关对行政机关的制衡，一系列的程序规则规范政府财政收支行为。对财政收支规模、结构、预算平衡等并未做实质性的规定，如"对于预算平衡原则强调的是财政收支平衡，但是没有说明达到这一平衡时，财政收入和财政支出各自应当达到怎样的水平，因此，即使形式上达到财政收支平衡，也可能隐藏着财政支出规模过大、浪费财政资金的问题"。[①] 此时对财政收支的控制主要通过被立法机关批准的预算完成。

　　财政公共支出过程控制的基本要素主要体现在五个方面：第一，控制主体主要以立法机关和行政机关控制为主，公众的参与机会匮乏，而且按照希克的观点，应当优先完善立法控制即外部控制，而后完善行政控制即内部控制。第二，控制的依据主要是预算法定。财政支出严格按照议会批准的预算案进行，财政支出部门在预算执行中的自主决定权比较小。第三，控制的进路主要是程序性控制，以合法性为核心。从预算的编制、审批到执行、调整、决算等线性程序均由法律规定，只要符合程序的预算支出就是合法的。第四，控制的对象方面，从横向看并不必然包括全部的财政收支，财政收支的范围由法律规定。从纵向看包括中央及地方的财政收支，由于各国政体不同，地方的自治权限不同，控制程度也不尽相同。第五，控制的导向强调投入导向。投入导向型预算是指传统的线性预算在编制、执行时主要强调严格预算控制规则，限制甚至禁止资金在不同预算项目之间转移。预算反映的是投入情况，而非结果或产出。以预算服务的组织为单位进行编制，将拨款分为行政性支出、公共事业支出和专项支出

---

　　① 叶珊：《财政赤字的法律控制》，北京大学出版社 2013 年版，第 67 页。

等，并且按照管理因素分类的方式，将人员经费和公用经费分开安排。[①]

（二）结果控制的内涵与基本特征

随着经济体量的增加，国家职能的转变，福利国家的推行，各国财政赤字增加，财政收支规模不断地膨胀。传统预算对支出的形式控制无法遏制财政规模的扩张，因此，以总额控制为目标的预算制度成为 20 世纪 70 年代以来的发展趋势。如美国，由于 20 世纪 70 年代全球石油危机的影响，经济滞胀，政府财政收入增长缓慢，而财政支出依然大幅度增长。为解决财政收支的矛盾，加强立法机关的权力，1974 年制定了《国会预算与扣押法案》，预算决议设立总额限额。1985 年《平衡预算和赤字控制法》规定削减赤字等规定。还有 1990 年《预算执行法》对自主性支出设定上限等举措，均从实体方面对财政收支的规模予以控制。日本在经济低迷、赤字高启的背景下同样对预算制度进行改革，遵行财政健全原则，编制中期财政框架，对财政规模的控制具有积极效果。总而言之，对政府的财政收支的控制，仅靠标准化的程序已然不能实现"控权和限权"的目的，只要按照程序的要求即可达到增加预算支出的目的，无法约束国家财政权的恣意。传统预算注重组织过程，并未将预算视作经济管理制度的一部分，相对孤立。"许多发展中国家和发达国家之所以从传统预算转向公共支出管理是由无法令人满意的公共支出结果驱动的。……在一般情况下，即使政府已经贯彻执行了标准的预算规则和国际组织的推荐方法，这些问题依然存在。"[②] 由是观之，过程控制对于控制财政收支具有一定的局限性，它无法确保财政收支合理性的问题。

结果控制的基本特征体现在以下五个方面。

1. 控制主体：国家与社会共治

"控制主体"也就是"谁控制谁"的问题。财政支出是政府对筹集的

---

① 李燕：《政府预算管理》，北京大学出版社 2008 年版，第 100 页。

② ［美］艾伦·希克：《当代公共支出管理方法》，经济管理出版社 2000 年版，第 2 ~ 3 页。

税收及非税收入的处分行为，在处分的过程中，政府居于主导地位。对政府财政支出权的控制可以遵循权力制衡理念，从权力和权利两方面入手，权力制约权力以及权利制约权力。前者主要指国家机构间权力对权力的制衡，后者指公民社会的权利对权力的制约。国家与社会的共治体现了国家全能主义的政治框架的变革，公众参与到预算过程中来表达诉求，形成监督政府财政权的重要力量。

公共预算一般被视为基于基本社会契约的政治过程，它表现为资源申请者和资源审批者之间非线性的、不断进行的政治活动。[①] 预算过程就是资源申请者与审批者之间的互动，因此，财政支出的控制主体可以概括为财政资源的申请者和财政资源的审批者。资源的申请者指政府（包括公共部门）为履行职能而提出的资金要求，资源审批者则着重对资金合理性作出权衡与取舍，二者存在着一定的对立关系。[②] 在整个预算流程中，至少需要经过两轮的资源申请。

第一轮是发生在行政机构内部的资源申请与资源审批，属于财政支出的内部控制，这一轮的主体在预算法中规定为"各级政府、各部门、各单位"。财政资源申请者主要指预算支出部门，具体化为政府的职能部门、事业单位、国有资本投资运营公司和国有企业。资源的审批者主要指财政部门，完成资源的配置。依据"二上二下"的预算流程，资源的申请者向审批者上报"预算建议数"，财政部门审查后下达"预算控制数"，上报和下达的过程就是一个博弈的过程。虽然预算编制的方法和理论众多，但是渐进主义的影响是最大的。渐进式的预算方法即"基数＋增长"的编制方法，为了争取到更多的资源，预算支出部门会夸大预算基数，正如尼斯坎南提出的官僚预算最大化模型，官僚能够利用其信息优势实现利益最大化。财政部门作为审批者应对财政收支总的额度进行合理的控制，发挥核心预算机构宏观决策和控制的功能。因此，财政支出的控制路径不仅仅是

---

① 张岌：《后现代主义视角下的公共预算模式比较：申请者和审批者的对话》，载《甘肃行政学院学报》2015 年第 6 期，第 31 页。

② 罗春梅：《预算假设、预算申请与政府理财观误区——基于省级预算形成过程分析》，载《云南财经大学学报》2009 年第 3 期，第 132 页。

规范性控制的单一路径，还应融合以结果为导向的绩效控制，过程控制与结果控制相结合。

第二轮是发生在行政部门与立法部门之间的资源申请与资源审批。这一轮的主体主要是各级政府和立法机构。政府将预算草案提交同级人大进行审批，政府成为资源的申请者，立法机构成为最终的审批者，通过对预算的编制、执行、决算全过程监督保护财政资源不滥用，对财政支出进行外部控制。虽然立法机构是最终的审批者和资源的保护者，但现实中人大的预算监督"形大于实"，在现有的法律框架下很难实质性控制政府部门的财政支出。除了人大的预算监督，社会公众在预算监督中扮演着越来越积极的角色。传统观点认为公众并不具有主体地位，公众参与不会产生法律效力，导致公众参与的形式化。明确公众在财政支出法律控制中的主体地位，有利于提升公众的法律地位和价值，约束政府保障公众参与权的职责。

经过两轮资源的申请和审批后，政府依据审议通过的预算进行具体的财政支出，如政府采购支出、转移性支出、政府投资等，它们属于预算的执行，也是将预算和决策规划变成社会现实。这一阶段的主体是各级政府部门、公共机构、社会服务机构等。

2. 控制依据：宪法性规范、预算法、具体财政支出单行立法等

控制的法律依据主要来自宪法性规范、预算法以及其他财税法，也就是说，仅预算法不足以实现财政支出的实质控制，还要制定宪法性规范、具体财政支出行为的单性立法、财政监督法等法律体系实现对财政支出的法律控制。

3. 控制对象：财政收支关联下的纵横双向财政支出

控制的对象方面，横向包括所有的财政公共支出，并且对收与支的关联性更加注重；纵向包括中央与地方的财政公共支出，地方政府的支出权在不同国家表现各异，有如美国对地方支出权的限制，也有如日本地方自治权的扩张，包括地方预算权的适度自主。

纵向上的财政支出，主要指中央和地方政府间财政支出责任的划分，其实质是解决各级政府如何合理分担国家机构提供公共产品和公共服务的成本的问题。央地财政支出责任的划分应以事权划分为前提，事权与支出责任相适应，由于现实中政府间事权划分不明确，导致支出责任与事权范围的严重错位，比如中央政府将应当承担的支出责任转移到地方政府承担，导致地方政府财政困境进一步恶化，区域经济发展不均衡的状况也未完全改观。中央与地方纵向财政支出问题是财政支出法律控制的主要对象，也是健全财税体制的重要方面。

4. 控制的进路：合理性控制

结果控制的进路强调财政支出总额、结构是否合理，收支是否平衡，通过实体性规则控制预算，回应公共预算的诉求，确保源头的正义。合理性控制避免了传统预算模式一刀切的弊端，会考虑不同时期、不同地区的差异性，采取灵活弹性、差异性的控制。

5. 控制的效果：以结果为导向的绩效预算

控制效果是财政支出法律控制的评价性要素，主要针对财政支出的效果与效率。通过对政府绩效或支出项目的全面考核，旨在将政策的价值目标与客观事实结合起来，实现主观和客观的统一。财政评估的范围广泛，既有过程评估、影响评估和综合评估，又有绩效评估，覆盖财政支出全方位和全过程。[①] 对财政支出的法律控制，既要依据预算编制、审批、执行等程序性规则，也要对财政支出的结果进行评估，是否达到预期的绩效目标，从而为未来的预算资源分配提供依据，也有利于强化预算问责制度。

由此可见，过程控制和结果控制二者在"控制主体""控制对象""控制目标""控制手段""控制效果"等基本要素构成方面体现出各自的差异。

---

① 马骏、谭君久、王浦劬：《走向"预算国家"：治理、民主和改革》，中国编译出版社2011年版，第118页。

第三章　财政公共支出法律控制的现实困境

第一节　预算权配置的失衡：权力制约机制未理顺

　　财政是国家治理的基础和重要支柱，预算作为政府年度财政收支计划，是政府组织分配财政资金的重要工具，成为财政的基础和核心，预算权是整个财政制度构建的基石。毫不夸张地说，国家治理能力在很大程度上依赖于国家的预算能力。预算权的结构和配置始终是预算法治的核心问题，也是事关预算法实施成败的核心问题。在我国，预算法是对财政收入和财政支出两方面的行为进行规范和控制，既包括预算体系的构成、预算收支划分、预算主体实体权利和义务等实体性规范，也包括预决算的编制、审批、执行、调整和监督等程序性规范，程序性规范占据预算法的主体。无论是预算编制、执行的预算内部控制，还是预算审批、监督的外部控制，都体现了预算法"控权"的本质属性。宪政理念的权力分立与制衡理论是西方政治制度的基础，也受到很多国家的推崇和发展，在我国也不例外，体现在预算中的分权和制衡比比皆是，构建合理的、符合国情的预算权结构对于实质性地控制财政支出至关重要。但是传统权力结构尤其是人大的实质性预算权落地艰难，权利进路进展缓慢，预算权配置失衡。

一、立法机关与行政机关之间：虚与实的交错

　　我国自清朝末年预算制度萌芽出现后，历经民国时期、国民政府时期

和新中国成立后的不同阶段。考察其他国家预算权配置的演进轨迹，可以看出，行政机关和立法机关交替控制预算权的统治，立法机关在预算权的结构中几乎不缺位，这与我国形成明显的对比。

立法机关与行政机关之间，行政机关的预算权占据主导，立法机关的预算权在"虚"与"实"之间交错。"实"的方面，我国宪法第二条明确规定"中华人民共和国一切权利属于人民""人民行使国家权力的机关是全国人民代表大会和地方各级人民代表大会"，第六十二条规定了全国人民代表大会审查和批准预算和预算执行情况的报告的职权，第六十七条规定了全国人大常委会的预算权力，即"在全国人民代表大会闭会期间，审查和批准国民经济和社会发展计划、国家预算在执行过程中所必须作的部分调整方案"，第八十九条规定了国务院编制和执行国民经济和社会发展计划和国家预算的职权，应该说，根据宪法，我国预算权力的结构基本成形，全国人民代表大会享有预算的审查和批准权，全国人大常委会享有闭会期间的审查和批准预算调整方案的权力，国务院享有预算编制权和执行权。所谓"虚"的方面，是指立法机关预算权在《预算法》中没有完全彻底地落实和落地，像"一只悬在空中的靴子"。主要表现在以下几方面。

第一，各级人大对预算的审批形式大于内容，预算民主原则难以贯彻。预算审批权是预算权的核心权能，经过预算审批，预算由"草案"转化为具有法律效力的文件。然而，新《预算法》仍然延续 1994 年《预算法》"要么整体通过，要么整体否决"的简单逻辑，并未赋予人大预算修正权。新《预算法》对人大预算审批权的内容及行使进行了细化和扩充，从法条的数量上看，由 1994 年《预算法》的五条增加到十条，[①] 如对审查的重点的细化、提交预算草案进行初步审查的时间提前、公民参与预算的规定等，是其进步之处，遗憾的是，人大预算修正权只字未提，对审查的原则、程序等未明确规定，实质上是限缩了人大预算审批权，形式大于内容。赋予人大预算修正权，对预算草案分项目表

---

① 1994 年《预算法》第三十八至四十二条，2014 年《预算法》第四十三至五十二条。

决，有权对具体项目进行有限调节是将人大预算审批权实质化的发展方向。那么，第四十四条规定的初步审查环节能否弥补上述的缺憾呢？事实并不乐观，法律中未对初步审查的原则、内容和效力做出明确规定。对于审查的内容，由原来的"主要内容"修改为"初步方案"，何为初步方案？初步方案应当包括哪些内容并没有细化，况且，初步方案毕竟不是提交给人大审批的预算草案，大大降低了初步审查的意义。此外，初步审查对预算草案能否进行修订，初审权的效力如何都不明朗，仅在时间上做修改并不能达到预期的目的。

第二，限制人大对政府预算调整权的控制。如《预算法》第七十一条规定："在预算执行中，地方各级政府因上级政府增加不需要本级政府提供配套资金的专项转移支付而引起的预算支出变化，不属于预算调整"，如此规定进一步限制了人大对预算调整的审批权，有架空人大预算监督权之嫌。预算调整要经过人大的审批，其逻辑在于，政府的所有收入和支出均应该得到立法机关的认可，彰显人民"同意"之核心意蕴。之所以将此种情形不列入预算调整的范畴，是因为这样不会导致已通过预算案的变动，且专项转移支付的用途已经特定，人大没有审批的必要。也就是说，对于地方政府接受的专项转移支付的数额、支用方向完全由上级政府决定。由于未经本级人大的同意，违背了预算民主的原则，弱化了人大对政府预算调整的监督和控制。

议会在预算审查、监督中的作用在很大程度上取决于议会本身能否发展出相应的组织能力来监督预算。[①] 人民代表大会作为我国人民的代议机关，改革开放后已经取得长足的发展，其在自身组织能力的建设方面仍存缺陷，奠定了当前它在预算权配置中的格局。首先，人大的会期较短，兼具义务性和兼职性的代表很难对包含海量信息且专业性较强的预算案进行正确的判断。我国宪法对全国人大的会期仅规定为"全国人民代表大会会议每年举行一次"，没有对地方人大的会期做出规定，《地方各级人大代表组织法》规定"地方各级人民代表大会会议每年至少举行一次"。通常全

---

① 　马骏、赵早早：《公共预算：比较研究》，中国编译出版社 2011 年版，第 178 页。

国人大的会期从几日到十几日，地方人大的会期不会超过十日，所以我国人大代表具有兼职身份，不是全职的。同时，人大代表履行职责是义务，不具有职业化特点，不享受工资等待遇。短暂的会期、人大代表的兼职及义务制，为人大履行预算的审批职责提出现实的挑战。其次，人大内部机构的设置与人员配备难以专业地行使法律赋予的实质性审查职责，只能由政府预算"牵着鼻子走"。目前，我国现行宪法中规定的人大专门委员会没有预算委员会，是由财经委员会行使预算法规定的各项职能。由于财经委员会还承担着其他重要职责，往往分身无术。1998年全国人大常委会设立预算工作委员会，协助全国人大财经委员会承担审查预决算、预算调整方案和监督预算执行等具体工作，但是其职责仅限于"协助"全国人大财经委员会完成审查，本身并没有初审权和提案权。在人大会议期间对预算的审核形式大于实质的情况下，加强人大专门委员会的初审权是关键。如日本，国会对内阁提交的预算草案进行为期两个月的审议，众议院对预算草案有先议权，由众议院的预算委员会完成审议。审议的程序包括综合审议（对整个预算提出质询）、一般审议（对个别项目提出质疑）、公听会（召集由各党派推荐、预算委员会认可的陈述人进行公述）、分科会（即预算委员会划分若干个"分科会"，进一步听取有关大臣或政府委员对预算细目的介绍并提出质疑）。[①] 日本的做法值得借鉴，人大应单独设立专门的预算委员会，突出委员会的专业理性，并对委员会初审权的行使程序、时间、效力等应做进一步具体的细化，落实人大的预算审批权，实现预算人大的回归。

二、行政机构内部：集权与分权的纠结

（一）预算编制主体多元分散

根据《预算法》的规定，国务院享有预算编制权，财政部门享有具体

---

① 杨华：《日本政府预算制度》，经济科学出版社2016年版，第81页。

编制预算的权力，各部门享有编制本部门预算的权力。1999 年部门预算改革强化了财政部门的预算分配权，财政部门即资源的配置者，也是资源的保护者。一般来说，部门预算的编制程序是"两上两下"，^① 各级部门预算编制完成后，交由本级财政部门统一进行汇编。财政部将中央预算和各省级财政总预算进行审核汇编后形成全国总预算，报国务院审核。在预算编制和政策制定方面，财政部门具有很大的权力，财政部在预算的编制中占据主导地位。法律并未规定国务院审核财政部提交的预算草案的程序和原则，足见国务院和其他各级地方政府与财政部门的关系较随意，抑或国务院和其他各级地方政府对预算案的审核也是形式性的。这更加强化了财政部门预算编制阶段的核心地位。但是现实并非如此，财政部门的预算编制权被分割，一些准预算机构由于种种原因获得资源分配的权力，从而削弱了作为核心预算机构财政部门的权威。准预算机构是对一定数量的预算资金享有配置权的非财政部门。例如，对特定行业或产业的税收优惠，税收优惠是税式支出的一种基本方式，也是财政支出的具体类型。税式支出与其他财政支出不同，并没有纳入预算管理，也就是说税收优惠的财政资金游离于财政部门的统一配置；发展和改革委员会依其职权拥有对基本建设项目的核准权，因而对一定数量的基本建设支出享有配置权。财政部门作为核心预算机构，在预算编制中是重要的决策者，尤其从年度预算转化为周期性预算后，财政部门结合宏观经济政策和经济运行规律编制预算，从宏观层面进行总额控制和中期规划。预算编制权的分散导致财政部门预算决策和预算过程的分离，降低预算编制的科学性和整体性。

（二）财政部门预算编制权与执行权合一，预算权过于集中

根据《预算法》第三十一条和第五十三条的规定，财政部门既是预算的编制者又是预算的执行者，预算权力过于集中。马寅初曾经说过，我国预算编制，向有"虚收实之""实收虚之""虚列收支"三种弊端，以虚

---

① "一上"是指部门编报预算建议数，"一下"是指财政部门下达预算控制数，"二上"是指部门上报预算，"二下"是指财政部门批复预算。

伪之平衡，掩饰实际之不平衡，以自欺欺人。[①] 从世界范围看，由行政机关编制预算已成为惯例，但是行政机关内部如何配置预算编制权各国表现有所不同，甚至同一国家不同历史时期也有不同的安排。我国在国民政府时期，就"谁编预算"的问题就曾有过讨论，一派主张归主计处编制，另一派主张归财政部编制。按照当时的法律，预算编制的职责属于主计处，主计处隶属于国民政府，称为超然主计制度，被称为我国财政史上的创举。[②] 日本为了将"大藏省主导"的预算编制转变为"内阁主导"，2001年大藏省改名为"财务省"，内阁增设常设机构"经济财政咨询会议"，由其确定"概算要求"的基本框架，财务省负责编制预算。预算编制权在行政机构内部的配置也要考虑权力间的制衡和监督，如何监督制衡财政部门的预算权是预算权配置中不应忽视的问题。

（三）财政部门与支出部门之间：刚性有余，弹性不足

预算支出部门与财政部门是资源的申请者和资源的审批者的关系，支出部门也是预算的具体执行者。20世纪末部门预算改革前后，财政部门和支出部门间的预算权配置一直处于交替失衡的状态。1999年部门预算改革前，预算资金分配权分散，同一资金使用者的支出项目分散在不同的预算收支科目中，不能完整地反映每个部门的收支情况，加之预算编制主体的多元化，财政部门的预算权力被分割，不利于预算编制的完整性和规范性，对支出部门的约束力大大降低。由于缺乏对支出部门的控制，支出部门享有很大的自主权，存在许多违反财经纪律的行为，腐败和浪费现象层出不穷。预算执行中现金余额分散、采购分散、付款分散、会计控制分散等，导致政府内部缺乏集中的行政控制，预算权偏向于支出部门。1999年以来，伴随着部门预算、国库统中支付、政府采购等一系列的改革，人大监督得到强化，财政部门的核心地位逐渐确立。预算的约束力增强，加强了对支出部门的行政控制，支出部门严格按照预算进行支出。财政部门控

---

① 马寅初：《财政学与中国财政——理论与现实》，商务印书馆2001年版，第50页。
② 马寅初：《财政学与中国财政——理论与现实》，商务印书馆2001年版，第33页。

制了支出部门的资金额度，着重预算编制的方法与技术的改进、预算编报进度等规范性控制。[①] 财政部门的核心地位提升，支出部门的自由裁量权被限制，一定程度上减少了灵活性。整体呈现出注重财政支出的规范性而忽视有效性、刚性有余而弹性不足的发展趋势，这也不利于调动预算部门和单位的创造性和积极性。如何协调财政支出的规范性与有效性的问题，即如何协调财政部门与支出部门之间的关系成为亟待解决的问题。

三、权利和权力之间：强调单边的权力路径

（一）预算权力制约的两种路径

公民私人财产权和公共财产权代表两种不同的利益，都与财产、利益有一定关联，均应受到法律的保护。另外，由于公共财产权的权力属性，本身既具有侵益性的特点，"从价值取向上看，是一种应受控制的权力"。[②] 具言之，根据公共财产权行使的过程，包括公共财产的收入、使用收益、处分等各环节均应受到控制。财税法学界并未忽略对财政权的控制的研究和探讨，并且成果丰硕，但从实效上来看，财政权并未受到有力的约束，权力约束体系如空架子一般，无法得到实质性的落实。权力路径一直是学界关注的焦点，这也是西方宪政的特点。

权利进路即以权利制约权力，是政治权力系统以外的权力制约体系。这里的权利主体应从广义上来理解，包括公民、企业、其他社会组织等政治权利系统以外的力量，也有学者将其称为社会制约权力。公民依据法定的权利对政府财政权的行使进行监督和实施影响，首先，公民依法拥有的权利即是权力不可逾越的界限；其次，公民可以通过积极作为控制权力，如地方政府施行的参与预算的实践。公民并不拥有国家公权力，对财政权

[①] 参见陈治：《实施民生财政背景下的预算法治变革》，法律出版社 2016 年版，第 62～63 页。

[②] 刘剑文、王桦宇：《公共财产权的概念和法治逻辑》，载《中国社会科学》2014 年第 8 期，第 138 页。

很难形成有效的制约，相比权力进路，权利进路进展缓慢。人类宪政史的经验表明，权利制约权力总会显得有点心有余而力不足。在信息不对称的情况下，公民私权利在与国家公权力在博弈中很难实现均衡。

（二）权利路径发展缓慢

预算权利的实现依赖具体制度的建构。审视我国 2014 年修正的预算法，文本中已然能够见到预算权利的身影，较之 1994 年预算法有很大进步，然而仍存在一些问题。

首先，预算权利的类型不完整，比较单薄，某些预算权利仍停留在应然层面。相关预算权利的法条主要是《预算法》第四十五条和第九十一条。《预算法》第四十五条规定："县、自治县、不设区的市、市辖区、乡、民族乡、镇的人民代表大会举行会议审查预算草案前，应当采用多种形式，组织本级人民代表大会代表，听取选民和社会各界的意见。"《预算法》第九十一条规定："公民、法人和其他组织发现有违反本法的行为，可以依法向有关国家机关进行检举、控告。"上述法律规定如何理解？可以具体化为何种预算权利呢？《预算法》第四十五条规范的是预算审查和批准阶段的预算权利，预算权利的主体是基层选民和社会各界，我们称之为"普通公民"。至于预算权利的类型，公民有权提出意见的权利，可以归入预算参与权，其与人大代表所享有的"质询权""询问权""调查权"在预算参与的深度和力度方面存在一定的差距。诚然，人大代表和普通公民由于身份的不同，其享有的权利类型不同是正当合理的，但是仍然可以通过制度的完善增强普通公民预算参与的实效。《预算法》第九十一条可视作公民的预算监督权和预算救济权，救济的手段是控告和检举，这一条是《宪法》第四十一条公民"对于任何国家机关和国家工作人员的违法失职行为，有向有关国家机关提出申诉、控告或者检举的权利"在预算领域的具体化。无救济则无权利，权利救济制度建设的核心问题应当是设计具体、合理的诉讼程序规则。① 显然，预算法的规定比较原则，对公民救

---

① 李建人：《公民预算知情权及其约束制度》，载《法学》2015 年第 9 期，第 79 页。

济权的行使并未提供明确的指引，既不利于公民维权，也不利于预算的监督。

其次，预算权利在预算编制、预算执行、决算等阶段基本是缺失的，公民不能参与政府预算的全过程，导致在这些环节中预算权利与预算权力明显失衡。预算法中仅在预算审查和批准环节规定了公民的参与权利，预算权利行使的空间很有局限性。虽然人大预算初审是人大行使监督权的主要步骤，而且"中国人大预算监督过程中立法机关与行政机关的权力关系主要发生在初审环节，而不是全体会议审批环节"。① 实际上，预算管理系统非常接近物理学中的耗散结构系统，耗散结构理论是由比利时物理学家普利高津（I. Prigogine）教授于 1969 年提出的，这一理论指出，一个远离平衡状态的开放系统，通过不断与外界交换物质、能量和信息，在外界条件变化达到一定阈值时，通过涨落，系统就可能发生突变，形成一种新的有序结构，这种结构要依靠耗散外界的物质和能量来维持。开放系统、远离平衡态、非线性、涨落和突变四个要素是耗散结构的形成条件，具备这四个特征就认为系统具备耗散结构特性。② 预算系统是个开放的系统，只有不间断信息的输入和输出，才能确保系统的稳定和平衡。信息的交换需要公民的参与，公民是非常重要的信息载体，通过各个环节预算的参与、交换信息，从而形成有序结构。各个环节间互相影响，尤其是预算编制决定预算执行、预算调整和决算，也是预算考核的参照指标。同时，由于外界环境的变化，预算调整制度改变原始审核通过的预算案，再继续预算的执行，预算活动具有可逆性。据此，预算系统并非一直保持平衡，存在非平衡状态和非线性的特点，只有正确利用预算系统的上述特点，才能使系统从无序走向有序，从失衡走向平衡。

最后，公民参与预算只限于县级以下人大审查预算前，县级以上（不包括县级）人大对预算的审查并没有规定普通公众的预算参与。按照预算

---

① 刘元贺、孟威：《省级人大预算草案初审权的制度供给与创新路径——基于 30 部省级预算法规的考察》，载《四川理工学院学报（社会科学版）》2016 年第 2 期，第 66 页。

② 张宝生、张庆普：《基于耗散结构理论的跨学科科研团队知识整合机理研究》，载《科技进步与对策》2014 年第 21 期，第 133 页。

法的规定,全国预算由中央预算和地方预算组成,地方各级总预算由本级预算和汇总的下一级总预算组成。自 1995 年《预算法》施行以来,各级人大被赋予了人大预算草案的初审权,2014 年修正的预算法更是细化了人大预算初审权,如有权"询问"、"提出意见"及"财政部门应当将处理情况及时反馈"等。但是五级预算中,预算权利的配置并不相同,在设区的市、自治州以上的各级人大预算初审环节只规定本级人大代表参加,未规定普通公众的参与。这使得人大预算初审阶段是否邀请公众参与成为各级人大自行决定的事项,普通公众的预算权利得不到法律的保障,预算的民主程度大打折扣。

第二节 法律功效不彰:预算控制效果不明显

为实现对财政支出的控制,我国以《预算法》为主,从预算编制到预算审批、预算执行、预算调整的完整运行过程进行过程控制。财政学界更关注政府的内部控制及预算方法,如何提升政府的管理能力和公共服务能力,围绕部门预算、国库集中支付、政府采购、预算公开以及绩效等展开研究。法学界则注重对预算权力的配置及制衡机制的研究,而缺少对结果是否合理的关注。对程序的过度关注使得对预算决策的合法性和合理性的判断主要围绕预算程序的合法性和合理性,而忽略了对财政支出规模、财政支出结构、财政平衡等方面的实质性标准,也导致财政支出规模的不断扩张。本节主要通过实证来考察目前的法律制度对财政支出控制的现状,试图表明预算法并不能实质性地控制财政支出,有其失效的一面。正如社会学创始人孔德所指出的:"真正的实证精神主要在于为了预测而观察,根据自然规律不变的普通信条,研究现状以便推断未来。"[①] 通过实证研究现状寻找到财政支出实质控制的内在规律,合理预测,并且将规律予以法律化。

---

① [法]奥古斯特·孔德:《论实证精神》,黄建华译,商务印书馆 1996 年版,第 12 页。

一、控制财政支出规模的局限性

（一）财政支出规模的含义

财政支出规模通常有两种含义：一是指财政支出的绝对规模，用财政支出的绝对数额来表示；二是指财政支出的相对规模，通常用财政支出占国内生产总值（GDP）的比重来表示。一般而言，财政规模主要指财政支出规模，因为财政支出是财政对国民收入的实际使用和支配，反映了财政在国民收入使用过程中的活动，能全面准确地体现财政对宏观经济运行的调控。[①]。

财政支出规模决定了财政政策的作用范围，体现了政府的"价格定位"。我国的财政规模有多大？是否合理？如果过大，说明我国的宏观税负较重；如果过轻，则可能意味着我国政府宏观调控能力不足。然而，由于我国财政信息披露的不完整和统计工作的问题，全面准确掌握财政规模信息是比较困难的。对此有很多学者做过估算，但是由于数据来源、估算方法等原因估算结果并不一致。我国财政收入的构成比较复杂，除了税收收入外，还有大量的非税收入，并且统计的口径与国际货币基金组织（IMF）的国际标准也不相同。政府收支分类是政府编制预算决算、组织预算执行的重要依据。从新中国成立初期具有统收统支色彩的财政收支分类，历经1956年和1979年两次改革，财政收支科目趋于简单化，1994年实施的分税制和工商税制改革，财政收支分类随之发生变化，政府性基金逐步纳入预算管理，财政收入科目分为一般预算收入和基金预算收入。1999年，我国开始对财政收支分类进行实质性地改革，中间经过试点，2007年全面实施政府收支分类改革。2007年我国《财政收支分类科目》是按照IMF2001年出台《政府财政统计手册2001》（以下简称GFS2001）的标准对财政收支的范围和分类进行统计和界定，与国际接轨，应该说这次的改革意义重

---

① 参见今明善、车维汉：《赶超经济理论》，人民出版社2001年版，第263页。

大。2014年《预算法》的一大亮点即规定了全口径预算，对财政收支分类的科学性、完整性等提出了更高的要求。为了贯彻新《预算法》和2014年《国务院关于深化预算管理制度改革的决定》，财政部对财政收支分类又进行了改革。根据2015年财政部制定的《2015年财政收支分类科目》，我国财政收入由四部分组成：一般公共预算收入、政府性基金收入、国有资本经营预算收入和社会保险基金收入，遵循全口径预算的要求越来越科学和全面。但是从信息公开的角度讲，多年来详细公开的数据只有一般公共预算收支数据，对财政规模的分析大多援用一般公共预算的收支规模，可以称为"窄口径"的财政规模。1955~2015年我国财政收入相对规模的演变如图3-1所示。尽管一般公共预算收支占政府收支的绝大部分，而且可以进行不同时期的纵向比较，但在与其他国家进行国际比较来评价我国的财政规模时则不具说服力。

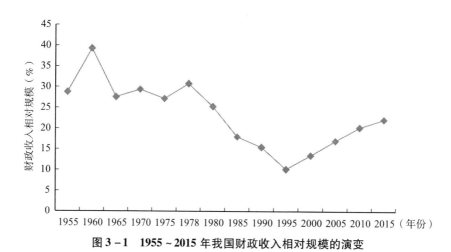

图3-1 1955~2015年我国财政收入相对规模的演变

资料来源：历年全国财政收支决算报告和《中国统计年鉴》。

（二）财政支出规模的演变

1. 财政支出规模的测量与比较

数据显示，我国"窄口径"的财政规模无论从绝对规模还是相对规模来考察均是不断上涨的（见表 3 - 1）。政府的规模越来越大，财政收入从 2006 年的 38760. 20 亿元增加到 2016 年的 159604. 97 亿元，11 年间增长了 3 倍多，年平均增长 31%。财政收入规模的相对量逐年增长，最高时超过 22%，同时也说明财政收入增长速度超过 GDP 的增速。财政收入的相对规模明显低于 OECD 国家的平均财政规模（见表 3 - 2，2015 年财政收入相对量平均为 40%），同时也低于部分发展中国家的水平（见表 3 - 3）。但是，由于我国财政收入的构成比较复杂，除税收以外的非税收入在政府的财政收入中是不可忽视的组成部分，其所占的比重通常高于发达国家。基于这种情况，在我国进行全口径财政规模的核算对客观评价我国财政规模具有重要意义。

表 3 - 1　　　　　　2006 ~ 2016 年我国窄口径财政收支规模　　　　单位：亿元

年份	财政收入	财政支出	GDP	财政收入相对量（%）	财政支出相对量（%）
2006	38760. 20	40422. 73	217656. 6	17. 81	18. 57
2007	51321. 78	49781. 35	268019. 4	19. 15	18. 57
2008	61330. 35	62592. 66	316751. 7	19. 36	19. 76
2009	68518. 30	76299. 93	345629. 2	19. 82	22. 08
2010	83101. 51	89874. 16	408903. 0	20. 32	21. 98
2011	103874. 43	109247. 79	484123. 5	21. 46	22. 57
2012	117253. 52	125952. 97	534123. 0	21. 95	23. 58
2013	129209. 64	140212. 10	588018. 8	21. 97	23. 84
2014	140370. 03	151785. 56	636138. 7	22. 07	23. 80
2015	152269. 23	175877. 77	685505. 8	22. 21	25. 66
2016	159604. 97	187755. 21	744127. 0	21. 45	25. 23

注：财政收入与财政支出均为一般公共预算收支决算数。财政收入相对量 = 财政收入/GDP × ‰，财政支出相对量 = 财政支出/GDP × ‰。

资料来源：《中国统计年鉴》（2016 年）和财政部官方网站并计算得来。

表 3 - 2   **2015 年 OECD 国家财政相对规模**   单位：%

国家	财政收入相对量	财政支出相对量
瑞典	49.8	50.0
英国	38.1	42.4
美国	33.4	37.6
法国	53.1	56.6
德国	44.5	43.8
意大利	47.7	50.1
日本	35.9	39.5
韩国	33.6	32.3
新西兰	42.8	44.7
OECD 平均	40.0	44.1

资料来源：OECD 官方网站。

表 3 - 3   **部分发展中国家 2015 年财政收入相对量**   单位：%

国家	财政收入相对量	国家	财政收入相对量
南非	29.65	巴西	29.25
阿尔巴尼亚	24.74	罗马尼亚	25.03
智利	21.14	马其顿	29.20
秘鲁	19.68	保加利亚	33.59

资料来源：快易理财网。

表 3 - 4 核算了从 2006~2016 年 11 年间全口径财政支出规模的情况，财政规模相对量比窄口径财政规模高出很多，印证了前文对非税收入的判断。由图 3 - 2 可知，全口径与窄口径财政支出相对规模的走势并不完全一致，这与一般公共预算支出之外的其他支出的规模变化有关，近年来社会保险基金支出、土地出让金支出增速较快，全口径的财政支出相对规模随之增长的幅度会高于窄口径财政支出相对规模，甚至出现二者相反的走势。从财政支出绝对规模看，我国财政支出总量呈不断增长态势，无论是窄口径还是全口径，政府规模不断扩张（见表 3 - 1 和表 3 - 2），全口径财政支出规模从 2006 年约 6 万亿元逐年上升，到 2016 年已超过 28 万亿

元，11 年间增长了 3.7 倍，平均每年增长 22%。财政支出相对规模是考察财政规模的另一指标，其中包括财政支出占 GDP 的比重是常用指标，反映了政府占用一国经济资源的状况和政府干预经济的程度。自新中国成立后至今，财政规模的变动与财政收入变化基本一致，不再赘述。由表 3－1～表 3－3 可知，财政支出相对规模呈现出平稳上升趋势，一般公共预算支出相对规模从 2006 年的 18.57% 增长到 2016 年的 25.23%，2016 年的全口径财政相对规模达到 37.68%，接近英美等部分 OECD 国家的水平。与发达国家有所区别的是，我国财政规模是逐年增长的，而观察发达国家财政规模近 10 年甚至 20 年的变化，变化并不是很明显，已经趋于稳定，甚至出现些许的回落。这不禁会引发人们对我国财政规模未来变化趋势的猜想，以及政府规模不断膨胀的隐忧。

表 3－4　　　　　　　　2006～2016 年我国全口径财政支出规模　　　　　单位：亿元

年份	公共财政支出	政府性基金支出	社会保险基金支出	国有资本经营支出	预算外支出	全口径财政支出	财政支出相对量
2006	40422.73	8102.26	5516.99	—	5866.95	59908.93	27.52
2007	49781.35	10971.41	6776.83	—	6112.42	73642.01	27.48
2008	62592.66	11486.07	8481.10	—	6346.36	88906.19	28.07
2009	76299.93	12051.85	10525.87	—	6228.29	105105.94	30.41
2010	89874.16	23685.55	12843.58	—	5754.69	132157.98	32.32
2011	109247.79	39946.00	15720.52	—	—	164914.31	34.06
2012	125952.97	36069.00	17086.69	—	—	179108.66	33.53
2013	140212.10	52268.75	24992.00	—	—	217472.85	36.98
2014	151785.56	51463.83	33681.00	—	—	236930.39	37.25
2015	175877.77	42347.11	38463.97	2550.98	—	257544.86	37.57
2016	187755.21	46878.32	43605.00	2155.49	—	280394.02	37.68

注：由于其间进行过财政收支分类改革，导致核算方法不同。在核算过程中还考虑到不同类财政支出可能存在重复因素而进行了相应的扣除和调整，如社会保险基金支出中与公共预算支出中社会保险补贴有部分重复，重复的部分进行了相应的扣减。国有资本经营预算单独编制是在 2015 年实施修订后的《政府财政收支分类科目》后成为单独一类的，之前是放到公共预算支出中，故 2015 年之前未单列国有资本经营预算支出。我国从 2011 年取消了预算外收入，故 2011 年以后的年份没有预算外支出。

资料来源：各年全国财政收支决算报告、历年《中国统计年鉴》，全口径预算规模根据数据核算得来。

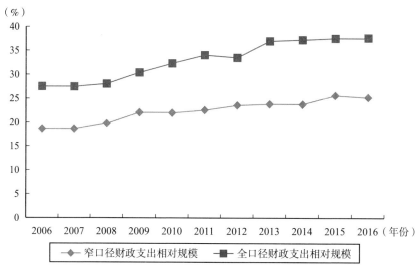

图 3 - 2 窄口径和全口径财政支出相对规模对比

资料来源：历年全国财政收支决算公告和《中国统计年鉴》。

2. 影响财政支出规模的因素

面对不断膨胀并接近某些发达国家的财政规模，有观点认为我国财政规模比较大，宏观税负较重，引致"国富民穷"，也有观点认为我国财政规模远不及发达国家，低于世界平均水平，宏观税负并不重。其实无论持有哪种观点，对我国财政规模的大小进行评判的前提是回答何为适度的财政规模？世界上是否存在统一的财政规模适度标准？对这些问题的解答并非易事，因其大小会受到各种经济、政治和社会因素的影响。

影响财政收入规模的因素是多方面的，包括经济发展水平、社会政治经济制度和财税体制、经济周期等。经济发展水平决定了国民生产总值和国民收入的大小，也就是可供分配的蛋糕的大小，是影响财政收入规模各要素中最基础、客观的因素。在"蛋糕"总量固定的前提下，"蛋糕"在政府、企业和个人之间如何"切分"则关系到财政收入的规模。"切分"的方法与社会政治经济制度及财税体制密切相关。计划经济时期，我国实行统收统支的财税体制，企业没有自主财力，企业和个人所占的比重相对较小，财政收入相对规模较高，1960年达到39.3%，1978年依然超过

30%。改革开放后我国开启了市场化改革历程，以放权让利为核心的经济体制变革深刻影响到财政体制的变动。数据显示，改革开放后财政绝对规模总体上呈现出增长态势，增长幅度未见规律性。相比而言，财政相对规模的变动则稍显复杂，1978年后财政相对规模直线下降，直到1995年达到最低点10.2%，其后又开始回升，2015年达到25.66%。如图3-2所示，改革开放后财政相对规模的变动曲线呈现"V"型，引起财政规模变动的主要因素是经济体制和财政体制的变革。在政府和企业之间，政府加大放权让利，国有企业分配机制发生重大突破和实质性变化，期间进行了企业基金制度、利润留成制度、利改税制度、税利分流等不同时期的分配制度的探索，政府的预算收入占GDP的比重直线下降。此外，大量预算外资金挤占预算资金，使得预算收入的增长速度不及GDP的增速。1995年后开始清理整顿一部分基金和收费，并将部分具有税收性质的基金和收费转化为税收征管，纳入预算管理，因此预算外资金的规模逐渐减少，加之税收征管水平的提高，财政收入合理增长，预算收入占GDP的比重逐年上升，甚至超过GDP的增速。由此可见，影响财政收入规模的因素是多元的，与一国经济发展水平、经济体制、财政体制等息息相关。一般情况下市场经济体制下财政规模要小于计划经济时期，预算管理制度的完善与否、征管效率的高低也影响财政规模的大小。

财政支出反映了国家的职能活动范围及其所发生的耗费。[①] 其规模大小与经济发展水平、政府职能范围、公众需求等经济、政治、社会因素息息相关，在平衡预算原则要求下，财政收入状况也是影响财政支出规模的决定性因素。事实上，财政支出的规模不断增长是全球普遍现象，经济学家针对这种现象提出了很多成熟的预算支出增长趋势理论，典型的有瓦格纳法则、发展阶段增长论、时间形态理论、官僚行为增长论。

瓦格纳将预算支出增长的原因归结为工业化经济的进步对政府活动提出的日益扩大的需求。首先是对政府保护和管理服务方面的需求扩大；其次是对政府干预经济以及从事直接生产经营活动的需求增加；最后是对政

---

① 邓子基、邱华炳：《财政学》，高等教育出版社2000年版，第163页。

府提供公共服务如文化、教育、科学、卫生、社会保障等方面的需求扩大。发展阶段增长论是根据经济发展阶段解释公共预算支出增长的原因。该理论将民用支出分为公共积累支出、公共消费支出和转移支出，认为在经济发展初期，公共积累支出应占较高比重；经济发展中期，由于各项基础设施建设已基本完成，私人部门的资本积累已较为雄厚，公共积累支出的增长率会有所放慢；经济进入成熟期，政府投资的增长率又有可能回升。公共消费支出的增长率取决于人们对公共消费品需求的收入弹性，在经济发展早期，人们对公共消费支出要求不高，随着人均收入的增加，基本需要支出比例将减少，对提高生活层次的消费支出将增加。转移支出占GDP比重的变化取决于经济发展各阶段政府的分配目标。时间形态理论建立在"政府希望花更多的钱，但居民却不愿意缴纳更多的税，政府必须注意居民的意愿"这一假设上，体现了公共预算支出增长与社会抉择之间的关系。认为经济社会发展的非正常时期，政府会通过提高税率解决财政支出急剧增加的困境，而公众此时也接受提高税率。官僚行为增长论认为官僚是以追求机构最大化为目标的，导致公共预算支出规模不断扩大。①

经济学家实证分析了一国乃至世界财政支出规模的增长并提炼出一定的理论诠释财政支出增长的规律性。发展阶段增长论的提出者之一罗斯托在1960年《经济增长的阶段》一书中从时间进展来分析经济成长，他把人类社会发展分为六个经济成长阶段：传统社会——为起飞创造前提的阶段——起飞阶段——成熟阶段——高额群众消费阶段——追求生活质量阶段。② 按照该理论对各阶段的描述，我国现处的阶段应该是成熟阶段。依据发展阶段增长论，在经济进入成熟期，随着人均收入的增长，对生活质量提出更高的要求，需要更新基础设施，政府公共积累支出会出现较高增长率，同时，对提高生活层次的消费支出将增加。这与我国现阶段基础设

---

① 付志宇、陈龙：《现代财政学》，机械工业出版社2016年版，第75~77页。

② 每个阶段的特征参见W. W. 罗斯托：《经济增长的阶段：非共产党宣言》，中国社会科学出版社2001年版，该理论也被称为"罗斯宾模型"或"罗斯宾起飞模型"。成熟阶段主要表现为现代技术已被推广到各个经济领域，工业将朝着多样化发展，新的主导部门逐渐代替起飞阶段的旧的主导部门。

施建设高峰期与社会福利体系建设"双碰头"的国情正好契合，这两大公共资金的需求正是现阶段我国财税体制需要负担的两大功能，也决定了未来要维持较高的财政支出水平。① 导致我国财政支出规模继续扩大的另一个背景是城镇化。近年来，我国城镇化进程不断加快，城镇化与财政政策、财政规模之间相互促进、相互影响。城镇化通过提高产品需求和劳动力供给，促进就业，扩大市场，促进财政收支规模的增长；反过来，政府通过一系列财税政策，如降低税费、增加基础设施的财政投入等推动城镇化的发展进程。有学者对我国城镇化与财政收支规模之间的关系进行了实证研究，结论是城镇化率与财政收入规模之间只存在单向因果关系，而城镇化率与财政支出规模间存在双向互动的因果关系。也就是说，城镇化率对财政收支规模都具有促进作用。②

无论是经济学理论还是从我国的现实背景出发，都预示着今后财政支出规模不断膨胀的趋势。财政收支规模关系到国家、企业和个人之间在分配国内生产总值（GDP）的关系，在 GDP 一定的情况下，政府收入越高，企业和个人所占比重就越小，也意味着公民要牺牲更多的私人财产。基于此，对财政规模进行有效控制成为不能忽视的问题。这里的"控制"并不是不允许财政规模的扩张，也不意味着财政规模应当缩减，而是使财政收支规模更加合理，以最小的牺牲实现公共利益和提高社会福祉。这也可看作是对财政规模是否"适度"的法律解读。艾伦·希克教授认为公共支出管理的基本要素包括财政总额进行控制、分配效率和运作效率，公共支出管理与传统预算管理的区别在于它以大量的政策标准对传统的程序规则进行了补充，认为政府仅仅应用正确的预算程序是远远不够的，它还必须提高效率实现预期的政策效果。③ 总之，"控制支出总额是每一个预算体系

---

① 汪德华：《中国全口径财政支出规模核算与分析：2003－2013》，载《地方财政研究》2015 年第 7 期，第 56 页

② 景宏军、李韵：《我国财政收支规模与城镇化关系的实证研究》，载《财政监督》2016 年第 15 期，第 86 页

③ ［美］艾伦·希克：《当代公共支出管理方法》，王卫星译，经济管理出版社 2000 年版，第 1 页。

的基本目的。"①

（三）《预算法》控制财政支出总额的实践及其局限性

衡量财政规模的大小通常是借助各种指标来完成，但是并不存在一个统一的标准。政府支配资源的总量可以衡量出政府介入经济领域的程度，政府的规模（尤其是相对规模）无疑是重要的指标。与政府规模的扩张相伴而行的是国家观念和政府理论的变迁，诸如新古典经济学的"公共物品角度的政府干预论"、制度经济学的"产权界定与保护的政府观念"、宪政经济学的"个人权力的界定与保护角度的政府观念"等，均从不同视角对政府与市场、政治与经济、权利和权力的关系进行解读。"政府悖论"成为分析政府问题的一个框架，限制和约束政府权力成为关键。税收法定和预算法定分别是对征税权和用税权的规范性限制。随着公共政策观念的变迁，政府不再只是亚当·斯密主张的"守夜人"或者是诺齐克倡导的"最小政府"，而赋予其更多的经济社会职能，宏观调控、福利国家成为政府扩张的依据。由此，税收、预算等财政政策可能变成向市场寻租的工具，并成为政府扩张的一个重要途径。② 过分注重工具意义的后果是对终极价值的忽视，确保适当的财政规模，明确财政权的权力边界，由恣意到谦抑，最终保护公民财产权不受侵犯。

预算法本质上是一部程序法，通过预算的编制、审批、执行、调整等程序的规定规范财政收支行为，约束财政收支权力。预算法对财政支出总额的控制并非通过固定财政收支的规模实现，总体来讲，预算法确定的全面性原则、预算平衡原则、年度预算原则等，要求所有的财政收支均纳入预算控制，财政年度内的收支保持平衡，支出不能明显超出收入，对财政支出规模的控制具有一定的作用。预算法中也规定了控制财政规模的实体性规范，主要体现为两个方面：一是预算平衡控制；二是指标控制。分析

---

① ［美］艾伦·希克：《当代公共支出管理方法》，王卫星译，经济管理出版社2000年版，第46页。

② 王小卫：《宪政经济学——探索市场经济的游戏规则》，立信会计出版社2006年版，第150页。

预算法中的程序性规则，在控制财政收支规模的扩张上总体上看效果不明显，存在局限性，实体性规范仍显欠缺和不足。对财政支出总额的法律控制并没有引起立法者的足够重视，整体仍停留在预算法定的阶段，这也与我国财税法治的进程有关。

1. 预算编制阶段

首先，"自下而上"的年度预算编制方法不利于对财政支出规模的有效控制。我国预算编制的流程可以归结为"一上一下，二上二下"，先由各预算单位编报预算建议数，财政部门根据对部门上报的预算建议数进行初审，根据中期财政规划、部门三年滚动规划、部门需求等反复协商、沟通、平衡，向各部门下达预算控制数。各部门根据下达的预算控制数，编制部门预算草案上报财政部门，财政部门审核上报预算数，最后将本级人民代表大会批准的预算案批复部门预算。这是一种"自下而上"的预算编制方法，财政部门是在各部门提交的预算建议数的基础上确定预算支出控制数。加之各部门在编制预算时并没有实质性的控制标准，虽然《预算法》中规定了本部门、各单位预算编制应当按照"预算支出标准和要求，以及绩效目标管理"来编制，但由于缺乏明确、清晰的实施细则以及诸如指标控制等实体性要求，减弱了对支出总额的控制效果。政府预算编制往往是在以前年度的基础上根据自身需求进行渐进性调整，预算支出规模不可避免地呈扩张趋势。

其次，全国中期财政规划对地方中期财政规划及年度预算的"指导作用"弱化了其约束力，从而影响了跨年度预算平衡对财政总量的控制作用。跨年度预算平衡能够从总量上对财政支出进行控制，国务院颁布了实施中期财政规划的具体办法，财政部负责编制全国的中期财政规划。吊诡的是，全国中期财政规划对中央及地方的年度预算编制约束力不同，对前者起"约束作用"，而对后者起"指导作用"。[①] 弱化了全国中期财政规划对地方年度预算的约束力，对财政支出总量的控制也大打折扣。

---

① 参见《国务院关于实行中期财政规划管理的意见》（国发〔2015〕3号）中编制主体及程序部分的规定。

　　最后，法定支出的项目泛化和额度不受限制推高了财政支出规模。法定支出是指根据有关法律规定，对某些领域进行强制性预算安排形成的财政支出，所以在美国又被称为"强制性支出"或"不可控支出"。法定支出与其他正常性预算支出的不同之处在于其突破正常的预算程序，不直接参加与其他支出项目的竞争而直接纳入预算安排。我国法定支出的领域体现了国家的政策取向，主要存在于教育、农业和科技支出，后又扩展到环境保护、文物保护、体育、计划生育等领域，出现项目泛化趋势，成为推行国家政策的保护伞。美国的法定支出则主要指公民权利性支出，也叫"赋权型预算"，是以权利为基础的预算，包括社会保障、医疗保障、医疗补助、食品券等领域的支出。我国法定支出的规定多出现在政策性立法中，并对其规模的增长有一定要求，有的规定为"逐年增长"，有的以"GDP""财政经常性收入""总收入"等为参照，不低于其增长幅度或一定比例（见表3-5）。政府各种职能的履行通常是通过财政支出行为实现的，法定支出有利于政府意图的实现和政策的落实，但是其弊端也是明显的，不仅使预算权力碎片化，形成发改委、科技、农业、工信等"准预算单位"，且其规模具有不断增长的刚性，致使地方财政更加困难，赤字增加。西方国家也受困于这种强制性支出，在福利国家、给付财政理论的驱动下，虽多届政府采取措施试图降低法定支出的规模，但收效甚微，强制性支出的规模不断膨胀，甚至不可控。[①]《国务院关于深化预算管理制度改革的决定》明确规定：清理规范重点支出同财政收支增幅或生产总值挂钩事项，一般不采取挂钩方式。尽管做了上述给地方预算松绑的决定，但要真正取消政策性脱钩会面临法律障碍，需要《中华人民共和国农业法》《中华人民共和国义务教育法》等相关法律进行适当的修改。

---

　　① 从相对数看，1967~2010 年美国法定支出占 GDP 比重从不足 5% 膨胀为 13.2%，预计 2021 年将进一步上升至 14%；从绝对数看，1967~2010 年间社保、医保、医疗救助三项支出增长了 55.2 倍，由不足 500 亿美元的规模增加到 2010 年的 2.09 万亿美元，而同期内财政支出只增长了 21.9 倍，GDP 增长了 17.9 倍。参见罗春梅：《中美法定支出政策的比较与反思》，载《经济问题探索》2013 年第 9 期，第 18 页。

表 3 - 5   法定支出的增长方式及相关法律规定

法定支出的增长方式	相关法律规定
"逐步增长""逐步提高""加大投入"	《中华人民共和国义务教育法》《中华人民共和国教育法》:"保证按照在校学生人数平均的(义务)教育费用逐步增长,保证教职工工资和学生人均公用经费逐步增长。" 《中华人民共和国职业教育法》:"各级人民政府国务院有关部门用于举办职业学校和职业培训机构的财政性经费应当逐步增长。" 《中华人民共和国高等教育法》:国务院和省、自治区、直辖市人民政府依照教育法第五十五条的规定,保证国家举办的高等教育的经费逐步增长。 《中华人民共和国农业技术推广法》:"国家逐步提高对农业技术推广的投入。各级人民政府在财政预算内应当保障用于农业技术推广的资金,并按规定使该资金逐年增长。" 《中华人民共和国环境保护法》:"各级人民政府应当加大保护和改善环境、防治污染和其他公害的财政投入,提高财政资金的使用效益。"
高于财政经常性收入的增长幅度	《中华人民共和国农业法》:"国家逐步提高农业投入的总体水平。中央和县级以上地方财政每年对农业总投入的增长幅度应当高于其财政经常性收入的增长幅度。" 《中华人民共和国科学技术进步法》:"国家逐步提高科学技术经费投入的总体水平;国家财政用于科学技术经费的增长幅度,应当高于国家财政经常性收入的增长幅度。" 《中华人民共和国义务教育法》:"国务院和地方各级人民政府用于实施义务教育财政拨款的增长比例应当高于财政经常性收入的增长比例。"
占国内生产总值的一定比例	《中华人民共和国科学技术进步法》:"全社会科学技术研究开发经费应当占国内生产总值适当的比例,并逐步提高。" 《中华人民共和国教育法》:"国家财政性教育经费支出占国民生产总值的比例应当随着国民经济的发展和财政收入的增长逐步提高。"

2. 预算审批阶段

按照预算法的规定,预算草案要经过权力机关的两次审查,首先是初步审查(中央预算草案由全国人大财政经济委员会进行审查,省、设区的市一级的预算草案由人大有关专门委员会进行审查,县级预算草案由人大常委会进行审查),然后交由人大审查。人大审查的内容包括形式审查和合理性审查,合理性审查包括合政策性审查、可行性审查、适当性审查等,支出控制导向并不明显。合理性审查不可避免地触及立法与行政的界限,一方面要肯定行政部门预算裁量权存在,另一方面更要限制预算裁量权的滥用,在授权与限权间寻求平衡。行政部门预算裁量权过小,会失去灵活性,预算的政策功能随之削弱;行政部门预算裁量权过大,易导致预算权力的滥用，削弱预算的控制功能。可见，合理性审查的标准很难拿捏，尤其在我国未规定人大的预算修改权前提下，人大对预算案的审查形式大于实质，几乎是走过场。美国国会对预算的审查监督分为委员会和全院大会两个层次，重在委员会层次。参众两院各有 4 个委员会与预算程序有关：预算委员会、拨款委员会、授权支出的委员会、筹款委员会，拨款委员会有权在行政机关间分配预算额度。1974 年《国会预算与扣留控制法》明确限制总统扣留拨款行为，在总统预算报告的基础上国会制定"预算决议案"，包括预算总收支、授权、赤字或盈余及公债等具体要目。法律规定，国会两院不得审议任何突破预算决议案规定的预算总额水平的预算案，除非获得超过议员总数 3/5 的绝大多数通过。英国预算审批过程中也包括委员会阶段，是在下院通过预算法案后将提案交给相关委员会，真正进入法案的实质审查，相关委员会可以提出修正案并将全案回报下院。日本内阁将"预算草案"提交参议两院审议，众议院有先议权，众议院审议过程中比较重要的是预算委员会的审议阶段。预算委员会审议的程序较多，包括对整个预算提出质询的综合审议、对个别项目进行质疑的一般审议，此外，还会分 6 ~ 8 个分科会，分别对不同的预算细目进行审议和质疑。由上可知，在立法机关审议批准预算草案的环节，都设有专门委员会审议的阶段进行实质性审查，在整个审议过程中起着重要作用。有关其审议的程序、标准、内容、职责等均有法律的规定。我国预算法中规定的初步审查与上述的委员会审议很相似，但从法律规定上看，初步审查制度规定的较笼统，并未将其实质控制作用发挥出来。

3. 预算执行阶段

预算案经过立法机关的审批后即具有法律效力，各级政府应当执行预算案的收支安排。然而预算案是事先测算出来的数据，在实际执行中会出现一定的偏差，如超收和短收，也会发生需要增减预算总支出、增加举借债务数额等情况，预算调整制度就是针对后者而设立的。预算法规定了超收收入和结余资金的处理，只能用于冲减赤字或者补充预算稳定基金，不能"突击花钱"安排当年的支出，有利于控制预算支出的规模。对于短收，《预算法》规定：省、自治区、直辖市一般公共预算年度执行中出现短收，通过调入预算稳定调节基金、减少支出等方式仍不能实现收支平衡的，省、自治区、直辖市政府报本级人民代表大会或者其常务委员会批准，可以增列赤字，报国务院财政部门备案，并应当在下一年度预算中予以弥补。《国务院关于深化预算管理制度改革的决定》又进行了补充规定：市、县级政府通过申请上级政府临时救助实现平衡，并在下一年度预算中归还。据此，财政收入短收的补救措施有四种途径：一是调入预算稳定调节基金；二是减少支出；三是省级政府可以增列赤字，下一年度预算中予以弥补；四是市县级政府可以申请上级政府的临时救助。从表3－4可知，整体上看全国财政超收是常态，2007～2016年的10年间，仅有2005年出现短收。如从局部看，基层财政会出现短收，尤其是受近年营改增及经济下行等因素影响，为基层财政完成预算收入数增加了难度。以2016年为例，笔者考察了部分地区的财政短收及补救措施，大部分是通过调整预算，减少财政支出达到预算的平衡，也有通过上级政府的补助和转贷地方政府债券进行弥补。① 采取第三种途径增列赤字的，应当在国务院下达的债务限额内发行短期债券平衡，并要求在下一年度预算中予以弥补，但是预算法中并未明确规定弥补的具体做法。② 由于地方政府举债的用途受到限定，只能用于公益性资本支出和归还存量债务，不得用于经常性支出，再加之债务限额的控制，增加赤字解决短收问题的空间有限。如果适用此种方式，下一年应偿还债务本息，会影响下一年的预算收支关系。地方政府偿债的方式主要有：一是增加收入，促使地方政府颁布增收效果的行政性法规，引起收入规模扩张；二是举借新债还旧债；三是市县级政府可以申请上级政府的临时救助。临时救助无疑会加重上级政府的财政负担，使上级政府成为基层政府财政短收的"接盘侠"，不利于地方政府控制合理

---

① 以2016年为例，太原市迎泽区财政收入短收30201万元，通过预算调整，减少了财政收入和财政支出。中阳县财政收入短收，经调整预算收支，减支8454万元。江门高新区（江海区）由于财政收入短收调整预算收支计划。靖州县一般公共财政收入短缺，上级补助和转贷地方政府债券均超收，用这部分超收收入弥补了短收。

② 《预算法实施条例（修订草案征求意见稿）》第九十一条规定"省、自治区、直辖市政府按照预算法第六十六条第三款规定增列的赤字，应当在国务院下达的本地区政府债务限额内发行短期债券平衡。"也未规定弥补赤字的具体做法。

的财政收支规模。

《预算法》对超收收入规范和约束的目的是试图清除年底"突击花钱"的痼疾，真正做到"无预算不支出"，但是细究预算法的规定，更多的是从程序上规范超收收入的运行，超收收入转为当年财政支出并不是没有可能。从程序上讲，超收收入首先归入预算稳定调节基金，然后可以通过预算调整程序，即经过人大财政经济委员会初步审查和人大常委会的审批，调入预算稳定调节基金，增加预算总支出，无法实质性控制财政收支规模。

预算调整是预算规范性和有效性的博弈，也是刚性和弹性的较量。《预算法》第十三条明确规定：经人民代表大会批准的预算，非经法定程序，不得调整。这是预算规范性的体现。"由于经济形势改变、政治博弈持续、领导集团更迭、公众焦点转移等原因，事前取得的预计信息难免会出现纰漏，执行中的预算案也就难以与过时的预算案完全相同。"[①] 因此，《预算法》第六十八条规定：必须作出并需要进行预算调整的，应当在调整方案中作出安排，体现了对预算有效性的追求和政府裁量权的尊重。对财政收支的实质控制并不是一味地按图索骥地僵化执行预算，应给予政府对财政收支总额、预算科目、赤字等一定的调整空间，然而，要为政府的裁量权设定边界，没有边界或变相地扩大政府的裁量权都会使预算调整形式化，进而降低预算的法律效力，财政规模失控。

在预算调整中，存在可能会造成财政支出规模失控的情形。第一，没有预算调整的总额控制。应当进行预算调整的法定情况之一是需要增加或者减少预算总支出，增加支出的原因并未限定，无论可预测还是不可预测、人为还是自然事件，都可以启动预算调整程序，由于没有预算调整总额的控制，这将赋予政府较大的自由裁量权。第二，政府经预算调整程序即可调入预算稳定基金，扩大了财政收支规模。需要调入预算稳定调节基金是应当进行预算调整的第二种情形。预算稳定调节基金是政府的"蓄水池"，主要由超收收入和结余资金构成，在编制预算时可视预算平衡情况

---

① 艾伦·鲁宾：《公共预算中的政治：收入与支出，借贷与平衡》，叶娟丽、马骏等译，中国人民大学出版社 2001 年版，第 250 页。

调入并安排使用，也可在预算执行期间用于弥补因短收或增支而导致的收支缺口，但未规定其使用程序、适用范围、监督程序，实践中也造成其与预备费功能混同的情况。由此可见，预算执行中政府通过预算调整程序即可调入预算稳定基金，用来弥补预算资金的不足，其结果也会导致财政支出规模的扩张。第三，调减重点支出没有任何约束条件。虽然这种调整并不必然导致财政总支出的增加，甚至会减少，但是对财政支出结构有重大影响，也降低了预算的民主性。第四，预算调整责任机制的缺失，更加助长了政府的恣意。总体来讲，我国预算法留给政府的裁量权的空间比较大，预算调整更多的是以过程控制为主，有可能成为预算执行中一种常态化的变更机制。

二、控制财政支出结构合理性的失效

当前，经济发展步入常态化，叠加减税减费之压力，财政收支矛盾凸显。在此背景下，既要关注财政规模的控制，更要关注财政支出结构固化只增不减的问题。财政支出结构固化导致某些支出增长的刚性以及资金的低效。本部分对财政支出结构的考察主要从横向结构和纵向结构两个向度展开。财政支出的横向结构是指预算内各类支出的比例关系；财政支出的纵向结构主要指中央财政支出与地方财政支出的比例关系。

（一）财政支出的横向结构：公共性不足

1. 财政支出结构固化

关于财政支出的分类，按照不同的标准可以分成不同的种类。财政学界通常将财政支出按照政府职能分为经济建设费、社会文教费、国防费、行政管理费、其他支出等，按照经济性质分为购买性支出和转移性支出，按照预算科目分支出功能分类和支出经济分类。有学者从法学视角对财政支出进行类型化，分为义务性财政支出和权力性财政支出、非营利性财政支出与营利性财政支出、中央财政支出与地方财政支出、一般财政支出与专项财政支出等。① 为了便于分析财政支出的公共性实现程度，本书拟按政府职能的分类标准。

数据显示，财政支出结构固化现象明显，大部分的财政支出只增不减，一般公共服务支出的刚性比较明显。以 2017 年一般公共预算支出的数据分析，总体规模比 2016 年增长 8.17%，其中一般公共服务支出增长最多，在政策法规严令控制三公经费的情况下仍然超过一般公共预算支出的增长幅度，达到 11.63%（见表 3 - 6）。导致财政支出固化的原因是多方面的，有理念原因、制度原因、技术原因等。从制度本身分析，主要可以归结为财政支出控制制度形式化、法定支出及"刚性指标"的制约等。

2. 民生支出不足

关于民生支出的统计口径并没有统一的标准，通常将涉及教育、科学技术、文化体育、社会保障和就业、节能环保、医疗卫生、城乡社区、农林水、交通运输归为民生范畴，但是在统计时上述项目的全部支出均划归民生支出，实际上上述项目中用于行政的支出应当排除。按照财政部对民生支出口径的说明，本书所指的民生支出主要包括教育、社会保障和就业、医疗卫生、住房保障和文化体育领域的财政支出。近年来，民生支出规模逐年增加并增长迅速，由表 3 - 6 的民生支出数据计算可得，2017 年民生支出约占一般公共预算支出总额的 39%，如果与全口径的财政支出相比，所占比重还要降低。财政支出总量中占份额较大的是经济建设投资和行政经费支出，财政支出"公共性"不足，不能最大限度满足公共需求。

财政支出的经济学理论最重要的基石是公共产品。公共品的提供为国家征收税收提供了合理性和正当性。对财政支出结构分析的意义，一方面可以厘清政府履行职能的范围，另一方面是对财政的公共性程度进行检视。近年来，我国财政支出的规模不断膨胀，即使在 GDP 和财政收入增长率有所回落的时期，财政支出占 GDP 的比重仍在持续上涨。不断增加的支出需求带动了财政收入的增长，在 GDP 一定的情况下，财政收入的增长率超过 GDP 增长率，国民的税负也会越来越重。宏观税负体现了政

---

① 郭维真：《中国财政支出制度的法学解析》，法律出版社 2012 年版，第 74～79 页。

府在国民收入分配中所占的份额，以及政府与企业、居民个人之间占有和支配社会资源的关系。所谓宏观税负，是一国税负的总水平，通常以一定时期的税收收入占国内生产总值的比例来表示。不少学者和机构运用不同的计算口径和方法，得出了有关中国宏观税负不同的结论。[①] 从国家统计局和财政部官方披露的数据计算可得出，2017 年我国小口径、中口径、大口径的宏观税负分别为 17.5%、20.9%、35.7%。横向比较，由经合组织OECD 官网公开的数据可知，2017 年美国、德国、日本的小口径宏观税负分别为 26.74%、22.90%、32.02%，马来西亚和印度尼西亚的分别为13.40% 和 11.50%。可见，我国的宏观税负水平相对于美国、德国等发达经济体并不高，但高于马来西亚、印度尼西亚等新兴经济体。结合我国的经济发展水平，我国的宏观税负相对偏高。影响宏观税负的因素有很多，如经济发展水平、政府职能范围、征管水平、政府收入结构等，直接取决于需求和供给。如果宏观税负水平比较高，政府提供公共服务的水平也比较高，取之于民而用之于民，国民的满意度和遵从度都会提高，国强与民富和谐共生。如果政府提供公共服务的水平比较低，国强民弱会进一步拉大。

表 3-6　　2017 年一般公共预算支出规模与部分支出项目规模及增长比例

项目	数额（亿元）	增长比例（%）	占支出总额的比重（%）
全国一般公共预算支出	203085.49	8.17	100
一般公共服务支出	16510.36	11.63	8.13
外交支出	521.75	8.25	0.26
国防支出	10432.37	6.83	5.14
教育支出	30153.18	7.41	14.85
科学技术支出	7266.98	10.71	3.58
文化体育与传媒支出	3391.93	7.23	1.67

---

① 小口径宏观税负指税收收入与 GDP 的比重，中口径指财政收入（一般公共预算收入）占GDP 的比重，大口径指政府收入（一般公共预算收入、政府性基金收入、社会保障基金收入、国有资本经营预算收入之和）占 GDP 的比重。在对宏观税负的轻重进行评判的观点中，有的结论是宏观税负较轻，有的结论是较重，原因之一在于比较的口径和计算方法不同。

项目	数额（亿元）	增长比例（%）	占支出总额的比重（%）
社会保障与就业支出	24611.68	13.99	12.12
医疗卫生与计划生育支出	14450.63	9.82	7.12

资料来源：《2017 年全国一般公共预算支出决算表》，财政部官网。

（二）财政支出的纵向结构：双失衡

1. 纵向双失衡的表现

中央与地方政府之间的财政关系历来是各次财税体制改革的重头戏，财政关系的调整实质上也是财政分权的调整，试图将中央与地方财政权力分配达到最佳平衡点。从新中国成立至今 70 余年，我国历经大大小小数十次的财税体制改革，这段时期的财税史呈现出"集权—分权"循环反复、变动不居的态势，中央与地方财政关系主要以政策调整为主，体现出非规范性、随意性和中央主导性。直到分税制改革，在中央与地方反复协商谈判下，中央与地方财政关系趋于制度化和规范化，也是走向法治化的起点。分税制的积极作用主要体现在三个方面：其一，分税制在我国主要表现为分税种和部分分税权，[①] 打破了地方政府与地方企业的利益联系，有效地遏制了地方政府通过经济封锁等大行地方保护主义的恶性竞争；其二，分税制不仅增强了中央的宏观调控能力，集中力量办大事，同时保留了地方政府一定程度的财政自主权，有效实施了对地方政府的激励，中央与地方两个积极性都调动起来，进而促进了国家财政收入的快速增长，如图 3－3 所示，1981～1993 年实施分税制期间财政收入增长最快的两个年份分别是 1985 年和 1993 年，1986～1992 年期间波动不大，1993 年财政收入比前一年增长 24.8 倍，无疑是分税制带来的效果；其三，确立了政

---

① 分税制主要有四种形式。一是分税额，即先按税法统一征税，然后将税收收入总额按一定比例在中央与地方之间进行分割。二是分税权，即分别设立中央税和地方税两个税收制度和税收管理体系，中央和地方均享有相应的税收立法权和调整权。三是分税率，即按税源实行分率计征。四是分税种，即在税权主要集中于中央的情况下，在中央和地方之间分割税种，形成中央税、地方税和共享税。参见郭庆旺、赵志耘：《公共经济学》，高等教育出版社 2006 年版。

府间财政转移支付制度。转移支付制度是处理中央与地方财权关系的重要
一环，是解决纵向不均衡和横向不均衡的重要政策工具，能够缓解落后地
区财政困难，达到公共服务均等化。从应然的角度讲，财政转移支付制度
具有上述的效果，虽然我国现行的财政转移支付制度存在很多问题，并没
有完全实现其宗旨，但不能由此否定财政转移支付制度本身。

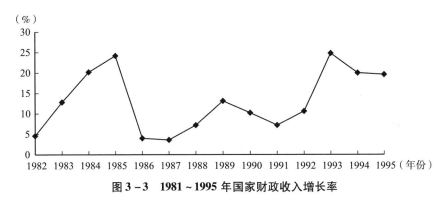

图 3 - 3　1981 ~ 1995 年国家财政收入增长率

资料来源：根据历年《中国统计年鉴》整理计算得来。

　　1994 年分税制的主要特点是财权上移，事权下放。经过 20 多年的实
施，中央与地方的财权与事权并不匹配，甚至可以用失衡来形容。以 2014
年为例，中央财政支出总额为 74990. 01 亿元，总体分成三大组成部分，
第一部分是补充中央预算稳定调节基金，为 815. 65 亿元，占比为 1.07%；
第二部分是对地方税收返还和转移支付 51604. 45 亿元，占比为 68. 82%；
第三部分为中央本级支出 22569. 91 亿元，占比为 30. 11%。再看地方财政
收入及其构成，地方财政收入除去地方财政赤字 4000 亿元外共 127464. 18
亿元，其中中央对地方税收返还和转移支付收入 51604. 45 亿元，占比为
40. 49%，地方一般公共预算本级收入 75859. 73 亿元，占比为 59. 51%。
概言之，中央财政支出中本级支出仅占 30%，将近 70% 用于转移支付和
税收返还，地方财政收入中本级收入仅占 60%，40% 的财政收入依靠中央
转移支付。2014 年地方政府的财政收入为 75859. 73 亿元，全国财政收入
总量为 141349. 74 亿元，地方政府的财政收入占全国财政收入总量的比例

为 53.67%。当年地方政府的财政支出为 131464.18 亿元，全国财政支出总量为 154849.74 亿元，地方政府的支出总量占全国财政支出总量的 84.9%。由此可以计算出 2014 年我国纵向财政不平衡率为 31.23%，在世界上属于较高水平。[①] 有学者将这种现象称为"双失衡"，导致地方财政收入来源具有相当的不确定性。[②]

2. 纵向双失衡的原因分析

（1）事权与支出责任划分不清。

严格意义说，事权并不是规范的法律术语，是一种约定俗成的、我国特有的称谓。任何一个概念的内涵外延，都很难形成完全一致的界定和认知，况且有的概念的含义已经随着时代的变迁而发生质的变化。关于事权的定义，学者之间自然是见仁见智。分税制改革以前，事权是指各级政府对所管理的国营企业与事业的行政管理权，它反映的是各级政府管理职能的划分，突出的是行政隶属关系。[③] 在计划经济体制下，实行"统一领导、分级管理"的财政体制，中央与地方政府及部门就经营管理企业的权限进行划分。确立社会主义市场经济体制和分税制改革后，事权的含义随之发生变化，事权主要从财政支出的角度来界定。有的界定为公共服务职责，有的等同于支出责任，还有界定为提供公共物品和服务的权能。[④] 应该说，上述几种界定并无实质性的差别，事权表面上是一种权力，实则更

---

① 纵向财政不平衡率是地方财政收入占全国财政收入的比率与地方财政支出占全国财政支出的比率之差。财政收入数据中不包括债务收入。财政分权程度较低的德国、日本的纵向财政不平衡率分别为 28% 和 20%，财政分权程度相对较高的美国和加拿大分别为 13% 和 7%，我国与法国相当。

② 参见高培勇：《财税体制改革与国家治理现代化》，社会科学文献出版社 2014 年版，第 223~224 页。

③ 朱丘祥：《分税与宪政——中央与地方财政分权的价值与逻辑》，知识产权出版社 2008 年版，第 118 页。

④ 具体观点参见高培勇：《财税体制改革与国家治理现代化》，社会科学文献出版社 2014 年版，第 223~224 页。朱丘祥：《分税与宪政——中央与地方财政分权的价值与逻辑》，知识产权出版社 2008 年版，第 118 页。倪红日：《应该更新"事权与财权统一"的理念》，载《涉外税务》2006 年第 5 期，第 7 页。李齐云、马万里：《中国式财政分权体制下政府间财力与事权匹配研究》，载《理论学刊》2012 年第 11 期，第 38 页。朱丘祥：《分税与宪政——中央与地方财政分权的价值与逻辑》，知识产权出版社 2008 年版，第 119 页。魏建国：《中央与地方关系法治化研究：财政维度》，北京大学出版社 2015 年版，第 8 页

是一种提供公共产品和服务的职责。当然，事权与支出责任也不能等同，它们是两个既相互联系又有所不同的概念和范畴。支出责任是指各级政府根据各自的事权提供财政资金的责任。事权决定相应的支出责任，通常二者是一致的，但二者亦存在不对称的现象。例如，地方政府与中央政府共同承担的事权，全部或大部分财政支出责任则由地方政府来承担。事权划分明确是解决政府与市场界限不清的关键，当前，事权的划分仍存在以下问题。

第一，规范事权划分的相关法律位阶较低。从法律文本来看，我国对事权和支出责任的划分主要涉及《宪法》《立法法》《预算法》以及义务教育法等特定领域的立法，作为分税制的主要依据即1993年国务院制定的《国务院关于实行分税制财政管理体制的决定》（以下简称《决定》），仍停留在国务院颁布的行政法规层次，由于法律位阶较低，带来了执行上的不确定性和随意性。一方面，它为地方政府提供了向中央讨价还价的博弈空间。地方政府是相对独立的一级财政，是地方居民利益的代表者和维护者，有不同于中央的利益诉求，再加之"GDP锦标赛"的激励，在法律约束力不强的情况下，讨价还价成为地方与中央打交道的主要模式。另一方面，中央利用高度集权的政治体制，可以根据自己的意愿放权或者收权，使中央与地方之间的财政关系处于变动之中。① 上述问题的存在也正是学界总结的中国式财政分权的"分权困境"即政治上集权而经济上分权的一个表现，如果中央与地方的财政关系不纳入法治框架下运行，则只会加深二者的矛盾，陷入无限的恶性循环。

第二，央地事权划分存在明显的重构性。从目前事权的法律依据看，《中华人民共和国宪法》第三章"国家机构"中对中央和地方政府的职责权限进行了列举，《中华人民共和国立法法》中主要对立法权限进行划分，规定了只能由中央制定法律或行政法规的10个事项。1993年国务院制定的《决定》只对中央和地方政府间的事权进行了概括和列举，并未涉及省级以下政府间的事权划分。《预算法》中相关规定并不多，如第十六条规

---

① 薄贵利：《集权分权与国家兴衰》，经济科学出版社2001年版，第221页。

定市场竞争机制能够有效调节的事项不得设立专项转移支付。《中华人民共和国宪法》和《决定》对中央和地方职权的划分具有同构性，除了中央所独享的外交、国防、宏观调控等事权和支出责任外，中央和地方都享有在科技、教育、文化、卫生等方面的管理权，但并未明确划分中央和地方在这些事项上的权限划分和支出责任的划分，由于中央拥有领导权，这也导致实践中事权层层被下放，基层财政困难重重。值得一提的是，事权划分与支出责任的划分相适应，而权力清单并不与支出责任相适应。《中华人民共和国宪法》和国务院《关于机构设置和编制的管理条例》中列明的权力清单和《决定》中列明的事权清单并不完全相同，"事权清单"是从政府履行提供公共服务的角度进行划分和细化的，"权力清单"则是以转变政府职能、约束政府权力、明确国家和市场的界限为目的。

（2）事权与财权不匹配。

财权与事权之间匹配程度的历史可追溯至 20 世纪 80 年代的分灶吃饭的财政体制。在这一阶段，地方已经构成相对独立的一级财政，中央与地方的收支范围划分清楚，央地财力与事权基本匹配，转移支付的比重也不大。实践证明，1980 年的财政体制，虽然弊端亦存，但是真正做到了财权、事权的统一，责、权、利相结合，收支挂钩。① 分税制后，财权上收，而事权并没有做相应调整和划分；事权与财权走向失衡。地方大量依赖转移支付，用于弥补纵向失衡和横向失衡。从我国财税体制的演变历史可以看出，中央与地方历次的"集权—分权"的反复调整一直在围绕财力的划分而不是进行财权的划分，地方政府并不拥有独立的财政收入自主权。财权与财力之间，前者是根本，有财权意味着享有筹集和支配收入的权力，具有稳定性和救济性，而财力是一个动态的概念，是指各级政府所拥有的用货币形式表示的财政资源，包括本级财政收入和上级的转移支付，具有不确定性，有财力不一定有财权，二者不可混用。中央与地方的讨价还价、中央政府的一意孤行、地方政府大量预算外资金等，概由此引发。另外，由于前述事权和支出责任划分不清，中央与地方的

---

① 邓子基、邱华炳：《财政学》，高等教育出版社 2000 年版，第 289 页。

财政收入分配关系一直处于变动之中，加剧了地方政府财权与事权的不匹配的程度。

（3）政府间转移支付制度存在不足，均等化效果不显。

世界范围看，财权与事权的匹配程度存在很大差异，有如美国、加拿大匹配程度较高的国家，也有如德国、日本匹配程度较低的国家，有学者将前者的财税体制类型化为对称型模式，后者类型化为非对称型模式。① 做到绝对相匹配是难以企及的，因此，财政转移支付制度即成为各国重要的调节机制。转移支付确实增强了地方政府的可支配财力，由财政部官网数据可知，中央对地方转移支付规模逐年扩大，2010年中央对地方转移支付13235.66亿元，2017年则增加到57028.95亿元，但转移支付占地方财政收入的比重则相对稳定，维持在36%～38%。这说明中央对地方的转移支付已构成地方政府财力不可缺少的一部分，发挥着维持预算平衡的功能。那么，财政转移支付规模的不断增加，是不是增进了地区间基本公共服务的均等化？财政学领域对此进行了大量的实证研究，研究结果普遍显示，现有的政府间转移支付制度不利于基本公共服务均等化，在实现均等化方面的作用十分有限，也不利于提高地方政府的财政，政府间转移支付没有实现制度本身的效果。② 究其原因，我国财政转移支付在制度设计和执行过程中都存在问题，法治化程度低，法律严肃性不够，财政转移支付制度的目标没有明确和规范化，财政转移支付制度偏离其宗旨。富裕地区反而获得的财政专项拨款越多，地区间的基本公共服务并未实现均衡，省以下财政转移支付更不理想，县乡财政仍很困难。转移支付结构不合理，专项转移支付所占比重过大，专项转移支付的项目分散，重点不突出。转移支付的审批权掌握在中央多个部委，重事前审批，而对资金的使用效率监管不足，资金利用成效不显著。③

---

① 魏建国：《中央与地方关系法治化研究：财政维度》，北京大学出版社2015年版，第40页。
② 王彩霞：《政府间财政转移支付的法治化路径》，载《青岛农业大学学报（社会科学版）》2015年第4期，第56页。
③ 王彩霞：《政府间财政转移支付的法治化路径》，载《青岛农业大学学报（社会科学版）》2015年第4期，第58页。

（三）《预算法》控制财政支出结构的失效

财政收支结构之间表面上看并无关联，"由于财政支出关系一般都具有受益性，相对人不仅不会受到利益侵害，反而能从中得益，因此我国财政支出法向来不受法律学研究及立法者的重视"。[①] 学界也甚少研究他们之间的对应关系，将二者割裂开来，财政收支结构相互独立，然而细究起来二者间却有着一定的联系。税收收入的比重不仅与财政支出的公共性程度相关，还关系到财政民主主义的落实。财政支出总量也影响到财政收入的结构，如地方政府的土地财政即是由于财政支出规模的扩张致使地方政府的土地收入增加，相应地导致非税收入的增长。因此，从宏观层面制定法律规则引导财政收支结构的合理发展至关重要。审视当前的法律制度，在财政支出的法律控制方面仍存在一些不足。

1. 财政资金统筹使用的力度不够

我国在税收和财政领域没有税收基本法或财政基本法对税制结构和财政收支结构进行宏观指引，仅存在于个别行政性规范文件中。如国务院2015 年国务院颁布的《推进财政资金统筹使用方案》中提出要加大各类收入统筹使用的力度，进一步理顺税费关系，清理、整合和规范政府性基金和专项收入，逐步建立税收收入为主导、非税收入适当补充的收入体系；推进转移支付资金的统筹使用，包括优化转移支付结构、清理整合专项转移资金。

2. 财政支出结构的民生导向不明显

财政法治的终极目标是追求公民福祉最大化，"人"不是国家财政收入的工具，而是征税的目的。"取之于民用之于民"是公共财政观最朴素的诠释和追求。财政支出结构的合理与否已经列为预算编制和审查的内容，然而，考察预算法及相关法律、地方性规范文件，对财政支出结构的民生导向并不明显。法律中对基本建设支出、法定支出、必要支出等的规定都会影响财政支出的结构，如《预算法》第三十七条规定"严格控制

---

① 熊伟：《法治、财税与国家治理》，法律出版社 2015 年版，第 47 页。

各部门、各单位的机关运行经费和楼堂馆所等基本建设支出。各级一般公共预算支出的编制，应当统筹兼顾，在保证基本公共服务合理需要的前提下，优先安排国家确定的重点支出。"其中，"合理需要"含义模糊，弹性较大，削弱了法律对预算支出结构的约束。《预算法》第三十九条规定预算中应当安排必要的资金，用于扶助革命老区、民族地区、边疆地区、贫困地区发展经济社会建设事业，以此来矫正地方财力区域分化的问题。此外，诸如《教育法》《义务教育法》《社会保险法》和相关行政法规等对教育支出、社会保障支出规定了高于财政收入增长比例的要求。一些地方性预算监督条例还规定不得要求某项预算支出占预算总支出的比例或增长比例高于预算收入增长比例。由此可见，对财政支出结构的法律控制零散无序，法律需要进一步厘清预算支出各组成部分的关系以及不同的控制方式。

3. 财政支出结构的控制缺乏公众参与的程序保障

财政资金的流向直接关系到社会公众的切身利益和福祉。公众参与的核心在于增强公众与政府的互动，强调沟通和协商，对预算支出结构提出意见，表达意愿，引导预算支出向民生倾斜。更为重要的是，通过公众参与使财政支出决策更具有了正当性基础。财政支出结构的实体性控制涉及经济、技术、政治等各个因素，对其控制要通过大量的实证检验，借助一些抽象的指标和理念，但是在量化方面仍存在诸多困难，程序上的保障为财政支出结构的合理性和民生财政提供助力。目前，公众参与预算的法律制度尚不完善，参与的范围、途径、方法等程序性规则尚有缺失，存在一定的程序短板。财政支出结构的实体性控制涉及经济、技术、政治等各个因素，对其控制要通过大量的实证检验，借助一些抽象的指标和理念，但是在量化方面仍存在诸多困难，程序上的保障为财政支出结构的合理性和民生财政提供助力。通过公众的参与，对预算支出结构提出意见，表达意愿，引导预算支出向民生倾斜。

4. 《预算法》对于中央与地方间事权与支出责任的划分是空白的

《预算法》第二十七条概括规定了中央与地方各级预算支出的分类，尤其是将一般公共预算支出按照功能进行分类，列举了一般公共服务、外交、公共安全、国家、农业、环境保护、教育、科技、文化、卫生、体育、社会保障及就业和其他支出。上述列举可视为对政府事权范围的划分，但是并未就中央与地方政府间的事权与支出责任进行划分，没有规定划分的依据和原则。事权划分是明确各级政府支出责任的前提，也是解决财权与事权匹配问题的关键环节。《预算法》将中央与地方实行分税制规定其中，从法律视角观之，分税制仅是对税权的纵向分割，但对事权的划分却尚付阙如，从而导致政府间财政关系的不确定性和变动性。《预算法》作为规范政府收支行为的法律，对于前置性问题的财权与事权划分不应由其来规范，超出了预算法预设的功能。

三、预算平衡控制的规则演变及法律缺陷

预算平衡是预算法编制、执行的基本准则，体现了预算收支的平衡关系。一直以来，"以收定支"抑或"以支定收"的讨论不曾间断，各国也有不同的选择。无论固定哪一端，均对另一端的规模予以限制，预算平衡规则成为控制财政规模的实体性规范。随着预算管理制度的发展，预算平衡观念和制度发生了转变，由年度预算平衡转向周期性平衡。在控制财政规模方面，周期性预算平衡更显制度优势。

（一）预算平衡内涵的诠释：从形式平衡到实质平衡

何为预算平衡？其原始含义是指财政年度预算收入与预算支出之间的平衡，不列赤字。用公式表示即为预算收入 = 预算支出。严格意义上讲，预算支出大于预算收入以及预算支出小于预算收入的情况都不能称之为预算平衡，前者称为预算赤字，后者称为预算盈余。[1] 不同的历史阶段对预

---

[1] 值得注意的是，我国曾经在1994年前将债务收入纳入预算收入中，债务支出归入预算支出中，也就是说预算是否平衡是在"经常性收入＋债务收入"与"经常性支出＋债务支出"间进行较量，债务收入用来弥补当年赤字的一部分。这种情况下，只有在经常性收入加上债务收入仍然不抵支出时才被视为财政赤字或预算赤字，学界将此类赤字称为"硬赤字"或"净赤字"。由于当时采取硬赤字的统计口径，因此，1994年前财政部公布的赤字均属于硬赤字。这也说明当时发行公债不是弥补赤字的唯一方法，还可以通过向银行借款或透支等途径弥补。随着1994年《预算法》的出台，政府债务收入成为弥补财政赤字的唯一途径，预算赤字的统计口径发生变化，债务收入不计入预算收入，采用"软预算"的概念，与国际社会接轨。

算平衡的要求亦不同，形成了不同的财政收支平衡观。在资本主义发展初期，以亚当·斯密、穆勒为代表的古典经济学派对公债基本持否定的观点，认为公债作为国家一项临时性收入，只有在非常时期才有存在的必要。认为"唯一的好预算是一个平衡的预算"。① 这一时期被称为"去市场的消极平衡型公共财政"；1929 年经济危机打破了市场神话，凯恩斯主义成为主流经济学理论，提出政府干预市场刺激总需求，主张政府扩大财政支出，实行赤字财政。赤字财政理论打破了传统的狭隘财政收支平衡观，这一时期被称为"亲市场的干预型赤字公共财政"；20 世纪 70 年代的滞胀让人们重新审视政府与市场的关系，为政府"瘦身"的新自由主义重回视野。如供给学派主张减少政府开支，削减政府福利开支、减少政府干预，主张财政收支平衡。这一时期被称为回应性服务型公共财政。

由此可见，尽管在同一的公共财政模式下，也历经阶段性的制度变迁，对财政平衡内涵的理解和操作亦有不同。预算平衡原则是实现财政可持续发展的必要保障，也是财政支出实质控制的功能目标，对预算平衡的认识要实现以下几方面的观念转变。

1. 从年度预算平衡到周期性预算平衡

年度预算平衡追求一个预算年度内预算收支的平衡，不列赤字。如我国 1994 年预算法中规定各级预算应当做到收支平衡，预算年度自公历 1 月 1 日起，至 12 月 31 日，多年来一直追求年度预算平衡。理论上年度预算平衡相对较易实现，无论是"以支定收"抑或"以收定支"，均是以收入或支出为参照，控制另一端的规模，其对于控制政府超额支出、防止政府过度膨胀、提高经济资源使用效率等具有积极作用。然而，实践中实现年度预算平衡已经越来越困难，而且随着财税体制改革的不断深入，年度预算平衡的弊端逐渐显现，被广泛诟病的是其"顺周期性"，即在经济景气时期，财政支出增加；在经济萧条时期，财政支出减少。实践中出现为避免抬高基数"应收不收""年底突击花钱""寅吃卯粮""收过头税"

① ［美］保罗·A. 萨缪尔森、威廉·D. 诺德豪斯：《经济学》上册，中国发展出版社 1992 年版，第 268 页。

等乱象。传统的预算平衡"是一组源自农业社会的规范性观念，是理想而非原则，更适合家庭和小企业而非庞大的现代中央政府。"① 西方国家自20世纪30年代起纷纷实施赤字预算政策来调节经济，维持经济的稳定和可持续性。不再固守年度预算平衡，转而追求周期性预算平衡。周期性预算平衡主张政府预算收支的平衡应以整个经济周期为依据，不再追求每个预算年度内财政收支的平衡。周期性预算平衡具有"逆经济周期性"，以此来熨平经济波动。其机理是适用"相机抉择"理论，当经济繁荣达到顶峰时，采取盈余预算收支的策略；反之，当经济萧条处于底部时，采取赤字预算策略，在整个周期内预算盈余与赤字相抵，实现整个周期财政收支的平衡。当然，周期性预算平衡在现实中仍然存在一些困难和障碍，因为现实经济波动并不是对称的，预算盈余很难与赤字相互抵消，周期性预算平衡缺乏事实依据。况且，预算收支关系不仅取决于经济运行状况，还会受到政治、社会、管理等因素的影响，因此，周期性预算平衡虽是未来预算的方向，但其实现路径仍需继续探讨。

周期预算平衡并不是否定预算的年度性。年度性是预算制度的基本原则，即预算收支的起讫时间是一年，这也是各国预算编制和执行所依据的法定期限。年度预算是周期性预算的组成部分，预算的渐进性使年度间的预算相互衔接和关联，年度预算的基本平衡仍是保证周期性预算平衡的前提。但是，年度性与中长期财政规划存在矛盾和冲突，周期性预算平衡不再简单追求年度的收支平衡，而是将年度预算纳入一个周期性的财政规划中，"年度预算审核重点由收支平衡转到支出政策上，收入预算从任务改为预期"，② 从而能够避免为了强行实现收支平衡而在收入不足时虚列开支、经济景气时隐瞒收入的行为。年度预算平衡仅是一种形式上的平衡，重在"管理和控制"，周期预算平衡则更注重预算的调节功能，兼顾经济发展的短期目标和长期目标，真正做到一定周期内预算收支的平衡，反过

---

① 侯一麟：《预算平衡规范的兴衰——探究美国联邦赤字背后的预算逻辑》，载《公共行政评论》2008年第2期，第30页。

② 参见《国务院关于深化预算管理制度改革的决定》。

来增强了年度预算的约束力。

2. 从静态平衡（数量上的平衡）到动态平衡（时间的平衡）

传统预算以追求财政收支数量上的平衡为目标，在预算编制时预测预算收支，不列赤字或少列赤字。预算作为一种事先预计，再科学的预测方法也不可能完全精准无出入，超收或短收现象常见，历年的预决算数据即可证实这一点。这不仅影响了预算功能的发挥，对财政收支的控制也大打折扣。经济运行既有规律性，也有偶然性，处于发展变动中，静态预算平衡的后果，要么偏离宏观调控的目标，不利于经济稳定持续发展，要么使预算成为形式上的约束，实质上仍会通过预算调整等程序使超收支出或对短收通过发债来弥补。静态平衡不考虑时间因素，只考虑一个预算年度内的收支对比情况；动态平衡则考虑时间因素，考虑年度间的联系和衔接，结合国民经济和社会发展规划及经济周期及财政间的相互影响，以求得一个时期的内在平衡。因此，仅追求数量上的平衡并不能实质控制财政收支规模，财政平衡是相对的，只能在某个时间点上实现，应转向一定时期内（中期或长期）的动态平衡，实现预算与现实的双向互动，规范预算调整行为，唯此预算才具有前瞻性和持续性，真正实现对财政支出的实质性控制。换言之，当发生预算超收时，不需要突击花钱、强制安排支出，可以结转下年使用；当发生预算短收或预算赤字时，不强迫减支，可以在一个周期内对赤字进行弥补，避免征收过头税。

3. 从消极平衡到积极平衡

消极平衡和积极平衡是两种不同的预算平衡观，消极平衡追求财政收支的平衡，不列赤字，以收定支或量入为出，通俗讲为"有多少钱办多少事"，不注重财政支出的绩效及财政调节的功能。与消极平衡观相对的是积极平衡观，认为适度的财政赤字是财政平衡的最佳表现形式，只有引起货币发行的财政赤字，才是财政收支的不平衡。两种预算平衡观实则是对发行债券的不同观点，从预算发展历程看，各国基本经历了从消极平衡到积极平衡的历程。

由此可见，真正理解平衡预算的含义应将其置于经济、政治和社会中考虑，正如叶珊所言：预算平衡的法律意蕴在于经济总体平衡。狭隘的形式上的财政收支平衡不仅实践中很难做到，而且并不一定带来经济社会稳定、安全的发展。预算平衡并非绝对排斥财政赤字，而是要将财政赤字和公债规模控制在合理限度内；不再单纯追求年度预算平衡，而是结合经济发展周期，强调预算在一个较长的时期内的收支平衡。

（二）我国预算平衡规则的演变

平衡预算规范作为财政健全原则的具体内容被各国财政宪法或法律所采纳，成为预算决定中关键的一部分。平衡预算规范的兴起可以追溯到 18 世纪末 19 世纪初的西欧国家，美国从建国后到 20 世纪也一直遵循此原则。① "自 20 世纪 40 年代以来，民意测验已表明公众以大约 2∶1 的比例支持平衡的预算"②，而且赞同一个用以平衡预算的宪法修正案将是一个控制联邦开支的有效方式。然而进入 21 世纪，平衡预算规范在美国走向衰落。预算平衡一直伴随着争议和质疑，因为预算平衡大概只有理论上能够实现，在实践中实现它并非总是成功。不论在经济繁荣期还是衰退期，财政赤字已经成为一种常态。如美国，1970～2016 年，除了 1998～2001 财年财政有盈余外，其他财年均存在赤字。由此引发对预算平衡规范效力的质疑。实际上，追求预算平衡是预算管理的应有之义，无论何种类型的财政都不会忽视财政收支的平衡，过度的赤字财政造成的危害已然达成共识。经济方面，财政赤字会引发财政风险甚至财政危机；政治方面会引发政权不稳定和选民的不支持；财政伦理方面，会引发公债是否道德，即公债是否会带来代际成本和收益错位的问题。因此，平衡预算仍是财政稳健原则的主要内容，如果没有此原则，财政收支失衡尤其是财政支出大于财政收入的情况将不受限制，预算也即失去意义。平衡预算是对国家无度消耗国家财富的限制，是对国王的特权及政府财政权的约束。③

---

① 侯一麟：《预算平衡规范的兴衰——探究美国联邦赤字背后的预算逻辑》，载《公共行政评论》2008 年第 2 期，第 2 页。

② ［美］爱伦·鲁宾：《公共预算中的政治：收入与支出，借贷与平衡》（第四版），中国人民大学出版社 2001 年版，第 205 页。

③ 阿伦·威尔达夫斯基、布莱登·斯瓦德洛：《预算与治理》，苟燕楠译，上海财经大学出版社 2010 年版，第 240 页。

　　新中国成立后一直恪守财政收支平衡的规则，但是表述略有不同。《中国人民政治协商会议政治纲领》第四十条规定："建立国家预算决算制度，划分中央和地方的财政范围，厉行精简节约，逐步平衡财政收支，积累国家生产资金。"新中国成立后，政务院1951年颁布了《预算决算暂行条例》，也是新中国成立后第一部规范预决算的法规，其第二十五条规定："各级财政岁入，遇有短收情势，应由各该级财政机关筹拟抵补办法，或紧缩开支，提出追加追减岁入岁出预算，层报中央财政部核呈政务院核定。"虽未明确财政平衡原则，但从其规定中可以窥见追求财政收支平衡的取向，在预算编制中不做赤字预算，讲求财政收支的平衡。在预算执行中发生支出大于收入的情况时，则采取减支增收（这里的增收途径主要是指发行货币、向银行借款等）的对策。新中国成立后我国对预算平衡的要求是"年度收支平衡，略有结余"，从数据看，1950～1976年26年间累计的财政赤字仅有140.28亿元，应该说完成了预算平衡的要求。

　　改革开放后，计划经济体制向市场经济体制转型，财政赤字自此成为常态。因此，从政策层面转变为"基本平衡"，但仍没有改变年度预算平衡的基本要求。1991年《国家预算管理暂行条例》颁布，明确规定："国家预算应当做到收支平衡"，同时又规定"经常性预算不列赤字。中央建设性预算的部分资金可以通过举借国内和国外债务的方式筹措。地方建设性预算按照收支平衡的原则编制。"随着1994年《预算法》的出台，《国家预算管理暂行条例》被废止。1994年《预算法》延续了《国家预算管理暂行条例》关于预算平衡的原则，规定各级预算应当做到收支平衡，中央政府公共预算不列赤字，中央预算中必需的建设投资的部分资金，可以通过举借国内和国外债务的方式筹措。地方各级预算按照量入为出、收支平衡的原则编制，不列赤字。

　　2014年《预算法》被修正，预算平衡原则更具操作性和科学性。该法第十二条规定："各级预算应当遵循统筹兼顾、勤俭节约、量力而行、讲求绩效和收支平衡的原则。各级政府应当建立跨年度预算平衡机制。"跨年度预算平衡机制根据中期财政规划的限额要求对一定周期内的政府支出、赤字和债务总量进行控制，是国际通行的控制财政规模的做法。与此同时，对 4 种类型的预算平衡也做了相似但有细微区别的规定。首先是政府性基金预算，要求按基金项目编制，做到以收定支；其次是国有资本经营预算，应当按照收支平衡的原则编制，不列赤字；再次是社会保险基金预算，应当按照统筹层次和社会保险项目分别编制，做到收支平衡；最后是一般公共预算，在《预算法》"预算编制"一章中，明确"中央一般公共预算中必需的部分资金，可以通过举借国内和国外债务等方式筹措"，以及"地方各级预算按照量入为出、收支平衡的原则编制，除本法另有规定外，不列赤字。"由此可知，中央一般公共预算编制时财政支出可以大于财政收入，而地方各级预算以财政平衡为原则，财政赤字为例外。从上述的规定可以看出，首先对国有资本预算平衡的要求是最严格的，不允许列赤字；其次是社会保障基金预算，要求收支平衡，但是否意味着不允许列赤字还需探讨；再次是政府性基金预算，以收定支是对政府性基金支出规模的限定，但并不等同于预算平衡，收入大于支出即政府性基金预算盈余的情况是否允许？政府性基金是否不能编制赤字预算？从近四年的数据看，无论预算还是决算，全国政府性基金的收支均没有出现收不抵支的情况，收入均大于支出；最后是一般公共预算，中央一般公共预算可以编制赤字预算，地方编制赤字预算算是开了一道口子，由之前的绝对禁止到现在"开前门，堵后门"的从严从紧放开。如果将中央与地方一般公共预算合并起来看，一般公共预算整体上是允许赤字预算的，对预算平衡原则的要求最宽容。

从"年度预算平衡，略有结余"到"基本平衡"，再到"跨年度平衡"，从预算编制中"不打赤字"到预算编制中主动"打赤字"，其背后的逻辑是什么？预算平衡是预算所追求的终极目标吗？新中国成立初期遵循的"年度预算平衡，略有结余"的财政政策是符合当时特定历史时期和经济体制的要求的。计划经济时期，政府配置资源，实行高度集中统收统支的国家财政模式，企业没有自主经营权，财政收支活动基本涵盖了所有的经济活动。国民经济健康发展的首要标志是社会总供给和社会总需求的平衡，因此这个时期强调年度预算平衡对于实现经济总量平衡的目标意义重大。经济体制改革后，市场在资源配置中的地位越发显现，政府对企业不断放权让利，企业获得投资权等经营自主权，政府的财政分配在国民收入分配中的主导性逐渐弱化，预算平衡不再能决定经济总量的平衡。同时，市场起的作用越大，市场本身的周期性波动会反映到财政收支关系中，比如周期性赤字的形成。此外，在计划经济时期，公有制占比例最高，可以称为单一公有制经济，改革开放后，所有制发生结构调整，多种所有制经济成分上升，实行公有制占主体的多种所有制经济共同发展。这不仅使财源结构发生变化，也使得财政投资在所有投资活动中占据的份额越来越少。在此背景下，单纯追求预算收支的绝对平衡已经不可能也没有意义，预算平衡原则是财政健全主义的重要原则，是预算法应该始终恪守的基本准则，但是随着市场经济体制和所有制结构的调整，其含义相应地也在发生变化。跨年度预算平衡的提出，"事关财政超收与预算赤字的处理、预算执行与预算调整的衔接以及年度预算与中期财政规划的协调，蕴含着丰富的财政法原理与精神。"①

（三）跨年度预算平衡控制财政规模的机理及国际实践

1994 年《预算法》中仅在第三条规定了各级预算应当做到收支平衡，成为各级预算硬性的约束标准，除此并无其他的定量约束指标。年度预算平衡在控制财政规模方面存在弊端：首先，年度预算平衡强调以收定支，年度收支平衡，财政收支政策一年一定。这无疑会形成两难的境地：如果要确保预算支出的约束，就要确保预算收入如数入库，由于实际财政收入存在经济周期等不可控因素，与预算收入存在偏差不可避免，为了预算平衡，就会出现征收"过头税""寅吃卯粮""该收不收"等人为控制财政收入规模的情况；如果将预算收入作为预期，不作为任务，当实际收入与预算收入有出入时，为了追求预算平衡，会对预算支出作出调整，弱化了预算支出的约束。其次，由于缺乏一个中期财政管理框架，在"自下而上"的预算编制体系下，预算编制单位通常追求支出规模最大化，"二上二下"的回合较量也是财政部门和各预算编制单位的博弈过程，导致政府

---

① 李慈强：《跨年度预算平衡机制及其建构》，载《法商研究》2015 年第 1 期，第 29 页。

支出总量控制乏力。最后，年度预算平衡具有短期行为①的弱点，与经济社会发展规划脱节，割裂了政策目标的持续性，为了追求政绩，产生扩大财政规模的动机。一方面设法增加财政收入规模，甚至增发公债；另一方面追加支出，对财政规模的控制仍停留在形式层面。

由于传统的年度预算平衡存在上述自身不可克服的弊端，跨年度预算平衡制度逐渐被国际社会所采用，艾伦·希克（Allen Schick）认为中期的支出制度是有效的，也是必不可少的财政约束手段②。跨年度预算平衡的核心要素是"自上而下"的"支出限额控制"，在周期内合理确定财政支出水平和结构，并以此指导规划期各年度预算编制和实施周期性管理。跨年度预算平衡机制之所以能够控制财政支出规模，与其制度设计息息相关。

跨年度预算平衡机制是一个制度体系，至少包括以下内容：（1）预算收支的预估。科学预测未来一定周期的财政收支、重大项目、重大政策以及经济社会发展目标是编制跨年度预算的技术保障。年度预算是对未来一年的财政收支的预测，跨年度预算则需要结合财政支出政策对三年、五年抑或更长时期的财政收支及其变动趋势进行预测，体现其前瞻性，对预算编制提出更高的要求。可以说，跨年度预算的成败很大程度上取决于预算收支预测的能力和水平，预算管理较完善的国家都重视政府预算收支预测。（2）中期财政规划管理。中期财政规划是实现跨年度预算平衡的重要载体，在一定周期内经济和财政收支预测的基础上，根据经济和社会发展的政策目标和优先次序，制定中期财政规划，合理确定政府中期支出水平和结构，严格控制预算支出总量，强化对年度预算的约束力。（3）预算稳定调节基金制度。基于"以丰补歉"的理念，为了解决年度预算超收或短收带来的预算规模的变动，缓解预估误差的负面影响，实施逆周期财政政策等目的，设立了预算稳定调节基金。预算超收资金补充预算稳定调节基

---

① 短期行为主要有两种表现，一种是财政保守主义，低估财政收入，过度削减财政支出；另一种是高估财政收入，过度增加支出。

② ［美］艾伦·希克：《当代公共支出管理方法》，经济管理出版社 2000 年版，第 55 页。

金，预算短收则可动用预算稳定调节基金，实现周期预算平衡。（4）绩效管理制度。现代管理学大师彼得·德鲁克曾说："如果你不评价，你就无法管理。"① 绩效评价对于企业来说至关重要，对于政府管理而言，与企业管理有异曲同工之处。财政信托理论为绩效预算提供了理论基础，人民作为公共资金的委托人，政府作为受托人，占有、使用、处分受托财产，权能的分离促使绩效预算的产生。根据国际经验，推行中期财政规划通常要与强化预算绩效管理紧密结合。以上四部分内容缺一不可，如同一个"系统工程"，共同发力确保跨年度预算平衡从理论走向实践，实现一个周期内财政目标与预算资金配置的紧密相连，在基于对经济和社会发展预期及科学预测其发展趋势的基础上，自上而下确定资源总量和自下而上确定部门项目的预算。

跨年度预算肇始于20世纪六七十年代，为了应对危机，控制政府支出规模和财政赤字，各国在年度预算的编制中融入跨年度视角。"跨年度预算平衡"是我国2014年《预算法》中使用的称谓，其能否作为一个专业术语来使用还有待商榷。跨年度预算平衡主要是与之前一直遵循的年度平衡相对应，更重要的是代表预算平衡理念的变化。至于跨多少年、是否追求周期性平衡在预算法中并没有给出明确的答案。2015年国务院颁发了《国务院关于实行中期财政规划管理的意见》，其中使用的是"中期财政规划"这一概念，可见预算法中的"跨年度"是从中期角度对预算进行管理，实现中期预算平衡。编制中期预算是世界上大部分国家的通行做法，世界银行将这种跨3~5年的预算称之为"中期支出框架（MTEF）"。中期支出框架主要作用在于建立针对政府和支出部门的中期支出限额，据以对支出、赤字和债务总量实施控制；就优先性配置而言，中期支出框架的主要意义在于通过严格的支出审查机制来确保预算过程受政策驱动而非收入驱动，以及促进预算资源在各项政策目标间和规划间作出更好的选择。中期支出框架从低到高可以分为三个层次或三个阶段：一是中期财政

---

① ［美］彼得·F. 德鲁克等：《公司效绩测评》，李焰等译，中国人民大学出版社1999年版，第32页。

框架（MTFF），是指政府自上而下地制定宏观经济和财政中期目标，包括政府在中期内的总收入和总支出预测；二是中期预算框架（MTBF），是政府各个部门共同参与，通过自上而下和自下而上的协商，制定中期支出的上限，尤其是对中期内支出项目的成本进行估计；三是中期绩效框架（MTPF），包括支出绩效的考核评价分析，实施产出预算，注重中期支出绩效的考量。① 从实践效果来检视跨年度预算，它已经成为应对经济危机、维护经济稳健性的重要法宝。例如，澳大利亚、瑞典、智利、英国，在2008 年金融危机中"临危不惧"，受挫不大，并能在短时间内实现了经济恢复。② 这与其较早进行预算改革、建立中期预算强调支出总额的限制及绩效评价有很大关系。

各国的跨年度预算模式并不相同，从预算的时间跨度、预算程序、政策目标等都存在很大差异，实施效果也不尽相同。本书选取实施效果较成功或有代表性的几个国家作为样本，阐述其具体做法，以期获得启示。详情如表 3 - 7 所示。

表 3 - 7　　　部分国家跨年度预算的时间跨度、立法情况及主要特色

国家	预算类型	主要特色
英国	三年期滚动预算	（1）经常性支出和资本性支出分别建立了"黄金规则"和"可持续规则"； （2）在宏观经济预测中引入"审慎要素"（prudence factor）要素； （3）加强政府政策、规划和预算的关联
美国	中长期预算（从 5 年预算到 10 年中期预算到 75 年长期预算）地方政府广泛实施"双年度预算"	（1）预算长期化倾向，跨年度较长； （2）中长期预算编制机构分工明确，互相制衡； （3）1993 年的《政府绩效与结果法案》建立一种以"结果导向型"的预算资金分配机制，贯穿预算全过程； （4）普遍设立预算稳定调节基金

① 白景明：《依法加快建立跨年度预算平衡机制》，载《中国财政》2015 年第 1 期，第 52 页。
② 根据 OECD 最新数据显示，澳大利亚政府负债率（一般性政府债务/GDP）在 2008～2016 年 9 年间平均为 51.7%，智利为 25.6%，瑞典为 56.5，而同期美国为 118.2%，英国为 98.7%。

国家	预算类型	主要特色
日本	1976～2001年：《财政的中期展望》 2002～2009年：《改革与展望》 2010年至今：《中期财政框架》	（1）推行"自上而下"的预算编制改革。由内阁官方下设机构"国家战略室"负责编制《年度预算编制的基本方针》草案，经"预算编制阁僚委员会"讨论，经内阁决议通过； （2）提高预算编制和执行过程中的透明度； （3）注重《中期财政框架》与年度预算的相互影响和相互衔接； （4）中期预算根据现实经济财政运行情况给予动态调整，滚动修订
智利	结构性平衡	结构性平衡规则将财政收支计划建立在结构性收入基础上，剔除周期性因素对财政收入的影响，同时明确要求政府在经济状况良好时必须将一定比例的财政收入储蓄起来，然后在经济状况不佳时运用这些储蓄。《财政责任法》成立了两个主权财富基金：一是养老储备基金（pension reserve fund）；二是经济与社会稳定基金（economic and social stabilization fund），2007年建立，取代原来的铜稳定基金
俄罗斯	三年期滚动预算	结果导向的中期预算。（1）实行自上而下的预算资金分配方式，保障预算资金总额控制；（2）以国家战略方针、政策目标和优先发展方向为基础进行编制；（3）建立预算效率评价体系和机制

资料来源：廖小军：《国外政府预算管理概览》，经济科学出版社2016年版；王淑杰：《英国政府预算制度》，经济科学出版社2014年版；杨华：《日本政府预算制度》，经济科学出版社2016年版；肖鹏：《美国政府预算制度》，经济科学出版社2014年版；Barry Blom and Salomon Guajardo："A Primer for Finance Officers"，Government Finance Review，Feburary 2000.

（四）年度平衡转变为跨年度预算平衡的法律障碍

1. 中期财政规划的法律地位不明确，编制程序规则缺失

在其他国家，中期财政规划的称谓并不统一，与之相似的有中期预算、中期宏观经济框架和财政战略、多年度预算、中期财政框架等。我国编制中期支出框架的历史已有二十年，经历了区域性试点到全国性试点的过程。1998年金融危机发生后，为了防范财政风险、应对金融危机对我国造成的不利影响，财政部配合《国民经济与社会发展规划》编制了《1998—2002年国家财政发展计划》和《2004—2007年国家财政滚动发展

计划》，并组织各省级政府编制地方财政发展三年滚动计划。2008 年试点
部门滚动预算编制试点工作，财政部预算司分别选取河北省、河南焦作市
和安徽芜湖县作为中期基础预算的省级、市级和县级试点单位，标志着中
期基础预算终于在地方政府层面开展区域性试点工作。党的十八届三中全
会首次提出"构建跨年度预算平衡机制，2014 年《预算法》修订，规定
建立跨年度预算平衡机制，2014 年 9 月 26 日，国务院在《国务院关于深
化预算管理体制改革的决定》（以下简称《决定》）中指出："实行中期财
政规划管理。财政部门会同各部门研究编制三年滚动财政规划，对未来三
年重大财政收支情况进行分析预测，对规划期内一些重大改革、重要政策
和重大项目，研究政策目标、运行机制和评价办法。中期财政规划要与国
民经济和社会发展规划纲要及国家宏观调控政策相衔接。强化三年滚动财
政规划对年度预算的约束。"2015 年，我国正式在全国启动中期财政规划
编制工作，国务院为了落实中期财政规划，发布了《国务院关于实行中期
财政规划管理的意见》（以下简称《意见》），规定了中期财政规划的总体
要求、主要内容、编制主体和程序和组织实施。"十三五"规划建议中更
进一步提出"实施跨年度预算平衡机制和中期财政规划管理。"

从试点到正式全面铺开，再到规范性文件的出台，中期财政规划制度
不断完善，但仍然存在一些问题亟须解决。

第一，《预算法》中并未出现中期财政规划的身影，对其法律地位、
编审程序、运行机制、监督评价等缺少法律层面的规定，法律地位不明
确。中期财政规划是什么性质的文件？是否具有法律约束力？与预算案是
什么关系？如何与年度预算衔接？中期财政规划是规划的一种，如果从对
象和功能类别看，现行规划体系可以分为总体规划、区域规划和专项规
划，[1] 中期财政规划应归属于专项规划。

法学界对于规划的性质及地位的探讨并不多见，有学者对国民经济与
社会发展规划的法律性质进行了关注和研讨，形成的观点主要有以下几

---

[1] 徐孟洲：《论经济社会发展规划和规划法制建设》，载《法学家》2012 年第 2 期，第
44 页。

种。一种观点认为"国民经济与社会发展规划"属于法律性文件，但究其属于何种层次的法律文件又有分歧，有的学者认为是宪法性法律文件，有的学者认为是仅对政府有约束力的法律文件；[①] 有的学者认为它具有国家法律约束性，是法律与政策的耦合。[②] 另一种观点认为"国民经济与社会发展规划"仅次于法律，是规范社会行为的第二准则；[③] 还有一种观点认为"规划"不是法律性文件，没有法律约束力。各种观点的分歧在于规划是否具有法律属性，是否具有法律约束力。首先，从文本出发来分析。《国务院关于实行中期财政规划管理的意见》（以下简称《意见》）中规定"强化约束机制"的基本原则，即"凡是涉及财政政策和资金支持的部门、行业规划，都要与中期财政规划相衔接。强化中期财政规划对年度预算编制的约束，年度预算编制必须在中期财政规划框架下进行。"《意见》中虽倾力赋予中期财政规划一定的约束力，但并未明确中期财政规划的法律属性和地位，是法律、政策抑或行政行为？不可否认，中期财政规划体现了一定的政策性，兼有行政手段、经济手段和法律手段的特点，其约束力的依据以及如何实现约束力是当前需考虑的问题。其次，从编审主体来审视。《意见》规定全国中期财政规划由财政部编制，国务院批准，无须经过全国人大的审议通过，从形式上即不具备法律的外观，与预算案相比，约束力明显地弱化。中期预算的核心是预算总额的控制，如若不具有法律约束力，可能会以财政部门的内部文件视之，编制部门对其重视程度会降低，中期财政规划只能流于形式。最后，从各国中期预算的相关立法来窥探。各国对中期预算的法律定位并不相同，因国而异。通过对部分国家的相关情形进行了梳理和比较（见表 3 – 8），发现大部分国家的中期预算或中期财政规划均纳入法律的调整，对其编制程序、效力等进行规定。就其性质和法律地位而言，有的国家中期预算的法律地位较高，须经国会

---

① 郝铁川：《我国国民经济和社会发展规划具有法律约束力吗？》载《学习与探索》2007年第2期，第100页。

② 徐孟洲：《论经济社会发展规划和规划法制建设》，载《法学家》2012年第2期，第45页。

③ 杨伟民：《规划体制改革的主要任务及方向》，载《中国经贸导刊》2004年第20期。

的批准，具有法律约束力；有的国家则仅需提交议会即可，不需议会审批；有的国家则将其作为预算案的附件。此外，各国都非常重视经济预测与预算收支预测的科学性和独立性，由专门机构负责，并具有很高的权威性，同时注重与银行、高校、私人预测机构等的合作，为中期预算提供技术保障。总而言之，无论从文本分析，还是从编审主体审视，我国中期财政规划的相关立法缺失，法律地位不明确，没有直接的法律约束力，与年度预算的衔接缺乏制度保障。

表 3 - 8 　　　　　　　　　　部分国家中期预算的法律地位及编审程序

国家	法律地位与编审程序
英国	《财政稳定法案》确立基本框架。由独立机构预算责任办公室对宏观经济与财政形势进行预测。 三年期预算与年度预算相结合，作为"财政声明和预算报告"（FSBR）的一个组成部分提交给议会
美国	1974 年《国会预算和扣押法案》规定，美国国会预算委员会是中长期预算的编制机构，下属的国会预算办公室提供中长期财政和宏观经济预测支撑。国会预算办公室对"经济三角"即经济咨询委员会、财政部和管理与预算办公室提出的宏观经济预估进行挑战
澳大利亚	1998 年《预算诚信章程法》规定"1 + 3"中期滚动预算，"1"是年度预算，"3"为中期规划部分的 3 个规划年度。年度预算的内容须经议会批准，预测年度的预测数据不需经议会批准，不具有直接的约束性。 重视预测质量，财政部内设专门机构，与银行、私人预测机构进行信息交流
日本	《中期财政框架》提交国会但无须审议，只作为年度预算审议的参考，形式上不具有法的约束力。 内阁府负责编制，其下设机构经济财政咨询会议全面负责，确定大致框架
韩国	1982 年引入中期财政规划（五年期），不向国会报告。2004 年引入中期预算，中期预算连同年度预算一起向国会报告，增强了约束力
瑞典	中期预算目标要经国会批准并写入法律
荷兰、奥地利	中期预算目标是执政党联合执政协议的一部分
法国	《预算基本法》要求编制四年规划，并且作为预算法案的附件

第二，自上而下的中期财政规划编制体制并没有形成，部门分工不明

确。域外中期预算编制的实践表明，自上而下的编制体制是通行做法，也是确保跨年度预算成功运行的关键。如日本，中期预算与年度预算的编制主体和流程均存在差别。年度预算主要由财务省负责，《中期财政框架》则由内阁府负责编制，具体编制由其下设机构"经济财政咨询会议"全面负责。"经济财政咨询会议"编制预算编制的基本方针，财务省根据指导方针完成"概算方案"，并提交内阁会议决议。此外，《中期财政框架》的编制时间要早于年度预算编制方针和"概算要求基数"的提出，从而使年度预算全面反映中期预算的主旨，实现规模的控制。我国《预算法》第三十一条仅规定国务院应当及时下达关于编制下一年度预算草案的通知，以及各级政府、各部门、各单位应当按照规定的时间编制预算草案，并未规定"自上而下"的编制体制，依然延续"一上、一下、二上、二下"的"自下而上"的预算编制体制。关于中期财政规划的编制，《国务院关于中期财政规划管理的意见》中规定了编制时间、编制主体，部门中期财政规划的编制依据等，从编制程序上看可以说是年度预算的"翻版"，从部门预算编制的依据"国民经济和社会发展五年规划纲要、相关专项规划、区域规划"以及"提交财政部汇总平衡"，自下而上的编制体制没有实质上的变化。从编制主体上看，只笼统规定财政部牵头编制，并未有具体的部门分工以及部门内部的分工。

第三，政策—规划—预算之间的关联度不强，规划、预算"两张皮"。《意见》规定我国中期财政规划按照三年滚动方式编制，第一年规划约束对应年度预算，后两年规划指引对应年度预算。年度预算执行结束后，对后两年规划及时进行调整，再添加一个年度规划，形成新一轮中期财政规划。应该说，三年期滚动编制的方式是中期预算编制经常采用的方法，也是运作较成功的国家所采用的编制方式。在经历了试点到正式铺开的历程后，2015年起我国正式在全国编制中期财政规划，各级地方政府根据法律法规并结合各地实情进行了探索。从制度设计到实践运行，出现"政策—规划—预算"关联度不强、三年滚动规划形式化等问题。

一是三年滚动规划与年度预算无法衔接，形成"两张皮"的窘境。主要原因在于中期财政规划编制的是否科学、精准，是否明确和量化，预算目标是否合理，深层次原因还在于中期财政规划的法律地位不明确和约束力弱化。实践中，有的地方政府缺乏专业人员，对财政收支预测、财政政策的把握等不到位，甚至"闭门造车""编"规划，中期财政规划与年度预算形成"两张皮"，无法发挥其应有的控制功能。

二是中期财政规划与国民经济和社会发展五年规划无法衔接。我国"国民经济和社会发展五年规划"的编制周期是五年，如今已步入第十四个五年规划，而中期财政规划的编制周期是三年，时间上无法无缝衔接，弱化了中期财政规划对预算编制的实际指导效果，也使得国民经济和社会发展规划的实施中缺失财政规划的配套支持。为此，有的地方政府进行了创新和探索。例如，云南省通过编制《"十三五"云南财政发展规划》来推进中期财政规划的实施，同时也为五年国民经济和社会发展规划提供财政规划支持，建立五年财政规划指导三年财政规划、三年财政规划制约年度预算的机制。在功能定位、体系重构、内容覆盖、方法突破等方面进行了尝试，无疑是全面铺开中期财政规划以来地方政府的创新之举。①

三是预算权与规划权难以衔接。中期财政规划由"财政部牵头"，"会同各部门研究编制"，由此可见，规划权并不集中统一在财政部，规划权与预算权分离。以广西钦州市中期财政规划的编制为例，除了财政部门，还涉及发改委、统计局、国税局、地税局等，负责分析预测经济发展形势、税收收入及变动趋势，作为中期财政规划的编制依据。规划权的分散，不利于财政规划的整体性和宏观调控，存在部门追求利益最大化的道

---

① 一是在功能上重新定位。按照国务院关于实施中期财政规划管理的精神，将"十三五"财政规划定位为"2016~2020年中期财政框架"，突出对未来五年财政收支基线及分领域支出规模实行总量控制，增强财政对宏观经济运行的调控能力。二是在体系上进行重构。建立规划、政策、预算相衔接的机制，构建"规划—目标—任务—措施—预算"的管理体系。将五年财政规划与国家及云南省国民经济和社会发展"十三五"规划、部门或行业规划相衔接，确保主要目标和重要任务在五年财政规划中予以体现和落实。建立五年财政规划指导三年财政规划、三年财政规划制约年度预算的机制。三是在内容上覆盖全面。突出强调财政是国家治理基础和重要支柱的作用，凡是涉及到财政资金、财政政策及财政管理方面的内容均纳入五年财政规划统筹考虑，实现规划对未来五年财政重要任务的全覆盖，指导部署未来五年财政主要工作。四是在方法上力求突破。首次以五年为周期，预测政府收支变动趋势，首次将公众需求调查结果作为确定分领域支出限额的依据，首次确定了未来五年收支基线和重大项目跨年度安排计划。参见财政部官网。

德风险。

2. 预算稳定调节基金的制度框架不完整

设立预算稳定调节基金是构建跨年度预算平衡机制的资金基础，有助于政府预算在各年度间的统筹调度，为通过财政政策实施逆经济周期调节创造了可能。2007 年中央财政从 2006 年的财政超收收入中安排 500 亿元设立预算稳定调节基金，被称为"具有划时代意义的举措"①，随后大部分省、自治区、直辖市均设立了预算稳定调节基金，并出台地方性预算稳定基金管理暂行办法，对基金的筹集、使用、审批、监督等作了规定。中央层面的相关规定则是空白，笔者仅查阅到《财政部关于应发未发国债和预算稳定调节基金会计核算的通知》，该文件中并未针对地方政府参照执行的依据、预算稳定调节基金的来源、使用等进行规范，只是规定了会计核算的办法。由于没有预算稳定调节基金的顶层设计，有的只是"财政部有关建立中央预算稳定调节基金的有关精神"，② 造成地方设立预算稳定调节基金不仅不规范，且随意性较大。2014 年《预算法》首次规定了预算稳定调节基金，这为预算稳定调节基金提供了法定依据，也改变了只有地方性规范文件的立法现状，但是对于基金的资金来源、使用、评价、监督等还未形成完整的制度框架，对其规模、是否纳入预算管理等制度尚付阙如。2015 年《国务院关于印发推进财政资金统筹使用方案的通知》中涉及预算稳定调节基金，主要包括政府性基金调入预算稳定基金、建立跨年度预算平衡机制、基金规模等方面，成为规范预算稳定调节基金的主要法律文件。2018 年财政部出台了《预算稳定调节基金管理暂行办法》，对预算稳定调节基金的内涵、设置和补充、动用等做了规定，进一步健全了预算稳定调节基金制度。综合相关的法律规定及中央与地方的基金运行，

---

① 刘明中：《一个具有划时代意义的举措》，载《中国财经报》2007 年 3 月 13 日第 001 版。

② 从地方政府制定预算稳定调节基金的暂行规定的依据可以看出这一点，如《海南省省本级预算稳定调节基金管理暂行办法》第一条规定："为更加科学合理地编制预算，保证省本级预算平稳运行，根据《中华人民共和国预算法》、《中华人民共和国预算法实施条例》及财政部有关建立'中央预算稳定调节基金'的有关精神，结合我省实际，制定本办法。"《内蒙古自治区本级预算稳定调节基金管理暂行办法》第一条更加语焉不详地规定："根据国家有关法律、法规和财政部的相关规定制定本办法。"

发现仍然存在一些问题需要进一步解决。

首先，预算稳定调节基金的法律性质和功能定位混乱甚至矛盾。世界上设立预算稳定基金的国家，由于设立的背景不同，在性质和功能定位的设计上有所不同。即使是同一国家，也会因各地要素禀赋、政党政治、经济发展水平等方面的差异而设计多样化的预算稳定基金。现有的预算稳定调节基金可以分为三种类型，分别是一般预算储备基金、稳定型基金和储蓄型后代基金，其目的和来源均不同。一般预算储备基金来源于政府预算年度盈余和超收收入，目的是用于平衡经济萧条时的政府预算；稳定型基金的目的是保持政府预算的长期稳定；储蓄型后代基金是为了保证子孙后代在资源枯竭时能够"有饭吃"。后两者的基金设立多在具有资源性财政特征的国家和地区，且这些国家设立的基金兼具稳定预算和保障后代子孙的双重功能。① 实质上，我们可以将预算稳定基金的功能分为两大类：财政储备性质的基金和储蓄型后代基金，依据的理论基础主要是逆周期的财政政策理论和代际公平理论。由于设立的背景不同，各国设立的该基金的功能定位也不尽相同。如美国更强调其应对经济波动、防止经济衰退的反周期的财政储备功能，俄罗斯、科威特等具有资源型财政特征的国家，其基金的功能除了平衡预算外，侧重于保障后代的功能。②

各国均通过立法的形式确立了预算稳定基金的性质和功能，这也是构建预算稳定基金制度的基础性问题。从我国已有的规定看，预算稳定基金的法律性质和功能定位仍较混乱，模糊不清。学界对此也存在争议，如预算稳定基金是长期性的财政工具还是短期的权宜之财政工具？是财政储备基金还是预算调节工具？预算稳定调节基金设置的层级，以及中央和地方预算稳定基金功能的差异化等问题。

---

① 参见乌日图：《关于财政预算稳定调节基金的几点思考》，中国人大网，2008年3月10日。
② 2008年俄罗斯"稳定基金"被拆分为"储备基金"和"国家福利基金"，"储备基金"仍延续稳定基金的功能，"国家福利基金"旨在有效利用天然气收入促进经济发展、提高国民福利，特别是改善养老人员生活，使资源在现代人和后代人之间很好地平衡。2018年，储备基金正式取消，合并到国家福利基金中。

　　《预算法》第四十一条规定："各级一般公共预算按照国务院的规定可以设置预算稳定调节基金，用于弥补以后年度预算资金的不足。"可以说，《预算法》并未系统地规定预算稳定调节基金的筹集、使用、监督等制度，对该基金预设的功能范围比较宽泛，并未对何种原因导致的"资金不足"作出说明和限制。这一方面会使预算稳定基金的功能定位模糊，也易与其他弥补资金不足的资金如预备费发生混淆；另一方面会导致基金的使用随意，政府的自由裁量权过大，不利于对其监督。财政部出台的《预算稳定调节基金管理暂行办法》中界定了基金的内涵，即"为实现宏观调控目标，保持年度间政府预算的衔接和稳定，各级一般公共预算设置的储备性资金。"明确将其界定为储备性资金，与政策目标相结合，发挥预算稳定基金"蓄水池"的作用。

　　然而，从实际运行的角度进行实证分析，这一定位与实际运行实践存在一定的偏离。财政储备性基金只有满足可持续性并达到一定规模才能发挥逆周期调节和财政应急支出的作用。国外预算稳定基金筹集的渠道多样且稳定，主要包括财政决算盈余、根据固定公式从一般基金中提取、资源性收入等，能够保障预算稳定基金达到一定的规模。反观我国，超收收入和预算结余成为预算稳定基金的两大来源，且以超收收入为主要构成。实际上我国设立预算稳定基金的直接动因就是治理连续多年的超收收入，规范政府的财政收支行为。超收情形即实际收入数大于预算计划数是常态。观察近十年的数据，唯有 2015 年没有超收，其他年份一般公共预算决算数均大于预算数，有些年份甚至比预算数超出 10% 以上（见表 3 - 9）。造成"收入预算松弛"现象的原因是多方面的，比如预算技术问题引起的岁入岁出预测不足、领导层变动等预算执行环境的变化，以及有意低估预算收入的人为原因等。既然收入预算并不约束政府的征纳行为，那么，每年编制收入预算的意义何在？中国台湾学者林纪东认为，编制收入预算并经预算立法程序的目的，在于认可何种收入及收入中的多少数量可以用作当年政府开支的财源。[①] 经过立法机关审批的财源才能够用作当年的支出，由此

---

　　①　林纪东：《"中华民国"宪法逐条释义》（上），台湾三民书局股份有限公司 1982 年版。

推及，超收收入也只有经过立法机关的审批和认可才能成为当年支出的合法财源。

表 3 - 9   2007 ~ 2016 年全国和地方一般公共预算超收/短收情况   单位：%

		2007 年	2008 年	2009 年	2010 年	2011 年	2012 年	2013 年	2014 年	2015 年	2016 年
决算数为预算数的百分比	全国	116.5	104.9	103.5	112.4	115.8	103.2	102	100.6	98.7	101
	地方	114.9	106.5	103.2	109.7	113.9	103.6	101.4	100.3	98	101

资料来源：历年一般公共预算收入决算表，来自财政部官网。

但是随着造成超收的因素和条件的修正，超收将不再是常态，加之我国总体并不具备资源性财政国家的特点，资源性产品的收入不可能成为预算稳定基金的主体构成，由此财政储备基金的持续性和规模很难保证。但这并不排除具备条件的地方政府设置以资源性收入为主要来源的预算稳定调节基金，如《内蒙古自治区本级预算稳定基金管理办法》第三条规定："预算稳定调节基金从以下资金中筹集：'……（三）本级留用的探矿权、采矿权使用费及价款收入的20%；（四）国有资本经营性收益及国有资源有偿使用有偿使用收入。'"具有储备性质的基金多用于逆周期调节和财政应急支出，依据逆周期理论，经济形势好时应储备一部分财政收入，减少支出，经济形势衰退时应当动用财政储备，扩大财政支出。由图 3 - 4 可知，2006 ~ 2017 年的 12 年间，只有前两年调入数额是 0，其后每年均有动用预算稳定基金，不论经济形势好或坏。比较调入数额与 GDP 增长率的折线图，仅个别年份显示出逆周期调节的运作。有意思的是，如果将调入数额的折线向右平移一个年份，其与补充数额折线的起伏变化基本一致，也就是说，前一年度末补充的预算稳定基金，在次年度即被预算安排使用了。预算稳定调节基金就像超收收入的"中转站"，在年初预算编制中调入或在预算执行中通过预算调整程序调入使用，平衡预算，形式上规范了超收收入的使用，实质上并不影响财政收支的规模。"平衡预算"与"逆周期调节功能的财政储备"并不能等同，总体来看，我国预算稳定调节基金的功能重在"预算调节"，这一点从《预算稳定调节基金管理暂行办法》第七条"预算稳定调节基金规模能够满足跨年度预算平衡需要的，应当加大冲减赤字、化解政府债务的力度"即可见端倪，财政储备资金的功能比较弱化，亟待强化。

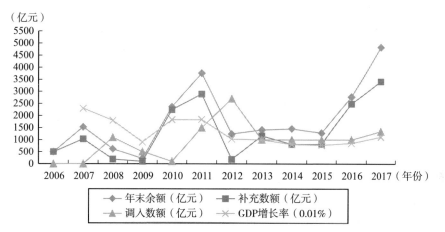

（亿元）

图 3 – 4　2006～2017 年中央预算稳定基金规模及 GDP 增长率

资料来源：财政部官网。

其次，预算稳定调节基金的使用条件过于宽泛，政府的自由裁量权过大。根据我国法律法规的规定，动用预算稳定调节基金的情形可以分为两种：一是编制一般公共预算草案时，用于弥补收支缺口；二是执行预算时，因短收或增支等导致的收支缺口。有的地方政府还将其用于自然灾害等突发事件及其他难以预见的开支。《预算法》第六十七条规定了应当进行预算调整的情形，其中第（二）条规定"需要调入预算稳定调节基金的"，基金的使用条件应是对"需要"的实质性规定和具体诠释。按照这一逻辑，"需要"可以解释为短收或增支等导致的收支缺口的情形，在没有具体法律条件的限定下，预算稳定基金的使用随意性加大，存在偏离其法律性质和功能定位的风险。地方政府规定的预算稳定调节基金的使用条件随意性更大，如海南省、内蒙古自治区均规定了"政府议定的重大紧急事宜"①。政府的自由

①　参见《海南省省本级预算稳定调节基金管理暂行办法》第六条，《内蒙古自治区本级预算稳定调节基金管理暂行办法》第五条。

裁量权过于宽泛，超收收入披上合法性的外衣转化为次年度的财政支出，不利于对财政收支规模的实质控制。

最后，预算稳定基金的监督机制不健全。2014年《预算法》修订之前，中央与地方预算稳定调节基金的监督体系并不相同。中央预算稳定调节基金的使用要接受人大的监督，而地方年初编入预算的要经过人大的批准，预算执行期间调入的预算稳定调节基金实行"通报制"，即经过本级政府批准即可，事后通报本级人大或人大常委会。修订后的《预算法》强化了预算稳定调节基金的立法监督机制，执行阶段动用该基金的应当遵循预算调整的程序由人大常委会批准。人民代表大会的立法监督至关重要，美国各州为防止预算稳定基金在经济繁荣时期使用，危及其逆周期调节的功能，对基金的使用规则及审批程序做出了严格规定，通常在各州预算稳定基金法律中加以规定。这是我国人大审查预算时可资借鉴的地方。此外，《预算法》第七十九条规定人大审查决算草案的重点包括预算稳定调节基金的规模和使用情况。第九十二条规定了违法使用预算稳定调节基金的法律责任。地方政府相关规定中还规定了审计监督和监察监督。由此基本建立了覆盖事前、事后不同环节的监督体系，以及立法监督、审计监督、行政监督相结合的监督体系。在透明度方面也大有改善，近些年预算稳定调节基金的调入数量、补充数量、余额情况作为决算报告的一部分向社会公开披露，接受监督。诚然，预算稳定调节基金的监督机制有了上述的改善，但仍存在以下问题，例如，事前监督环节，人大的审查监督需要注重发挥预算稳定基金特有的功能，而不是政府随意提取的"蓄水池"；事中监督环节，缺乏对基金使用情况的监督；事后监督环节，由于绩效预算制度的不完善和理念的缺失，导致预算稳定调节基金的使用效益没有成为监督的重点。

四、控制政府债务支出的失灵

（一）我国政府债务融资的规模

近年来，我国债务余额不断扩张，如表3-10所示。债务负担率自2014

年有了较大的增长并持续至今，从 2010 年的 30.28% 到 2014 年的 39.26%，2018 年稍有下降，为 37.04%，未达到国际警戒线的水平（欧盟各国签订的《马斯特里赫特条约》要求各国的债务负担率不得超过 60%）。但是此处值得注意的是，数据中的债务余额仅指负有偿还责任的债务，不包括政府承担担保责任的债务和可能承担救助责任的债务。根据 2013 年审计署发布的审计结果，如果将上述债务计算到债务余额中，债务负担率接近 50%。债务负担率是国际公认的政府债务警戒线，超过警戒线意味着债务危机或债务风险。从债务负担率的公式出发，债务负担率与两个因素有关，一个是债务余额，另一个是国内生产总值（GDP）。数据显示，我国债务余额的绝对规模从 2010 年的 10.47 万亿元增加到 2018 年的 33.35 万亿元，增长了 2.19 倍，增长的势头不减。从 GDP 的走势看，我国经济进入新常态，由高速增长转为中低速增长，经济增速放缓，因此，未来债务负担率有进一步扩大的可能，控制债务规模防范风险成为必要。财政赤字率是衡量财政风险的一个指标，2008 年全球金融危机后我国实行积极财政政策，中央推出"四万亿"经济刺激计划，地方政府融资平台大幅增长，近几年的财政赤字率接近国际上通行的《马斯特里赫特条约》规定的赤字率 3% 的国际安全线，尤其是地方债务规模持续膨胀，财政可持续性面临严峻挑战。"造成预算赤字的一个重要原因就是，国会愿意通过那些支出项目，而不关心如何征税才能满足这些项目资金需要的问题。人们喜欢政府开支，但却不喜欢政府征税。"① 再加上经济衰退，企业减税效果显著，财政收支矛盾进一步加大，这也可能成为财政赤字扩张并维持在更高水平的借口。②

---

① ［美］林德尔·G. 霍尔酷姆：《公共经济学——政府在国家经济中的作用》，顾建光译，中国人民大学出版社 2012 年版，第 349 页。

② 我国的财政赤字率一直坚守 3% 的安全线，没有突破过。2016 年和 2017 年的《政府工作报告》将赤字率设为 3%，近些年中达到最高。当前经济面临下行压力，同时加大了减税减费的力度，2019 年的财政赤字率引起关注。有一种观点认为，3% 仅是参考值，不是绝对标准，可以突破这个界限。杨志勇：《大规模减税不必受 3% 财政赤字率约束》，中国税务网。

表 3 – 10　　　　　　　　2008～2017 年中国财政赤字率和债务负担率　　　单位：亿元

财政年度	中央		地方		GDP	赤字率（%）	债务负担率（%）
	财政赤字	国债余额	财政赤字	债务余额			
2010	8000	67548.11	2000	37109.51	408903.0	2.49	30.28
2011	6500	72044.51	2000	—	484123.5	1.80	—
2012	5500	77565.70	2500	96281.87	534123.0	1.54	32.54
2013	8500	86746.91	3500	105789	588018.8	2.15	31.13
2014	9500	95655.45	4000	154074.3	636138.7	2.12	39.26
2015	11200	106599.59	5000	160074.3	685505.8	2.36	38.90
2016	14000	120066.75	7800	153557.6	744127	2.93	36.77
2017	15500	134770.15	8300	165099.8	827121.7	2.88	36.25
2018	15500	149607.41	8300	183862	900309.5	2.64	37.04

注：债务负担率 = 当年债务余额/年度 GDP × 100%；赤字率 = 财政赤字/GDP × 100%，表中的债务余额是指负有偿还责任的债务。

资料来源：根据财政部公布的各年度《全国财政决算》《中央财政国债余额情况表》《地方政府一般债务余额情况表》《地方政府专项债务余额决算表》、审计署公布的《中华人民共和国审计署审计结果公告》以及国家统计局公布的 GDP 数据计算而得。

（二）法律控制债务融资规模及支出的失灵

通过我国预算平衡原则的历史演变，可以发现我国对举债和赤字一直持有"控制"的思维，如 1994 年的《预算法》规定，在预算编制环节，中央政府公共预算不列赤字，必需的建设投资的资金可以通过举借国内或国外债务筹措，且应当有合理的规模和结构；地方各级预算不列赤字，原则上不得发行地方政府债券。对财政赤字和举债规模实行严格的事前控制，预算编制阶段即"堵住"了债务闸门。然而，事实证明，这种严"堵"的方式迫促使政府尤其是地方政府另辟蹊径，通过国债转贷、通过融资平台发行"公司债型地方债"或者"资金信托型地方债"等"准地方债"以及贷款等方式，后又由财政部代发地方公债到自发自还，最终形成显性债务与隐性债务、直接债务与或有债务等形形色色的债务，并且不纳入预算管理。2014 年《预算法》放开了地方债的闸门，对地方债的态度由"封堵"到"疏导"，允许省级政府发行地方政府债券，国务院颁布了《关于加强地方政府债务管理的意见》，财政部制定《地方政府一般债务预算管理办法》《地方政府专项债务预算管理办法》，对举债主体、举债方式、规模控制、地区限额分配、预算管理、举债用途、风险控制、责任追究等方面作出明确规定，建立地方政府债务风险评估和预警机制、应急处置机制以及责任追究制度。然而，前文的数据及指标显示，目前我国债务规模并未得到有效控制，地方政府的财政可持续性面临压力。导致这种现象发生的原因是多方面的，财政可持续性是由财政与经济的关系、债务水平以及财政收支的平衡关系多方面所决定的，是一个系统、综合和动态的概念。债务规模的扩张带来财政支出规模的扩张，《预算法》在控制公债融资规模及债务预算管理方面存在一定的局限性。

1. 地方政府债务预算软约束

按照我国预算法的规定，政府的全部收入和支出都应当纳入预算，"公债是递延的税收"，地方债作为地方政府的收入，其收支活动理应纳入预算进行控制。吊诡的是，预算法对省级政府举借债务的审批程序做了不同于国债以及其他收支的规定。根据预算法的规定，省级政府举借的债务列入本级预算调整方案，报本级人民代表大会常务委员会批准。由此可见，地方债与地方政府的其他收入在预算的编制和审批方面是区别对待的。"举债权意味着授权于利维坦政府，使它能够从无期限的未来满足自己的征税欲望，直到这个利维坦政府不再运行。因此人们可以期待，举债权会受到特别严厉的限制。"[①] 其他地方政府财政收入预算都要经过本级地方人大的审查和批准，而地方政府债务预算仅得到本级地方人大常委会的审批，无法得到本级人大的监督，不仅逻辑上讲不通，还降低了地方政府债务预算的硬约束。地方债是对未来税款的透支，在缺乏硬预算约束的情况下，地方政府会通过增加债务融资提高政绩，扩大财政支出的规模。

2. 地方债实行年度预算管理，与跨年度预算平衡的衔接有待细化

由于省级地方债列入本级预算调整方案，是按照传统年度预算的方式

---

① ［澳］布伦南、［美］布坎南：《宪政经济学》，冯克利等译，中国社会科学出版社2004年版，第127页。

进行管理，缺乏中长期债务管理计划，如何科学、合理地确定债务规模和结构成为关键。我国预算法规定，无论是一般债务还是专项债务，其用途均规定为公益性资本支出，不得用于经营性支出，这也是国际上通行的做法。资本性支出项目的周期多数较长，需要几年甚至更长时间跨年度才能完成。美国的资本预算与经常性预算分开单独编制，许多州每年都要编制资本改进计划（CIP），即多年度主要资本性资产支出计划，列入资本计划的项目意味着项目会被列入某一年度的资本预算，没有列入资本改进计划中的项目不得列入资本预算，① 所以，资本改进计划成为控制资本项目债务融资规模的工具之一。我国2014年《预算法》的修订开启了跨年度预算的编制，强化资本性项目的中期财政规划及滚动预算是控制债务融资规模的一个路径。

3. 政府债务支出的目的和用途法律规定不明确

政府债务作为财政范畴具有悠久的历史，最初的功能是弥补财政赤字，也是政府债务产生的主要原因。"二战"后，赤字财政政策成为西方国家宏观调控经济的重要手段，政府债务制度进一步发展。福利国家的到来以及政府职权的扩张，财政支出的规模不断增长，瓦格纳在对许多国家公共支出资料进行实证分析的基础上提出了瓦格纳法则，即当国民收入增长时，财政支出会以更大的比例增长。虽然税收是财政收入最重要的组成部分，但国家课税要有一定的克制，不能进入"课税禁区"，② "随着文明时代的向前发展，甚至捐税也不够了，国家就发行期票、借债，即发行国债"。③ 虽然各国对财政收入筹集方式有不同的偏好，但政府通过举债来弥补财政缺口成为通行的做法。④ 历史上看，我国发行政府债务的主要用途在于为了经济建设的需要筹集经济建设资金。概括起来，政府债务的功

---

① 赵全厚、高娃、匡平：《地方政府债务应纳入资本预算——美国地方政府债务资本项目融资管理的启示》，载《地方财政研究》2016年第3期，第41页。

② 张守文：《收益的可税性》，载《法学评论》2001年第6期，第25页。

③ 中共中央马克思恩格斯列宁斯大林著作编译局：《马克思恩格斯全集》（第21卷），人民出版社2003年版，第195页。

④ 王彩霞：《我国地方政府举债的内在逻辑与完善路径》，载《当代经济管理》2016年第12期，第92页。

能主要为弥补财政赤字、筹集建设资金和宏观调控。有些国家明确规定了政府债务收入的用途，如日本将政府债务明确划分为赤字政府债务和建设政府债务。我国《预算法》及《国务院关于加强地方政府性债务管理的意见》等相关规定并未从用途的角度对政府债务进行分类。《预算法》从举借债务的主体将政府债务分为中央政府举借的债务和地方政府举借的债务，《国务院关于加强地方政府性债务管理的意见》将债务分为一般债务和专项债务，二者的预算管理模式、偿还渠道各不相同，但是筹集目的并未明确区分。一般债务是为没有收益的公共事业筹资发行的，通常纳入一般公共预算管理，由税收为主的一般公共预算收入来偿还；专项债务是为有收益的公共事业筹资发行的，通常纳入政府基金预算管理，由政府基金收入或项目收入作为偿债来源。从《预算法》第三十四条的规定看，中央举借国内外债务是为筹集"必需的部分资金"，地方政府是为了筹措"必需的建设投资的部分资金"，地方债以筹集重点建设资金为主要目的和用途。由此可见，政府举债的支出用途在预算法中只确定为筹集建设资金。与此同时，《预算法》第六十六条规定，省级一般公共预算年度执行中出现短收，通过调入预算稳定调节基金、减少支出等方式仍不能实现收支平衡的，可以增列赤字，并且应当在下一年度中予以弥补。《预算法实施条例》进一步规定增列的赤字应当在国务院下达的本地区政府债务限额内发行短期债券平衡。此种情况的举借债务之目的应为弥补财政赤字。由此可见，一般债券与专项债券在目的用途方面并不能截然分开，与赤字政府债券和建设债券不是一一对应的关系。在功能定位不明晰的情况下，任何一种债券都有可能突破法律的界限，赋予其他的功能，如以债务置换为目的的发新债还旧债，不利于债务规模的实质控制。

4. 债务监管中实体性控制规则缺失

美国学者萨维奇从政治视角对具有美国特色的预算平衡规范进行分析，他认为这个规范的象征意义大于实质意义。对债务规模的实质控制，需要实体性规则进行规制。美国各州对于资本项目融资规模有不同规定，主要依据各州总收入水平，特别是债务量占个人收入的比重以及债务量占总收入的比重，而且年度债务发行一般不超过年度经常性预算的20%。对债务利息支出设有上限，不少州规定债务利息支出不能超过一般基金收入的5%~8%。我国中央债务实行余额控制，地方债务实行限额控制，由国务院确定限额总量，财政部确定各省的限额，报国务院批准。从监管模式看，我国以行政监管为主，计划色彩较浓厚。余额控制和限额控制很大程度上控制了债务规模，确保财政可控性和可持续性，缺陷在于无法确保限额的科学性和计算方法的准确性。债务控制的实体性规则的缺失导致事前控制制度不健全，地方政府能否发债以及发行的规模完全取决于中央政府是否批准，这样地方政府关注的重点将偏离财政健全和可持续发展的要求，尤其在信息公开制度不健全、财政透明度不高的情形下更易产生由信息不对称引发的道德风险。

第三节　结果导向不显：绩效对预算支出的失控

通过前文的分析，财政公共支出的法律控制主要通过预算控制的路径，预算法的功能定位决定了其对财政公共支出的控制主要从预算程序方面进行过程控制，传统预算“控制”的职能依然占主导，实践中仍然重投入控制。虽然我国从 21 世纪初期即广泛开展了绩效评价，有些地方的预算展现出了结果导向，但是总体来讲，我国绩效预算的改革还在路上，离真正以结果导向的新绩效预算还有一段距离。

一、绩效预算的内涵阐释

（一）绩效预算的含义

在新公共管理思潮以及财政民主化的背景下，绩效预算成为政府预算管理的重要手段，通过改进预算分配方式，提高资金使用效率，强化支出责任，进而对财政支出规模进行实质性的控制。绩效预算（performance budget）理念萌芽于 20 世纪初，美国在 20 世纪 40 年代正式推行绩效预算改革。1949 年在胡佛委员会的举荐下，美国率先采用绩效预算编制方式，强调投入与产出的关系，但因成效不大，弃而不用。20 世纪八九十年代，绩效预算重又回到一些国家尤其是英国、美国、新西兰等 OECD 国家的视野，开启第二轮预算制度改革，被称为"新绩效预算"，努力在政府管理领域引进更多的绩效信息。1993 年美国通过《政府绩效和结果法案》，要求计划包括一项综合的任务报告和一套总目标。这些计划包括绩效目标和指标，公众能据此衡量机构是否实现了这些目标。[①] 虽历经数十年，绩效预算的定义并未统一，并且有"基于绩效的预算""结果导向的预算""项目预算"等不同称谓。概括而言，绩效预算就是将投入与产量还有结果相结合的预算；具言之，政府依据其需实现的职能和施政计划，确定实现计划所需要的支出经费，并评估和测量某项支出计划可能产生的社会经济效果和业绩。[②] 绩效预算是"绩效"和"预算"的结合，体现了绩效与预算的关系，正如 OECD 将绩效预算定义为"利用可衡量的结果分配资源的预算过程"[③]。然而，"实际上绩效和预算之间的联系还是难以捉摸。"[④] 因此，"不仅在概念上，而且在实践中实现起来都很艰难。"[⑤]

（二）绩效预算的特点

绩效预算不同于传统预算，具体而言，它具有如下几个特点。

第一，以结果为导向。传统预算奉行的是投入导向型预算，关注财政支出的规模和支出结构，忽视预算分配的效果，往往将部门利益置于社会公共利益之上。政府一味地僭越界限铺大摊子，追求大而全。绩效预算以结果为导向，关注财政支出的投入与产量和效果的考察。"产量"和"效果"是不同的两个概念，菲利普·G. 乔伊斯认为，产量是对机构直接业

---

① 罗伊·T. 梅耶斯等：《公共预算经典——面向绩效的新发展》，上海财经大学出版社 2005 年版，第 504 页。

② 陈工：《政府预算与管理》，清华大学出版社 2004 年版，第 37 页。

③ Micheal Ruffner and Joaquin Sevilla, "Public Sector Mordernization: Modernizing Accountability and Control," *OECD Journal on Budgeting.*, Vol. 4, Issue 2, 2004, P.128.

④⑤ 罗伊·T. 梅耶斯等：《公共预算经典——面向绩效的新发展》，上海财经大学出版社 2005 年版，第 520 页。

务所产生的效果的评定，只用产量并不足以说明机构是否实现它的目标。结果是一个机构的广义目标。结果评定应该评估机构的产量达到预定效果的程度。① 政府考虑的是如何实现"好钢用在刀刃上"。

第二，由绩效目标、绩效运行跟踪监控、绩效评价、绩效反馈、绩效评价应用构成闭环控制系统（见图3-5）。闭环控制系统也叫反馈控制系统，是一个物理学概念，指系统中既存在由输入到输出的信号前向通路，也包含从输出端到输入端的信号反馈通路，两者组成一个闭合的回路，关键在于输出端的信息对系统的影响和控制。与之相反的是开环控制系统，是指输入信号不受输出信号影响的控制系统，即输出结果并不反馈影响控制系统。财政部《关于推进预算绩效管理的指导意见》明确规定：预算绩效管理是一个由绩效目标管理、绩效运行跟踪监控管理、绩效评价实施管理、绩效评价结果反馈和应用管理共同组成的综合系统。绩效预算首先要有明确的战略目标，根据战略目标确定绩效目标和指标体系，战略目标也是中期预算的重要依据，预算编制既有前瞻性，又使财政支出更具有效益，因此，绩效预算非常契合中期预算，是中期预算的标配。绩效预算将绩效管理融入预算管理中，输入与输出相结合，如果对预算支出仅进行绩效评价，评价结果对预算决策毫无影响，则不能称为真正意义上的绩效预算。传统的预算就似开环控制系统，缺乏对结果的反馈，侧重财政收支平衡，忽略资金的效率和机会成本，旨在合规性。

第三，加大部门预算的自主权。预算权的分配与制衡是预算法治绕不开的话题。就横向来看，行政机关在预算的编制过程中仍占主导地位，在行政机关内部也存在预算权的内部分权。目前看权力较集中于财政部门，预算单位享有的自主权非常有限。由于预算支出的结果与业绩考核并不挂钩，预算部门和单位也就没有提高资金运行效率的积极性和创造力。预算决策中缺少了理性科学的数据支撑，政治因素的影响力更加凸显，不可避免出现利益各方的博弈、机会主义、逆向选择。绩效预算的核心是绩效评

---

① 菲利普·G. 乔伊斯：《基于绩效的预算》，引自罗伊·T. 梅耶斯等：《公共预算经典——面向绩效的新发展》，上海财经大学出版社2005年版，第505页。

价，将绩效信息应用于预算决策，[①] 绩效预算能够引导预算单位编制预算时考虑资金的成本和收益以及效果，有助于改变传统预算中存在的资金低效无效、闲置沉淀、损失浪费等问题。事前通过绩效目标的设定，制定部门绩效目标，部门绩效目标是由各预算部门自行确定，预算编制权下放。绩效目标审核批复后，在资金使用过程，预算单位被赋予一定的灵活性。

第四，激励与约束机制并重。传统预算重形式轻内容，讲究预算的规范化和合法性，法律后果主要以承担法律责任为约束机制。绩效预算强调激励与约束并重，凸显结果、责任、激励的预算管理模式。

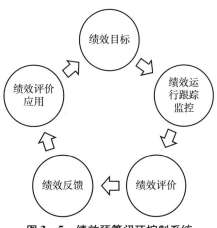

图 3 – 5　绩效预算闭环控制系统

二、绩效预算在我国的实践与发展

我国将绩效管理融入预算管理的政策和实践由来已久，从其运行的轨迹可以发现预算绩效评价——绩效管理——全面绩效管理的发展历程。

---

①　关于绩效信息在预算决策中的重要程度学界有不同观点，甚至截然相反。一种观点认为，政府预算决策本质上是政治博弈行为，是利益相关者为实现自身利益最大化进行讨价还价并作出妥协的过程。参与者的议价和谈判能力是决定因素，而不是基于经济效率角度的绩效信息。另一种观点却认为，绩效预算能够在决策中发挥重要的作用。在充分合理且科学的数据支撑下，人们必定会作出理性的预算决策。参见王泽彩：《预算绩效管理：新时代全面实施绩效管理的实现路径》，载《中国行政管理》2018 年第 4 期，第 7 页。

2003 年党的十六届三中全会提出"建立预算绩效评价体系",党的十七届二中全会提出"推行政府绩效管理和行政问题问责制度",党的十七届五中全会提出"完善政府绩效评估制度",党的十八大报告进一步提出"推进政府绩效管理",党的十八届三中全会在预算制度改革中提出"提高效率"。2014 年《预算法》修订,首次将"绩效预算"写入法律中,并分别规定在总则、预算编制、预算审查和批准、预算执行、决算等章节中,为全过程绩效预算奠定了法律基础。[①] 党的十九大报告中明确指出"全面实施绩效管理",2018 年《政府工作报告》再次强调"全面实施绩效管理,使财政资金花得其所,用得安全"。绩效预算是一个系统工程,不可能一蹴而就。最初是以预算绩效评价为开端,将绩效管理理念融入预算管理中。2014 年《预算法》的修订,加快了全面实施绩效预算的步伐,并取得了显著的成效。

第一,制定了一定数量的规章制度,提供法律依据。自 2005 年起国家开始了绩效预算的顶层设计,财政部和地方政府相继出台绩效管理的规章制度,比如 2005 年财政部预算司出台《中央部门预算支出绩效考评管理办法试行》,2007 年财政部出台《中央本级基本支出绩效管理办法》,2009 年财政部发布《财政支出绩效评价管理暂行办法》(2011 年重新发布),同年财政部颁布《关于进一步推进中央预算部门预算项目支出绩效评价试点工作的通知》。2012 年财政部出台了《预算绩效管理工作规划(2012—2015)》,为中央和地方进一步推进预算绩效管理工作制定了规划。2015 年财政部还颁布了《中央部门预算绩效目标管理办法》和《中央对地方专项转移支付绩效目标管理暂行办法》。2018 年 9 月,国务院发布《关于全面实施预算绩效管理的意见》,被视为绩效预算发展的里程碑。《关于全面实施绩效管理的意见》要求 3~5 年基本建成全方位、全过程、全覆盖的全面绩效预算管理体系,规定了绩效预算的指导思想、构建全方位绩效预算的管理格局、建立全过程绩效预算的管理链条、完善全覆盖预算绩效的管理体系、健全预算绩效管理制度、硬化约束机制等方面,为绩

---

① 相关法条包括第十二条、第三十二条、第四十九条、第五十七条和第七十九条。

效预算提供系统、权威的法律依据。

第二，绩效预算管理系统的框架基本搭建起来。以结果为导向的绩效预算是一个闭环系统，系统中各环节环环相扣，任何一个环节的缺失均会影响绩效预算管理的质量和效果。经过多年的实践，除了最先进行的预算绩效评价的建设外，系统中其他环节也得到了发展。

（1）绩效目标全覆盖。2016 年，财政部推动绩效目标试点，先在 15 个部委试点，① 2017 年扩大到中央所有部门一般公共预算的所有项目，以及中央对地方的转移支付项目。2018 年扩展到政府性基金和国有资本经营预算。地方政府通常会对超过一定额度的部门预算项目及对下的转移支付资金项目均纳入进行绩效预算目标编制范围。

（2）绩效运行跟踪监控范围不断扩大。2018 年财政部跟踪监控的范围扩大至中央所有的项目。地方政府制定相关规章制度，开展绩效运行跟踪监控试点，如 2016 年广西壮族自治区本级选择 7 个区直部门的 7 个部门项目支出开展试点，辽宁省对省本级纳入绩效目标管理的预算项目全部开展绩效监控。

（3）绩效预算评价制度进一步完善。预算绩效评价是绩效预算制度的核心，财政部陆续出台相关规章制度推进绩效评价的实施。评价范围进一步扩大，2018 年，在中央部门对上年所有本级项目开展绩效自评的基础上，扩展至中央对地方所有专项转移支付资金。同样，纳入省级预算绩效评价的项目和资金数量不断提升，甚至扩大部门整体支出评价范围。第三方评价制度不断完善，评价范围逐步扩大，逐步推进第三方机构库和专家库的建设。

（4）加强了绩效评价结果的应用。绩效评价结果的应用是绩效预算的落脚点，也是最能体现绩效与预算之间的关系，决定绩效信息对预算安排和资金分配的影响程度。世界范围看，二者的关系主要有下面三种模式。一是绩效评价结果不运用到预算决策，不决定资金分配，通常称为"报告

---

① 2016 年，部分省级部门也编报了绩效目标。共有 61 个省级部门编报了 499 个专项资金预算绩效目标，纳入绩效目标管理的资金达到 3127 亿元，比上一年增加了 736 亿元，增长 31%。实现省级专项资金绩效目标全覆盖。

型绩效预算"，如加纳、玻利维亚等一些发展中国家，一些发达国家如美国也未建立起绩效信息与预算的直接联系，只作为预算决策的重要参考依据。二是绩效评价结果部分应用到某些项目的预算决策中，如丹麦在高等教育和部分医疗部门，绩效信息直接影响着资金分配，在其他部门则未建立直接的联系。三是绩效信息初步与预算决策挂钩，如澳大利亚、英国、新西兰等。虽然我国在十多年前即提出绩效预算，但由于法律制度、配套措施、思想意识、技术水平等因素绩效预算进展缓慢，绩效评价结果很难与预算决策挂钩。近几年，中央和地方加大了全面绩效预算的步伐，有些地方出台了有关预算绩效评价结果应用的暂行办法，2018 年《关于全面实施预算绩效管理的意见》中规定"健全绩效评价结果反馈制度和绩效问题整改责任制，加强绩效评价结果应用"。绩效评价的结果应用包括评价结果反馈制度和奖惩制度，奖惩的形式主要有表扬或继续支持、通报批评、调减项目预算直至取消。此外，还规定了绩效评价结果及应用建议报告预算编委会和本级人大，作为预算编制和审批的依据。

（5）建立绩效预算的组织保障。绩效预算专业性非常强，应设置专司绩效预算的管理部门提供组织保障。一些国家是在总统、总理办公室或者财政部设立专职机构，从事绩效预算指导、制定工作程序和方法、审核预算和年度绩效报告。在我国，全国有 23 个省（自治区、直辖市）级财政部门单独设立了预算绩效管理机构，并且重视不同部门间的分工合作，值得一提的是，财政部和全国人大常委会预工委的预决算审查室、审计署的财政司建立了一个三方协调的工作机制，形成了相关部门绩效管理的合力。

三、绩效结果对预算支出的失控

绩效预算是一个非常复杂的系统工程，不可能一蹴而就。同时，它又不是一个单纯的技术问题，其面临的最大挑战是"过度单纯化"[①]，预算

---

① 罗伊·T. 梅耶斯等：《公共预算经典——面向绩效的新发展》，上海财经大学出版社 2005 年版，第 520 页。

文化、行政管理体制、财政体制、政治制度等因素共同影响着绩效预算的效果。从这个意义上讲，绩效预算置身于一个更大的系统当中。《关于全面实施预算绩效管理的意见》中确立了"力争用 3～5 年时间基本建成全方位、全过程、全覆盖的预算绩效管理体系，实现预算和绩效管理一体化"的目标，"全面绩效预算"是针对过去"碎片化""部门化"绩效预算而言，"全过程、全方位、全覆盖"则是对全面性的概括诠释。"全过程"是指将绩效理念融入预算编制、执行和监督全过程，实行事前、事中、事后的绩效预算管理；"全方位"是指将各级政府的收支预算、部门和预算单位的收支预算、政策和项目绩效预算全面纳入预算管理；"全覆盖"是指全部政府预算均纳入绩效管理，包括一般公共预算、政府性基金预算、国有资本经营预算和社会保险基金预算。当前，我国绩效预算正处于起步阶段，分析影响绩效预算进一步发展的因素至关重要。

（一）失控的内部影响因素

绩效预算是将绩效理念融入预算管理过程中，尽管二者的关联程度不同国家各有差异。问题主要体现在绩效预算管理中，绩效预算流程是一个从绩效目标到绩效评价结果应用的闭合系统，系统各部分间互相依存，互相影响。实践中，存在重事后、轻事中和事前绩效管理的现象。

1. 绩效目标与绩效运行监控制度不完善

绩效目标是绩效预算的基础，是后续绩效评价的主要依据，也是决定绩效预算是否具有可操作性的关键。对政府管理者而言，绩效目标提供了政府发展的方向和任务，是落实国家战略目标的过程，增加了理性因素，减少了人为因素。传统预算模式并不注重结果，绩效目标的编报并不同步于预算编报，在没有刚性约束的情况下绩效目标管理流于形式。2015 年财政部《关于印发中央部门预算绩效目标管理办法的通知》中要求"未按要求设定绩效目标的项目支出，不得纳入项目库管理，也不得申请部门预算资金"，绩效目标管理被上了紧箍咒。绩效目标的设定包括内容、指标和标准，实践中出现设置不科学、粗放不量化等问题，由于是自行设定目标，会出现有意降低标准的道德风险。英国绩效目标的设立是有层次的，包括方向、目标、具体目标、关于如何对具体目标进行测量的技术解释、实施计划等。此外，在实现全面绩效预算之前，哪些项目应设立绩效目标由部门自行决定，为了确保完成任务，会选择容易达标的项目而可能偏离价值追求。根据"谁分配资金，谁审核目标"的原则，财政部负责绩效目标的审核，但是受到技术、专业、工作量等因素的影响多是形式上的，无法进行实质性审查。自行设定目标，这无形中加大了预算单位的预算权力。

绩效运行监管是财政部门对绩效目标实现程度和预算执行进度情况进行定期检查和监控，目前关于绩效运行过程的信息并未公开，监控的效果仍然是走过场，重形式。英国的做法值得借鉴，负责公共支出的内阁委员会，每年两次召集部门负责人汇报该部门绩效目标的完成情况，财政部每季度收集一次各部门绩效任务的进程信息，定期发布，并向内阁委员会报告。[①]

2. 体现公共性的财政支出绩效评价制度尚需完善

首先，体现公共财政特点的绩效指标不够细化。被各国公认为是极其复杂的绩效评价是绩效预算的关键。绩效评价规则中包括绩效评价指标、评价方法、标准体系等技术规范较多，其中评价指标按照不同的标准可以分为若干类，按照评价对象分为本级预算资金绩效评价和专项转移支付资金的绩效评价；部门预算支出绩效评价分为基本支出绩效评价、项目支出绩效评价和部门整体支出绩效评价。根据评价的对象的不同特点，评价指标体系划分为共性评价指标和个性评价指标。如此复杂的评价对象为评价指标的设计增加了难度。不同于市场提供的私人品，政府提供的产品多为公共产品，满足公共需求，二者追求的价值、目标不同，相应地，评价指标中应当准确回应这些不同并设计出相应的指标。从中央和地方出台的绩效评价指标体系看，这类指标具体化为"经济效益、社会效益、生态环境效益和可持续性影响"等基本指标，但是这些基本指标的下位指标并没有细化，实践中从事前绩效目标的编制到事后评价通常较笼统和概括，未体现出真正的绩效。

---

① 王淑杰：《英国政府预算制度》，经济科学出版社 2014 年版，第 244 页。

其次，绩效评价过程中公众参与度较低。目前，绩效评价制度的设计仍体现出浓重的管理观念，政府在其中扮演着主导角色，人大和公众的监督功能被漠视。阻碍公众参与的另一个原因是绩效评价不透明，绩效评价资料多作为政府内部信息在有限的范围内公开，[①] 公众无从知晓预算部门的绩效情况。绩效评价指标中"公众满意度或受益者满意度"这一指标为公众参与提供了一线希望，这一指标相对应的评价方法被称为"公众评判法"，通过专家评估和公众调查问卷、抽样调查等来实现，但是缺乏表达渠道和评价机制，"公众必须有能力知道机构或项目的目标是什么，而且还要知道怎样判断这些目标是否实现了"，当前保障公众参与的相应制度是非常匮乏的。

最后，我国规定绩效评价的方式以自评为主，辅以外部评价（主要指专家和第三方机构评价），预算部门既是运动员又是裁判员，客观性和公正性难以保证。对于第三方评价，如何确保其独立性和专业性是值得关注的问题。

3. 绩效评价结果与预算决策关联度较弱

从我国的经验来看，绩效信息无论从观念还是实践都几乎没有与预算分配决策相关联，绩效评价结果更多的是作为政府绩效和干部政绩考核体系和公务员考核的重要参考。值得一提的是，国务院 2018 年《关于全面实施绩效管理的通知》中提出"重要绩效目标、绩效评价结果要与预决算草案同步报送同级人大、同步向社会主动公开"，对行政权进一步制衡。文意理解，这里的"报送"并没有审批、审核的法律意蕴。

（二）绩效预算配套制度的掣肘

绩效预算既是预算编制方法的变革，更是政府理财观念的转变。它不是孤立的系统，而是需要相应的配套制度协同配合才能实现。这些外部配

---

① 如 2012 年财政部《关于进一步推进中央部门预算项目支出绩效评价试点工作的通知》中规定，绩效评价结果公开，以部门自主公开为主。即部门将项目支出绩效评价目标、绩效评价结果等，以适当方式在部门内部或有选择地向社会公开。

套制度主要包括中期财政框架（MTEF）、预算权的配置、权责发生制和激励—约束机制。良好的中期财政框架是绩效预算的基础，其核心思想即是以结果为导向，绩效预算是由管理"支出"到管理"结果"的必由之路，中期预算的导向与绩效预算相契合。绩效目标的确立是绩效预算的首要环节，要与国家中期财政规划相衔接，根据中期财政规划确定绩效目标和指标，由此，中期财政框架成为绩效预算过程的初始阶段。

各国的绩效预算实践往往伴随着预算单位自主权的扩大，尤其是OECD 国家，在绩效目标确定的前提下，在不突破总额的情况下，赋予预算单位在资金使用过程中一定的灵活性。如英国，政府和各部门通过签订公共服务协议，明确部门用这些资源要实现的绩效结果，保证在一年内支出计划不突破总额限制，允许一个部门可以在一个决议拨款中的两个款项之间形成资金的拨转，使执行部门可以根据情况及时将资源配置到最具有战略优势的项目上去。[1] 这涉及预算支出单位在执行预算过程中的裁量权的范围及边界的问题。事实上，赋予预算单位在预算执行中的裁量权关涉到预算权在行政机关与立法机关以及行政机关内部尤其是财政部门与其他政府机关的分配以及预算调节制度。学界对于预算执行的自由裁量权的探讨并不多，法律规范中也没有对预算执行裁量权的概念和范围进行界定。其后果有两个极端，一端是预算执行部门的预算支出过于僵化，不能灵活应对政策的变动和其他风险，另一端是无视预算案的法律约束，随意挪用资金、造成资金的浪费和低效。行政裁量性权力愈趋膨胀是不争的事实，[2]因此，应当通过法律确认预算单位在预算执行中的自由裁量权，同时严格界定其行使的范围和幅度。政府预算案中只对某些具体支出额度内的预算资金规定了使用方向，并未在更为详细和具体的支出类别、项目及其支出数量的分配方面加以规范，而是将支出安排的权力交予相应的预算支出机

---

① 王淑杰：《英国政府预算制度》，经济科学出版社 2014 年版，第 246 页。
② 1995 年《预算法实施条例》第六十二条成为预算单位随意挪用资金的保护伞。该条具体规定如下："各部门、各单位预算支出，必须按照本级财政部门批复的预算科目和数额执行，不得挪用；确需作出调整的，必须经本级政府财政部门同意。"

构实施的预算支出行为，属于预算执行机构自由裁量执行行为的范畴。[①]《预算法》第六十四条和第七十二条为预算执行中的自由裁量权提供了法律依据，[②] 根据第七十二条的规定，可以得出以下结论：一是只要预算单位按照国务院财政部门的规定办理即可实现在不同预算科目、不同预算级次和项目间进行资金调剂；二是有权自主决定在同一预算科目、预算级次和项目间的预算资金调剂。由此可见，预算单位在预算执行过程中的自由裁量权相当大，只要不属于《预算法》第六十七条规定的预算调整的范围，都可以理解为自由裁量权所及的范围。《预算法实施条例》对不同类型的预算资金调剂及其程序作了进一步的细化，资金调剂的类型包括同一部门同一功能分类下，人员经费、公用经费和项目支出在不同经济性质分类科目间的调剂；同一部门不同功能分类科目间的调剂；不同部门不涉及预算级次间变动的调剂；不同预算级次间的资金调剂。《预算法实施条例》并未对预算单位执行过程中的自由裁量权进行任何的限缩，在没有范围和幅度的实质条件限定下，资金调剂行为的合理性无法保证，立法机关的监督缺乏依据。分析至此，在我国，预算部门的自主性并不是问题，问题的关键是如何保证裁量权行使过程中的正义。以结果为导向的绩效预算则为资金调剂行为设定了实质的标准，减少了预算单位资金调剂的随意性。

（三）绩效预算的法律责任不健全

1. 绩效预算的褒奖性法律责任有待充实和完善

关于法律规则的逻辑结构，二要素说占主导地位。该学说认为法律规则的结构分为行为模式和法律后果，行为模式是指法律规则中规定人们可以行为、应该行为、不得行为的行为方式，法律后果是指规则中指示可能

[①] 王晓阳：《预算执行过程中的自由裁量权及其法律规范》，载《江西财经大学学报》2009年第1期，第67页。

[②] 《预算法》第七十二条："各部门、各单位的预算支出应当按照预算科目执行。严格控制不同预算科目、预算级次或者项目间的预算资金的调剂，确需调剂使用的，按照国务院财政部门的规定办理。"

的法律结果和法律反应的部分。① 一般地，承担法律责任是法律后果的主要表现形式。从本质上讲，法律责任是运用法律标准对行为给予的否定性评价，是不利的法律后果，是强制性地分配给某些社会成员的一种负担。惩罚（即法律制裁）、赔偿、强制又是法律责任的三种实现方式。② 对于绩效预算规则而言，惩罚等法律责任的法律后果必不可少，从而使绩效预算具有约束力。但同时考虑到绩效预算的特点，在预算管理中融入绩效管理的观念和制度，注重预算支出的结果达到绩效目标的要求，在这过程中，绩效预算文化和认同至关重要。尼斯坎南的"官僚效用函数"和布坎南的公共选择理论均假设公共部门的领导者和职员本质上是有理性的，公共部门的成员理性综合上升为部门理性。绩效预算即是利用这种部门理性使得预算符合公共选择，实现预算绩效。但是，作为组成公共部门的个体又具有自私、自利、机会主义行为的动机，使得预算决策中出现了非理性因素。激励相容约束理论认为，如果能有一种制度安排，使行为人追求个人利益的行为，正好与机构实现集体价值最大化的目标相吻合，即形成"激励相容约束"。对于绩效预算，既需要法律制裁等法律责任，也需要激励机制，后者也是边沁所命名的"奖励"法或"邀约法"，在那些场合下，为了激发服从，立法者提供了奖赏的预期而非惩罚的预期。③

《预算法》中褒奖性法律责任规范是缺失的。近些年，一些部门规章以及地方性规章先行立法，形成了赏罚为核心的预算法律责任架构。比如《财政管理绩效考核与激励暂行办法》《财政支出绩效评价管理暂行办法》以及各地方政府颁布的相关规定中，可以看到奖励性的规定。总体来讲，褒奖性法律责任仍不健全，存在问题主要有：其一，褒奖性法律责任游离于法律层面，目前的规定法律层级较低，导致各地的规定不统一，甚至混乱。其二，褒奖的方式单一，有些可操作性不强。概括起来，褒奖的方式主要包括表扬、继续支持、奖励财政资金和与部门预算安排挂钩。与国外

---

① 张文显：《法理学》，高等教育出版社、北京大学出版社 1999 年版，第 71 页。
② 张文显：《法理学》，高等教育出版社、北京大学出版社 1999 年版，第 123 页。
③ ［英］哈特：《哈特论边沁——法理学与政治理论研究》，法律出版社 2015 年版，第 146 页。

一些国家相比，奖励的方式比较僵化，如有些国家还有发放绩效红利奖励、赋予预算单位预算执行裁量权等激励机制。其三，人为因素影响较大，"人治"而非"法治"，政府治理的理念和方式需要转变。

2. 绩效预算问责制度不健全

第一，预算问责制度中缺乏对绩效理念的关照。2014 年《预算法》将绩效理念贯穿预算管理的全过程，但在"法律责任"这一章中依旧延续了传统预算控制法律责任的类型，未见与绩效预算相对应的法律后果。从《财政管理绩效考核与激励暂行办法》《财政支出绩效评价管理暂行办法》以及各地方政府颁布的相关规定看，虽然是针对绩效预算规定的法律责任，但从规定的考核指标和标准，仍体现为注重投入的传统预算的财务责任，而非绩效责任。

第二，责任主体缺失。《预算法》规定的责任主体包括各级政府、各部门、各单位以及负有直接责任的主管人员和其他直接责任人员，但由于法律责任中对绩效预算责任的规定缺失，绩效责任的主体尚未明确。财政部发布的部委规章由于法律层级较低，在预算责任主体方面难有大的作为。《国务院关于全面实施预算绩效管理的意见》（以下简称《意见》）明确了责任约束机制，将预算绩效结果纳入政府绩效和干部政绩考核体系，使得绩效预算改革不再是财政部门的独角戏，与政府的绩效管理逐渐融合。《意见》规定"地方各级政府和各部门各单位是预算绩效管理的责任主体"，"对重大项目实行责任人终身责任追究制，"总体上排除了个人作为绩效预算的责任主体，不符合国际上的普遍做法，对行政长官意志相对盛行的我国而言，个人责任主体的缺失也是不合理的，不利于培育政府谦抑性的品格。

第四章 财政公共支出法律控制的路径选择与基本原则

第一节 财政公共支出法律控制的路径选择

一、功能定位：单一功能到复合功能

如前文所述，西方国家经历了从控制到结果的演变道路，控制制度为结果导向的制度建设提供了前提和必要条件，因此，按照公共预算演进的经验，只有实现控制功能才能实现结果导向的预算功能。这一演变规律是否适合我国的国情？现阶段的中国预算分配的模式应当归属于哪一类？

就中国而言，计划经济时期是以计划为主导的资金分配体制，重视收入而轻视支出管理，预算只是计划的反映。因此，计划经济时期具有"前预算时代"的特点。经过 1999 年以来实施的多项预算改革，建立起核心的预算机构即财政部，强化行政控制，包括部门预算改革、政府采购、国库集中支付体制的改革、财政收支分类改革等。此外，人大预算审批监督职能进一步实质化，建立财政支出的外部控制制度。由此，我国逐步建立以控制为取向的预算制度，也印证了希克的论断。值得注意的是，在"控制取向"改革的同时，各地广泛开展绩效评价，并将预算绩效管理法定化，突出了"结果取向"的预算改革。可见，两种取向的改革在实践中交替进行，不同阶段侧重点可能有所不同。此外，考察某些具体财政支出的

立法，可以发现两种取向共同出现在法律文件中，如《中华人民共和国政府采购法》中其立法目的是"规范政府采购行为，提高政府采购资金的使用效益"，追求的是规范性和有效性。《政府投资条例》第一条明确了立法目的，即"提高政府投资效益，规范政府投资行为，激发社会投资活力"，也是规范性和绩效性的结合。目前我国不论仍然处于"前预算时代"，[①] 或认为我国正加快从"前预算时代"向"预算时代"转型,[②] 加强对财政支出的控制和承担公共责任是现阶段预算制度改革的目标和功能取向。因此，从我国的国情出发，现阶段财政支出法律控制的法治进路是"过程控制"与"结果控制"并行，实行"两条腿走路"。

二、过程控制与结果控制的关系辨析

（一）过程控制是结果控制的前提

过程控制与结果控制是财政支出法律控制的两种不同进路，殊途同归于终极目标即分配正义。二者存在一定的关联，过程控制是结果控制的前提，没有过程控制机制的保障，结果控制难以实现，正如艾伦·希克所言，管理者会随心所欲地支配财政资金。虽然好的程序不一定确保好的预算结果，但是好的预算结果一定要有好的程序。结果导向的预算分配模式追求财政资金得到有效的利用，同样的成本提供更多更好的公共品和服务，实现公众福利最大化，结果导向的财政支出是过程控制的归宿。

（二）过程控制与结果控制可能不兼容或互相排斥

过程控制与结果控制是两种不同的控制路径，所以不应忽略二者的区别，二者会出现不兼容或互相排斥的情形。

---

① 马骏：《中国公共预算改革：理性与民主化》，中央编译局出版社 2005 年版，第 120 页。
② 陈治：《地方预算参与的法治进路：一个预算制度变迁的微动力视角》，载《法学研究》2017 年第 5 期，第 53 页。

1. 两种进路的控制途径不同

过程控制是财政支出行为阶段的程序控制，可以分为预算的编制、执行、审批和监督程序的控制和具体财政支出行为的过程控制，也可分为行政机构的内部控制和人大对财政支出的外部控制。结果控制则主要是通过对预算的控制，将绩效与预算相结合，实现财政支出总额、支出结构、收支平衡的合理化控制，促使资源分配结果与目标趋于一致。结果控制的重心并不在预算投入而是产出和结果，推崇鼓励创新和放权性预算决策。在这一点上可能会与过程控制的预算权配置发生冲突，也就是说，过程控制中预算权的配置有可能不利于绩效预算的开展甚至成为阻碍。

2. 两种进路的参与主体不同

传统的分行列支预算以支出控制为目标，尤其对政府机关的支出控制较严格，这也成为立法机关不愿放弃该种预算的理由之一。分行列支预算的主体主要包括人大、行政机关和预算单位在内的预算体系中。以结果为导向的绩效预算融预算、绩效管理、问责为一体，更注重财政信息的透明度和公众的参与，其参与主体除了人大、行政机关和预算单位，还包括社会公众在内。结果预算系统实现了财政责任的转变，面向公众对结果负责。[①]

3. 两种进路的价值取向不同

过程控制的价值取向偏向于程序正义，结果控制的价值取向偏向于结果正义。正当程序肇始于1215年《英国大宪章》第39条，其中规定自由人如未经贵族法院之依法裁判，或非经国家的法律之审判，不受逮捕、监禁、没收财产、剥夺法律保护权、流放及其他任何损害。正当程序的理念萌芽于英国，却被美国得到充分发展。1789年美国《权利法案》中直接表述为"正当法律程序"，构成了美国正当法律程序条款的起源。顾名思义，正当程序乃被正当限定的程序，最初仅适用于程序规则，旨在防止政府滥用权力，确保权力行使的程序公正，具有程序保障意义，被称

---

① 吴少龙、牛美丽：《从控制到结果：中国预算改革能跨越吗？——A市绩效预算改革研究》，引自马骏、谭君久、王浦劬主编：《走向"预算国家"：治理民主和改革》，中国编译出版社2011年版，第267页。

为"程序性正当程序"。但程序性的正当并不会对政府权力予以实质性限制。[①] 正如美国最高法院的法官哈兰·斯通所言，"无论如何，程序性正当程序也不足以防止因立法权专横、恣意行使而对公民个人基本权利所造成的侵害"。也就是说，正当的立法机关和正当的立法程序亦难以切实限制政府权力、保障个人基本权利。随着司法实践的发展，正当程序被赋予了实质性意义，此后该原则介入经济领域，对经济自由和财产权实行宪法保护。实质性正当程序是指法律和行为内容必须符合公平、正义之要求。它着重于对法律和行为内容的实体性审查，涉及法律、行为内容的合理性。当法律、行为具有不正当的目的或政府有不允许存在的模糊性时，政策就会否定实体的正当性。实质性正当程序适用的范围越来越广泛，从早期的刑事处罚领域拓展到行政行为以及其他公权力的行使。预算是对财政资源再分配的过程，预算法总体上是一部程序法为主的法律，也面临着程序性正当程序"不会对政府权力予以实质性限制"的困境，结果控制为弥补过程控制的缺陷提供了另一种可能。正如当代美国批判主义法学的代表人物昂格尔认为："当把一致地适用普遍的规则看作是正义的基石时或当确认有效性被认为是独立于相互冲突的价值观的选择原则时，这种正义的理想就是形式的。当它支配着分配性决定或交易的实际结果时，这种理想就是实质性。"[②]

三、过程控制与结果控制的对接与整合

正因为两种控制进路在控制途径和价值取向等方面存在不同，如何对待二者的关系成为构建财政支出法律控制制度的关键。无论是传统的过程控制路径，抑或近些年兴起的结果导向的绩效预算，学界均不吝笔墨地展开研究。法学对财政支出控制的研究要晚于财政学等学科，财政学的研究多从行政控制即政府内部控制的角度展开研究，形成政府内部控制"一边倒"的

---

① G. Edward White: The Constitution and The New Deal, Harvard University Press, 2000, P. 239.

② ［美］R. M. 昂格尔：《现代社会中的法律》，吴玉章、周汉华译，译林出版社 2001 年版，第 188 页。

局面，政治控制即外部控制的研究比较薄弱。随着法学界的对此问题的关注，税收法定和预算法定、预算监督等视角的研究日益深入，扭转了行政控制一边倒的局面，外部控制无论从立法还是预算运行中均得到一定的强化。绩效预算受到越来越多的关注，实践层面和理论层面均得到一定的发展，并被认为是"深化部门预算的必然要求"① 和"预算治理的价值目标与衡量标准"②。但是上述的研究总体来讲仍存在一定的局限，过于偏重某一种路径而忽视了另一种路径，所以导致两种路径呈并行之势而没有制度的整合。这也导致我国运行多年的"绩效预算"并不是真正意义上的绩效预算，绩效与预算脱节，绩效并不影响预算资源的配置，只重过程不重结果。因此，在现阶段如何整合结果控制与过程控制而"和谐共处"、将绩效如何融入预算迫切需要立法层面的回应，也成为构建财政支出法律控制体系的重点。

关于二者的关系，国内外学者的观点概括起来主要有以下两种：一是"优先序位"说，该观点主张应当优先发展控制取向的预算，而后才能进行绩效预算。如安德鲁斯（Andrews）认为，只有在国家预算中建立起强有力的行政控制与立法控制后，预算管理部门才能拥有较高的财政自主权，效率才能成为预算活动的焦点。③ 安秀梅、殷毅的观点与安德鲁斯类似，认为中国近期目标是建立控制取向的预算管理模式，条件具备后再选择绩效预算模式。④ 景宏军主张目前应当夯实传统预算基础，将绩效预算作为长期改革目标，逐步引入地方预算中；⑤ 二是"同步运行"说，如陈治认为在不放弃规范治理的前提下进一步推进有效治理。⑥ 孟庆瑜提出，

① 韩坤：《实行绩效预算的影响因素分析》，载《当代财经》2006 年第 9 期，第 31 页。
② 蒋悟真、李其成、郭创拓：《绩效预算：基于善治的预算治理》，载《当代财经》2017年第 11 期，第 27 ~ 28 页。
③ Andrews M..What Would an Ideal Public Finance Management System Look Like?,Shah A..Budgeting and Budgetary Institution.Washington D. C.：World Bank Publications，2007.
④ 安秀梅、殷毅：《论中国政府预算管理改革的优先序》，载《中央财经大学学报》2006年第 6 期，第 4 页。
⑤ 景宏军：《地方政府引入绩效预算的理性思考》，载《地方财政研究》2015 年第 1 期，第 59 页。
⑥ 陈治：《国家治理转型中的预算制度变革》，载《法制与社会发展》2015 年第 2 期，第 101 ~ 102 页。

我国推行绩效预算遭遇到一定的阻滞，必须在稳步推进中寻求预算合法性控制制度建设与预算绩效管理制度改革之间的契合与对接。[①] 可以说，经过几十年的预算改革，从传统的预算控制模式为主导到晚近兴起的绩效预算，我国预算治理已经到了关键节点。本质上两种路径并不绝对冲突，规范性和合法性是有效性的前提，有效性是合法性的归宿，关键在于两种路径的制度对接和整合。2014 年修订的预算法没有完全回避这一问题，在完善规范治理的基本制度安排的同时，总则中首次将"讲究绩效"的原则写入法律中，并将绩效评价结果作为各级预算编制的参考因素之一。此外，对专项转移支付规定了"定期评估"和"退出机制"。上述的规定使得绩效与预算有了初步的关联并且法定化，体现出预算管理的结果导向。显然，我国预算的功能定位已然从单一的"控制"功能转化为"控制"和"结果"的复合功能，由此，"优先序位"说已无实际指导意义，但是该观点中所强调的预算控制对于实现绩效预算的重要性不应被忽视。在以过程控制为主导的前提下实现两种进路的对接和整合是推进财政支出法律控制的基本立场和形势判断。

由此可见，要保持预算本身的效力并不意味着必须执行僵化的规则，如果一味坚持僵化的规则，回避预算与现实的矛盾，不仅不能维持预算的效力而且导致诸多负面影响。相应地深化发展财政法定主义理论和实践，从仅依赖议会授权扩大到民主参与以及加强绩效评估、预算问责来保障财政权力的正当性。

第二节　财政公共支出法律控制的基本原则

法律原则是一种用来进行法律论证的权威性出发点。[②] 它规范了具体法律制度的基本框架，内含法律制度的价值取向，决定法律体系的逻辑走

---

① 孟庆瑜：《绩效预算法律问题研究》，载《现代法学》2013 年第 1 期，第 91 页。

② ［美］罗斯科·庞德：《通过法律的社会控制》，沈宗灵译，商务印书馆 2010 年版，第 27 页。

向，为建构和谐的法律秩序提供前引。财政公共支出法律控制的基本原则之构建具有非常重要的价值功能，是具体法律规则的价值宣示。在合乎事理的原则的指引下建立财政支出法律控制体系，尽可能排除价值判断的矛盾，从而避免系统性缺失。其对于法律的解释以及制定法内的暨超越制定法的法律漏洞补充，均有帮助。① 财税法律制度近年发展迅速，但仍是一个不完备的法律体系，法律漏洞不可避免，哈特所言的"空缺结构"导致的不确定性显见。作为法理念与实定法具体规定之间的媒介，本章主要探讨财政公共支出法律控制应遵循的法律原则，将宪政精神嵌入财政支出控制制度中，从而对具体制度的构建提供重要的指导。

一、财政目的正当性原则

（一）财政目的正当性的内涵

正当性（legitimacy）是一个概念繁复、多领域使用的概念，其主题、类型和性质都具有多种理解的可能性。② 中世纪思想启蒙运动后，正当性这一概念主要被理解为"合法性"，《布莱克法律词典》也将正当性解释为合法性。一些思想家试图将二者区分开来，如罗尔斯认为"合法性是一个比正义更弱的理念……合法性允许有一定范围的不确定的不正义存在，而正义则不然。"③ 事实上，正当性作为一个法哲学、政治哲学领域的概念，最初来源于自然法的思想，为法律、统治秩序寻求道德方面的支持，而合法性是一个法律实证主义的概念，以实定法作为标准。总的来讲，正当性是一个超越合法性的概念，合法性是正当性的重要形式，正当性为合法性提供了理性、道德、正义等价值目标和内核。

财政目的正当性是将财政收支行为作为正当性论证的对象，财政收支

---

① 陈清秀：《预算法基本原理之探讨》，刘剑文主编：《财税法学前言问题研究：法治视野下的预算法修改》，法律出版社 2015 年版，第 5 页。
② 刘杨：《法律正当性观念的转变》，北京大学出版社 2008 年版，第 45 页。
③ ［美］罗尔斯：《政治自由主义》，万俊人译，译林出版社 2000 年版，第 455 页。

行为不仅要合乎法律的规定，更要经过道德论证，得到人民的认可。随着理性主义的兴起，税收正当性、财政收支行为正当性不断被追问。国家理论的发展为财政收支行为的正当性提供了理论基础。霍布斯提出"自然状态说"，认为在国家产生以前，人们处在"自然状态"中，每个人都有自我保存的同等自然权利。洛克发展了霍布斯的思想，认为"那是一种完备无缺的自然状态，他们在自然法的范围内，按照他们认为合适的办法，决定他们的行动和处理他们的财产和人身"，[①] "人们联合成为国家和置身于政府之下的重大的和主要的目的，是保护他们的财产。"[②] 社会契约作为缔造国家的协议，使人们摆脱了自然状态而进入政治国家时代，卢梭认为更高级的社会契约的平等只有通过资产阶级共和国才能实现，因为它能够体现人民的"公意"，使人民拥有主权，确保人们的自由、平等、生命、财产等方面的权利。政府从人民的同意中获得了统治的正当性，国家也必须保护人民的基本权利，基本人权原则成为各国宪法的基本原则。以罗尔斯、布坎南为代表的现代契约论摒弃了古典社会契约论人人平等的前提，其出发点强调人与人之间的差异性，更显合理性。财政目的正当性原则可以看作宪法基本人权原则在财政领域的具体体现，为确定财政收支的规模和结构提供指引。

（二）财政目的正当性原则的体现

从实然角度分析，我国财税法偏向于义务本位。在个人和国家的关系上，强制个人无条件服从国家，实质上是以国家为本位的法。现行的财税法律规范中，纳税人保护的权利性规范仍然不多，国家征税权处于强势地位，其价值取向是保证国家权力的运行。首先，从财税立法的目的看。1994年《预算法》强调预算的管理职能，而管理预算、约束预算的理念较淡薄。[③]《中华人民共和国税收征收管理法》通过加强对税收的征收管

---

① ［英］洛克：《政府论》（下），商务印书馆2013年版，第5页。
② ［英］洛克：《政府论》（下），商务印书馆2013年版，第77页。
③ 《预算法》开宗明义，"为了强化预算的分配和监督职能，健全国家对预算的管理，加强国家宏观调控，保障经济和社会的健康发展。"

理，来保障国家税收收入是立法主要目的，以国家利益为重心。[1] 其次，从财税法内容看。禁止性或义务性规定在财税法中占主体，就连宪法中也只是规定了"中华人民共和国公民有依照法律纳税的义务"，而没有关于纳税人合法权益保护的规定。此外，纳税人救济权利制度不完善，无法获得法律充分的保障。最后，从财政支出范围的立法看，公共性不足。1994年颁布的预算法中支出范围首先列举的是经济建设支出，国务院颁布的《预算法实施条例》对经济建设支出和事业发展支出两项进行了具体规定。这也导致了财政支出经济建设支出过高，民生性支出的不足。2014年《预算法》第六条规定一般公共预算支出的范围包括保障和改善民生、推动经济社会发展、维护国家安全、维护国家机构正常运转等方面的支出。第三章专门规定了预算收支的范围。预算法首次将民生支出列入预算法中，体现了立法理念的转变，但是如何在众多类别的支出中保障民生类支出的地位需要具体的制度建构。

新中国成立后，计划经济时期，受"全能政府"观念的影响，将财政的本质归结为"国家分配论"，"国家分配论"以为，税收本质上是国家凭借政治权力对社会剩余产品进行分配所形成的一种特定分配关系，税收是国家为了实现其统治职能凭借国家权力参与社会财产分配，强制性、无偿性地取得财产的过程。国家与纳税人之间的税收征纳关系成为一种不平等的关系。随着市场经济的建立，人权、民主、平等、权力制约等理念的兴起，税收正当性问题不断追问，而且是个不容回避的问题。在此背景下，财税法的本位观亦发生转变，人本主义理念勃然兴起。[2] 正如中国台湾学者蔡茂寅所言，"人权尊重主义"是公共性之"实体的、价值的"面向。[3] 有些国家相关立法中也有类似的表达，如澳大利亚1998年颁布的

[1] 《税收征管法》第一条规定，"为了加强税收征收管理，规范税收征收和缴纳行为，保障国家税收收入，保护纳税人的合法权益，促进经济和社会发展，制定本法。"
[2] 黄文艺：《权利本位论新解——以中西比较为视角》，载《法律科学》2014年第5期，第23页。
[3] 蔡茂寅：《财政作用之权力性与公共性——兼论建立财政法学之必要性》，载《台大法学论丛》1996年第4期。

《预算诚信章程法》中确立"合理财政"的基本原则，促进人民福祉作为财政政策的导向。[1]

　　财政目的正当性原则在财政支出领域的具体要求主要体现为以下三个方面。（1）财政支出公共性价值取向的确立。这涉及财政支出的范围和结构，以及支出项目的优先顺序。预算是被设计用于承担义务和信守承诺的。它包括价值选择，即何种目的应居于优先地位，它包括权利问题：我们如何统治，并通过谁统治？[2] 财政支出的范围就是政府活动的范围，应当厘清政府与市场的界限，涉足市场失灵的领域，不与民争利。公共性是财政的主要特点，财政支出应当优先于基本公共产品和公共服务的提供，提高公民的福祉，保障公民的基本权利。（2）财政正当性也是确定财政规模上限和下限的指导原则。如果财政收入规模过大，"涸泽而渔"，无疑是公共权力对私人财产权的过度侵犯，财政支出规模过大会增加财政风险，对私人投资有挤出效应。如果财政规模过小，则无法满足公民对公共品的需求，政府的职能也实现不了，干预不足。应当为基本权保障设定一定的阈值，低于或高于这个标准都不能称其为正当，从而确定一个合理的财政规模。（3）财政收支行为的合法性。合法性是财政目的正当性的基础，没有法律也就谈不上正当，完善财政支出法律体系成为财政支出行为正当性的必要条件。

二、控权与授权适度平衡

（一）控权与授权适度平衡之要义

　　财政公共支出行为的"权力性"不仅为财政公共支出法律控制提供理

---

① 澳大利亚《预算诚信章程法》（Charter of Budget Honesty Act 1998）第 4 条规定："政府的财政政策应当以保持经济持续繁荣以及促进人民福祉为导向，制定可持续发展的中期战略框架。为了实现这一目标，政府应当以合理财政为基本原则制定财政政策。"

② 阿尔伯特・C. 海迪等：《公共预算经典——现代预算之路》（第二卷），苟燕楠、董静译，上海财经大学出版社 2006 年版，第 2 页。

论依据，同时也决定了调整财政公共支出行为的法律通常具有公法属性。公法普遍内含控权的基因，具有控权功能，财政公共支出法律控制的实质即是对行政机关财政权的控制。控权论成为早期行政法的基本论调，其基本观点是法律应当控制和限制政府权力，严格依法行政，严格限制自由裁量权。随着政府职能的扩张和现实的复杂情境，控权论的局限和僵化显现出来，同时由于法律规定缺乏灵活性，行政恣意行为日益增多，行政裁量的规制问题成为各国需要面对的新课题。对财政公共支出的法律控制同样也存在类似的问题，在强调对行政机关的财政权进行控制的同时，应当正视与规范行政裁量权，而不是一味地"谈裁量色变"，正如熊伟教授所言，法治不排斥行政，政府不能如囚徒般机械僵硬地履行职责，而应当有广阔的施政空间。① 财政公共支出通过预算来控制，对财政权控权与授权的较量主要体现在预算权的配置，具体化为立法机关与行政机关之间以及行政机关内部的权力分配格局，如何分配则要考虑与结果控制的对接和整合。

考察行政机关在预算法律关系中的权限变化轨迹，对行政机关预算权的控制正在经历一个从宽松到严格又到宽松的过程。我国在预算权的分配上均是行政主导，政府的权力过大，人大的权力流于形式，实践中超预算支出难以控制，预算调整频繁，有大量预算外资金不受预算约束，浪费严重。2014 年预算法修订后，行政机关预算权进一步得到约束，向"严"转变，"控权法"的属性昭然若揭。但与此同时，预算部门和单位在预算执行中的权限也缩小，只能机械地履行职责，限制了它们的能动性。结果控制进路以结果为导向，注重产出和结果，结果控制路径则需要过程控制中的权力分配格局进行改变，过程控制中应当授予预算执行部门和单位适度的裁量权，增加自主的空间，提高资金的利用效率。部门预算是与市场体制相适应的现代政府预算管理模式，也为很多国家所采用。今后应继续完善部门预算，权力的配置则将成为重点。控权的同时，应当通过立法授权行政机关一定的裁量权。此处的宽松并不是重回 2014 年修订预算法前的状态，而是在法律规定的限度内，与结果控制对接整合的考量下进行的

---

① 熊伟：《法治、财税与国家治理》，法律出版社 2015 年版，第 147 页。

设计。概言之，控权与授权的适度平衡是解决财政支出法律控制中规范性与弹性关系的基本原则，体现了"立法对行政任务所需灵活性的关照"[①]。

（二）控权与授权适度平衡与法律保留

财税法定原则体现了国家权力与公民权利的协调，起始于法律对最高权力的限制。早期以税收法定为主要内容，逐步扩展到预算法定直至财政法定。立法授权应遵循财税法定原则，行政机关只有在取得法律授权的情况下才能实施相应的行为。

"法律保留"概念是德国行政法学家奥托·迈耶在19世纪创设的。实际上，在这个概念未出现之前，已经有了类似精神的立法实践，如法国1789年《人权宣言》。[②]君主立宪时期，法律保留的含义是"侵害保留"，即"如果行政权要限制公民的自由和财产权，必须获得经由被治者代表组成并参与的立法机关制定的法律的许可"，[③]核心在于对行政权的限制以防止对公民的侵害；到议会民主时代，法律保留的含义多了对授权立法的规制，防止自己授权立法，可称为"国会保留"。故此，法律保留包括两方面的含义，一是立法者亲自以法律规定，不能授权；二是通过法律授权行政机关制定行政性法律规范。

《中华人民共和国宪法》和《中华人民共和国立法法》也体现了法律保留的原则。《中华人民共和国宪法》第八十九条规定了国务院的职权范围，明确列举了17项内容，属于宪定的行政职权，与财税相关的是国家预算编制权和执行权。该条列举的最后一项职权是"全国人民代表大会和全国人民代表大会常务委员会授予的其他职权"，可见，国务院的职权除了上述的17项职权外还包括全国人大常委会授予的其他职权，赋予权力的同时也是对国务院职权的限定。《中华人民共和国立法法》第八条和第九条是法律保留原则的具体体现，第八条列举了11项内容必须由法律规

[①]　郑春燕：《现代行政中的裁量及其规制》，法律出版社2015年版，第130页。

[②]　1789年《人权宣言》第7条规定：除非在法律所规定的情况下并按照法律所指示的手续，不得控告、逮捕或拘留任何人。

[③]　叶海波、秦前红：《法律保留功能的时代变迁》，载《法学评论》2008年第4期，第3页。

定，排除了国务院行使上述范围的职权，但是第九条又规定在尚未制定法律时，全国人大常委会有权授权国务院制定部分事项的行政法规，同时规定部分事项只能由法律规定，不得授权国务院。上述情况被称作绝对法律保留和相对法律保留。绝对法律保留意指某些事项只能由法律规定，不得授权行政机关。相对法律保留则指某些事项应由法律设定，但是通过法律可以授权行政机关作出适当的规定。《中华人民共和国立法法》第八条意味着我国税收法定规则的落地和财政法定原则的初见端倪。由于财政税收并未列入第九条排除的范围，也就是说财政税收基本制度的制定不属于绝对法律保留，在未立法之前，可以授权国务院制定行政法规。

我国财政规模的膨胀在很大程度上与恣意的授权立法有关。曾经一段时间，我国财政收支领域的授权立法乱象丛生，行政权日益膨胀。一是空白授权问题。空白授权只规定授权的对象，对授权的范围、时间等不予限定。如1984年的《全国人大常委会授权国务院改革工商税制发布有关税收条例草案实行的决定》（2009年6月废止）即属于空白授权。此项授权没有范围、期限等的限制，意味着国务院的税收立法权不受任何约束，在没有经过公民"同意"的前提下征收税收违背了"无代表不纳税"的基本原则。二是转授权问题。法律授权国务院制定行政法规后，国务院又转授权给财政部、税务总局等各部门，或者国务院授权给各省级地方政府，层层授权后，受部门利益和宏观视角不足等因素影响，财政支出的法律制度呈现繁杂的碎片化，甚至法律制度间互相矛盾不统一，无法实质控制财政支出规模和结构，也使得财政支出领域的立法位阶整体偏低。

《中华人民共和国立法法》修订后，上述问题得到部分回应，财政税收法律保留进一步细化和明确，禁止转授权，对授权立法提出更高的要求，如授权的目的、事项、范围、期限以及被授权机关实施授权决定应当遵循的原则等。严格规范财税领域的授权立法是实质控制财政收支的必然选择，清理现存过时的不符合法律的授权立法，有条件地提升授权立法的立法位阶，如果授权立法，则明确授权的目的、范围、期限、事项等，防止行政权力的恣意滥用，同时也是防止立法权的恣意授权。

（三）授权与控权适度平衡的具体表现

预算权的分配应放置在整个财政支出法律控制体系中来考量，不能画地为牢，只局限在过程控制中或只局限在结果控制中进行制度设计，其结果可能造成制度间的罅隙甚至冲突，无法形成制度合力。授权与控权在财政预算权的分配中表现不同。

一是在立法机关与行政机关之间，强化外部控权。在我国外部控制比较薄弱的当下，这是我国过程控制的重点和首要任务。财政法定原则凸显出立法机关在财政支出控制中的主导地位，然而当前我国政府长期处于强势地位，行政权力不断膨胀，人大在预算治理格局中常处于虚化的状态，这也导致行政部门出现违反财经纪律和铺张浪费的现象。2014 年修订的预算法虽有一定的进步，但是仍充斥着大量的立法授权，授权国务院规定的共有九处之多，包括设立专项转移支付、央地预算收入与支出项目的划分、地方上解收入、中央对地方税收返还或转移支付、一般公共预算外的三本预算的收支范围、设置预算周转金、设置预算稳定调节基金等。过多的授权立法铸就了行政权力的强势，不利于立法机关的外部控制。因此，继续加强外部控制，落实立法机关的预算权，衡平行政机关与立法机关权力失衡，真正体现预算法的控权性。人大对行政机关的外部控制，既表现在预算的审查和批准，还包括对预算执行的监督以及责任的设定。加强立法机关的外部控制，也是扩大内部授权的必然要求。

二是在行政机关内部，扩大内部授权，赋予预算支出部门适当的自由裁量权。这是体现法律控制中灵活性和弹性的重要部分。行政机关内部控制，主要指财政部门和预算支出部门之间的控制关系，改变投入控制模式下财政部门和支出部门的权力格局。投入控制模式的预算编制，是在上一年度的基础上渐进调整，实行分项列支的方式分配资金，职能部门利用资金和分配资金的自主性较小。结果控制进路侧重考察财政支出结果的合理性和有效性，并且要承担较高的政治责任，因此预算执行过程中赋予预算支出部门适度的自主权，在一定的权限内自主选择绩效更高去向，在一定程度上也是提高分配效率的举措。过度的控制取向不利于财政自主性和能动性，最终绩效评价变成只要按照预算程序和规则按计划支出就是好的，"只看花钱不看效果"。因此，扩大内部授权，增强激励约束机制，由国务院依据立法授权的范围和职权具体规定预算权在行政机关内部的配置以及财政支出部门的自主空间。

三、人大监督与公众参与相补充

（一）人大监督与公众参与：财政民主原则的体现

财政民主原则是财税法的基本原则之一，是主权在民思想在财税法中的具体体现。它是政府依法按照民众意愿，运用民主方式，通过民主程序，来理政府之财。公民获得一定的公共产品和公共服务是以让渡一部分私人财产权给国家为代价的，依照宪政理论，公民有权对政府提供公共品的行为进行监督，并通过一定的程序和方式，对重大财政事项进行表决。基于此，"人民的同意"既是国家的逻辑起点，也构成了民主政治发展的核心。

财政民主主要包括财政议会民主和公众参与民主。财政议会民主即指重大财政事项必须经过议会审批。预算作为一种财政收支计划，对一定周期内的财政收支事先规划，并经议会审查和批准后才能进行具体的财政支出活动，因此，财政民主与现代预算相伴而生，预算也作为一种民主机制控制政府的财政权力。财政收支行为事关公民基本权利的行使和实现，它涉及全体国民的利益调整和再分配，不采用一致同意方式难以确保制度变迁的公正性和福利增进的要求。公众参与民主是对议会民主的补充，赋予人民对财政事项的监督权和一定程度的财政决定权和监督权，为参与式预算提供了正当性。传统预算关注预算权在立法机关和行政机关的分配以及制衡，侧重议会民主的发展。结果导向的绩效预算对公众参与提出更高要求，要实现过程控制与结果控制的整合，人大监督与公众参与应互为补充，共同推动民主政治的发展。

（二）人大监督与公众参与相互补充的必要性

民主政治的最终功能在于解决合法性问题，为政治秩序的运行提供了化解合法性困境的出路。[①] 伴随着民主制度的发展，财政民主原则适用的领域从征税（财政收入领域）到对预算的控制（预算支出领域）再到预算监督领域，贯穿财政收支活动的全过程，涵盖事前、事中、事后的民主制度。从传统的财政民主理论到布坎南的个人主义方法论对财政民主的发展，无论理论抑或实践都有了长足的发展。

人大监督和公众参与更多地体现在程序意义上，二者相互补充意义重大，主要表现在以下几个方面：一是财政民主使得财政收支更具有正当性。二是财政民主能够一定程度上确保财政收支行为的实体正义。财政收支的实体控制具有一定的科学性和技术性，在实体规则空白或不完整时，可以通过程序控制财政收支行为。此外，通过集合民意智慧，能提升财政收支实体规则的科学性和理性，更好地控制财政收支规模和结构。三是财政民主有利于整合社会中的多元利益，实现民主和效率的平衡。20 世纪产生的现代型预算原则，参与政治活动的不再限于拥有"财产和教养"的市民，而是全民大众。随着全民参与政治，议会开始代表难以调和的多元化利益，为调和利益关系，政府的活动领域不得不扩大。财政的目的不仅在于提高经济活动的效率，更在于整合社会。民主主义的意义就在于整合社会这种统治行为由被统治者来实行。整合社会中现代预算在财政民主和效率性之间的彷徨。[②] 四是体现财政民主精神的监督机制对财政权起到重要的制衡作用，防止财政权的滥用和掌权者的腐败行为。

日本学者神野直彦认为，只有在决定性生产要素属于被统治者私人所有后，统治者以不掌握决定性生产要素的"无产国家"的形式出现，预算

---

① ［英］戴维·赫尔德：《民主的模式》，燕继荣译，中央编译出版社 2008 年版，第 3 页。

② ［日］神野直彦：《财政学——财政现象的实体化分析》，南京大学出版社 2012 年版，第 86 页。

才首次登上历史舞台。① 换言之，无产国家是预算产生的前提，这与税收国家的产生逻辑并无二致。所以，无论是税收国家还是预算国家，其概念的适用语境是生产资料私有制。但从我国的具体国情出发，《中华人民共和国宪法》第六条明确规定我国是生产资料的社会主义公有制，存在大量的国有资产，因此，在适用税收国家、预算国家相关理论时，应结合我国的根本制度进行分析，明确概念的局限性。在一个并不纯粹的"无产国家"里，财政民主原则控制财政权滥用的作用愈显重要。

（三）人大监督与公众参与的实现

有关财政民主、人大监督和公共参与的文献汗牛充栋，足见学界对财政民主原则的重视和其在财税法治化的重要地位。已有的文献大多从应然和实然角度对上述问题进行探讨，视角多元化，包括公共财政、预算、地方财政、税收等各个方面。财税利益多元且复杂，抽象的财政民主原则和理念需要转化为具体的法律制度，也就是说，财政民主并不是一句口号，需要打造具体的权利构成以及程序构成使之落地，成为现实中的财政民主。

有学者从权利的视角对财政民主原则进行构造，如胡伟认为，以公民财政权为基础的构造方式将财政民主制度化，不失为一种最佳的选择。财政民主的权利构造并不能完全置身于国家公权力的运行轨道之外，在权利构造的动态过程中，要围绕国家财政权的行使实现公民的财政利益和公共财政利益。② 为了实现人大监督与公民参与，尤其是公众参与民主的落实，应当赋予公民包括财政知情权、参与财政决策权、财政监督权和财政救济权等一系列的具体权利。公众参与的运行空间也发生了变化，由收税阶段扩展到用税阶段，一系列的权利构造将公众参与的各项权利规范化，有效避免财政支出公共性的偏离。

公民的财政知情权是指公民享有从国家机关知悉或获取财政政策、法

---

① ［日］神野直彦：《财政学——财政现象的实体化分析》，南京大学出版社 2012 年版，第 70 页。

② 胡伟：《财政民主之权利构造三题》，载《现代法学》2014 年第 4 期，第 71 页。

律法规、重大财政决策、重要财政事务以及与普通公民利益密切相关的重大财政事件等情况的权利。按照权义一致的原则，国家机关应履行主动公开或告知上述信息的义务。"阳光是最好的防腐剂"，财政透明度是评价财政民主程度的重要指标。具体的制度表现为财政信息公开制度。如澳大利亚为了实现公民财政知情权，制定了《预算诚实宪章》（The Charter of Budget Honesty Act），新西兰为了实现公民财政知情权，制定了《财政责任制法》（Fiscal Responsibility Act）。我国在《税收征收管理法》《预算法》《政府采购法》《政府信息公开条例》等法律法规中对资金的使用、税收法律和纳税知识的宣传和普及、政府财政信息公开的内容和事项等进行了相应的规定。财政信息公开是公民实现其他权利的基本前提，法律应进一步细化和明确财政信息公开的范围、财政收支的数额、来源、绩效等。

公民的参与财政决策权是指公民有权参与财政收支等重大事项决策的权利。"现代国家的建构实质上就是一个围绕国家的财政收支活动展开的国家与公民的互动过程。"[1] 市场社会的预算，就是为让被统治者限制统治者的统治行为而制定的。也就是说，市场社会的预算，是被统治者对于统治者的统治行为赋予的授权书，决定了必要的收入和支出的权限。[2] 公民参与财政决策的方式主要有听证、咨询、评议等。值得一提的是，近些年地方政府结合自身的特点一直在探索公民参与预算的模式，形成了温岭模式、无锡模式、上海闵行区模式等各具特色的公众参与模式。此外，完善公民参与财政决策的程序至关重要，如预算听证程序、预算民主评议程序、预算公开程序等为公民参与财政决策提供法律保障。

公民财政监督权是指公民有权对财政活动进行全过程的监督，包括事前、事中和事后的财政监督。为了有别于人大财政监督，公民财政监督不包括人大的立法监督。监督的方式和事项范围有待立法进一步明确和完善，提升监督实效。

---

① 蒋永甫：《现代国家建构：社会契约的维度》，载《西北师范大学学报（社会科学版）》2013 年第 6 期，第 108 页。

② ［日］神野直彦：《财政学——财政现象的实体化分析》，南京大学出版社 2012 年版，第 65 页。

公民的财政救济权是指公民对公权力机关违反法律、损害公共利益和私人利益时有权通过司法的途径进行救济。由于财政收支都具有公共性，直接损害公民私人利益的情况不多见，当公共利益受到侵犯，诸如美国的纳税人诉讼制度或公益诉讼值得借鉴。

既然现代国家的建构是围绕财政收支活动展开的国家与公民的互动过程，那么互动的有效方式至关重要，决定上述权利的实现程度。传统的间接民主具有权力制约和提高效率等作用和优势，但也存在一定弊端，不能充分体现全体民意。公众的参与则在一定程度上弥补了上述不足。此外，协商民主是一种有效的互动方式，通过自由平等的理性对话、辩论、协商、审议等方式来参与公共生活，从而赋予公共决策以合法性。财政民主原则是国民主权原则在财政领域的延伸，通过财政民主的权利构造和程序完善，平等地参与到财政活动中。

四、财政收支相关联

（一）财政收支相关联的意蕴

财政收支关联是指财政收入与财政支出之间具有一定联系的关系。财政收支之间关系的争论一直未间断，主要体现在"以支定收"和"以收定支"之间的争论。有学者对二者的关系进行了实证研究，得出的结论也不尽相同。[①] 但不可否定的是，二者之间存在一定的关联。长期以来，人们将财政收入与财政支出相互分离，导致税法与财政法各谋其政，财税法律制度割裂。财政收入不问去向，财政支出不管来源，割裂了公共财产的

---

① 例如，有的结论表明中国财政收支存在着双向因果关系，因此，我国财政收支遵循的是"收支同步假说"。有的结论表明中国财政支出的增长促进了财政收入增长，进而佐证了"以支定收"论。还有的结论表明中国在长期存在着"支出驱动收入"的作用机制，因为在应对危机冲击过程中所产生的临时性财政支出终将导致未来税赋的持久性增长。参见马兹晖：《中国地方财政收入与支出：面板数据因果性与协整研究》，载《管理世界》2008 年第 3 期；杨海生、聂海峰、陈少凌：《财政波动风险影响财政收支的动态研究》，载《经济研究》2014 年第 3 期；杨子晖、赵永亮、汪林：《财政收支关系与赤字的可持续性》，载《中国社会科学》2016 年第 6 期。

收入、支出和管理，削弱了对私人财产权的保障。正如麦康伯法则（Micawber principle）所示——重要的不是收入和支出，而是他们之间的关系——对预算更为重要。因此，探讨每一个政治体制下支出和税收彼此之间如何关联就非常重要。[①]

将财政收支关联研究并体现在法律中的并非没有先例，日本学者北野弘久提出"租税法律主义三阶段论"，认为应从纳税者的立场立足于两方面（租税的增收和使用）统一的观念来把握租税概念的含义，税收征收与使用的贯通是租税法律主义最高阶段的要求。[②] 日本宪法在法律上摒弃二元论界定租税概念，而是将岁入和岁出面相统一为一元论租税概念。[③] 美国《2010年法定量入为出法案》规定，任何改变政府财政收入或强制性支出的新立法必须在量入为出的基础上通过。量入为出机制要求一项立法的累积效应不得增加预期的预算内赤字。与自主性支出的预算执行机制不同，量入为出机制不是对未来10年设定的年度性要求，而是永久性要求。量入为出机制最重要的平衡措施是要求一项立法所减少的财政收入必须通过减少强制性支出或增加财政收入进行完全的抵销，而一项立法所增加的强制性支出必须通过减少其他强制性支出或增加财政收入进行完全的抵销。根据《2010年法定量入为出法案》，如果强制性支出没有满足量入为出标准，则须进行全面的自动扣减。这是财政收支关联原则在预算平衡方面的体现。

值得注意的是，财政关联原则并不要求财政收入与财政支出一一对应，每一项财政收入对应相应的财政支出，如是操作，则与基金无异。"预算形式上遵循统一性原则，不允许像'基金经济'那样将特定的收入与支出结合起来，收入与支出的抵冲关系一旦形成，只要特定收入存在，

---

① ［美］阿伦·威尔达夫斯基、［美］布莱登·斯瓦德洛：《预算与治理》，上海财经大学出版社2010年版，第234页。

② ［日］北野弘久：《税法学原论》（第四版），陈刚等译，中国检察出版社2010年版，第79页。

③ ［日］北野弘久：《税法学原论》（第四版），陈刚等译，中国检察出版社2010年版，第55页。

就必须列上特定支出。由于收入与支出的抵充关系的形成，议会就陷入了决定权被剥夺的境地。"①

（二）财政收支关联的具体体现

财政收支关联原则体现在财政支出规模、支出结构、预算平衡、绩效预算制度中，该原则反对将财政收入与财政支出割裂开来，主要体现在以下几个方面。

首先，复式预算体现了财政收支关联原则。复式预算是指根据政府预算收支的不同性质，将全部收支在两个或两个以上的预算中反映。复式预算能够体现出不同预算收支的性质和特点，全面反映资金性质和收支结构，也体现了政府在不同领域活动的性质。我国 1994 年《预算法》第二十六条规定："中央预算和地方各级预算按照复式预算编制。"完成了从单一预算到复式预算的转变，但是对预算的分类、编制方法等未做统一的规定，中央本级财政将预算分为经常性预算和建设性预算两部分进行编制。2014 年《预算法》明确实行全口径预算，并分为"四本账"，即一般公共预算、政府性基金预算、国有资本经营预算和社会保险基金预算。每本账相对独立，财政收支相对应。一般公共预算的收入来源以税收收入为主，主要用于提供一般公共产品和满足一般公共服务需求；政府性基金预算收入来源特定，专款专用，按照"谁受益、谁付费"的原则分摊公共服务成本；国有资本经营预算是国家作为国有资产所有者的身份围绕经营性国有资本进行价值管理的预算，以收定支，不列赤字；社会保险基金预算的收支也是特定的，专款专用。同时，"四本账"并不完全对立，其他三本账应当与一般公共预算相衔接，实现全部预算的整体平衡和重点保障。

其次，不同类型和性质的支出，其筹资方式和标准不同。从财政支出角度看，按照是否具有特定用途进行区分，可以分为一般性财政支出和专项财政支出。一般性财政支出主要是维持国民基本需求和国家基本运转，

---

① ［日］神野直彦：《体制改革的政治经济学》，社会科学文献出版社 2013 年版，第 80～81 页。

满足大众民生类普遍性需求的公共服务，或者无法区分受益范围和程度，其成本应由全体公民遵循"量能负担"的原则承担，财政收入与支出均应本着公平的原则，公平分享利益，受益范围不以缴纳税收的数量为衡量，属于非对价的财政收入。专项财政支出，收入来源或支出范围是特定的，受益范围不是全体而是部分，其成本应由获益群体分摊，遵循"谁受益谁承担"的量益原则，属于对待给付性质的财政收入。对于受益范围覆盖代际之间时，法律应当确定合理的成本分摊方式。

最后，部分有调控目的或社会政策目标的税收即特定目的税通常会用于特定用途。特定目的税，亦称作专项税，是政府为实现具体社会政策目标而特别设立的税收形式，其核心在于税收收入被明确指定用于资助特定的公共事业或项目。例如，美国的社会保障税专为社会保障项目提供资金，我国的土地增值税、环境保护税和烟叶税均具有鲜明的政策目标，车辆购置税和城市维护建设税被设定了专门的用途。这些税收旨在解决市场失灵或应对外部性挑战，通过税收杠杆优化资源配置，并引导公众消费行为。然而，特定目的税也存在争议。一方面，其可能导致财政资金使用上的僵化，限制政府在财政支出上的灵活性；另一方面，特定目的税可能会对低收入群体造成不成比例的影响，尤其是在基本生活品上的税收，可能会加剧社会不平等。此外，特定目的税如果设计不当可能导致税收收入与预期目标之间脱节。特定目的税不仅用来筹集财政收入，更承担着调节经济与社会目标的任务，有时使传统的量能课税原则难以完全适用，如环境保护税依据"污染者付费"和"量害负担"原则，要求污染主体内部化环境成本。

因此，在设计与实施特定目的税时，需要综合考虑税收的公正分配、经济影响最小化以及政策效果最大化。这需要政府进行深入的政策分析，确保税收制度既能实现社会政策目标，又能避免给经济带来不必要的干扰。同时，广泛吸纳公众参与，这有助于增强税收政策的可接受性和透明度，确保税收负担的公平分配。此外，政府还应建立有效的监督机制，持续跟踪和评估税收政策的实施效果，及时调整税收政策以适应经济社会发展的需要。

此外，预算收支之间的平衡、绩效结果在预算编制中的应用等都体现了财政收支关联原则，文中已有论述，此处不赘述。

五、事前分权与事后问责相结合

权力和责任是法学中的一对基本范畴。权力必须受到约束是近代以来权力运行的基本理念。分权学说的本质是权力制约，除了权利对权力的制约、权力对权力的制约，通过责任制约权力是另一种权力制约的理念。这里的责任是与权力相对应的责任，它既包括权力必然意味着责任的"积极责任"在内，也包含着一旦权力违法行使必招致法律责任的"消极责任"内涵。就前者而言，它与权力是同一事物之一体的两面，一项权力不可能脱离责任而单独存在。就后者而言，它是权力越界的必然代价。[①] 权责一致，有权必有责是法治理念组成部分，财政支出法律控制，必然要遵循权责一致的原则，将财政责任法定化。

一是财政支出部门自主权的扩容意味着预算部门的责任增加，权责一致原则要求事前分权与事后问责约束相结合。对于滥用财政权的行为，应根据权责一致的原则，实行政府问责制，承担相应的法律责任。只有在强化财政责任的外力保障下，授予预算支出部门一定的自主权才符合法治逻辑，否则政府的政支出权无疑会走向失控。同理，地方财政自主权的扩容也意味着地方政府的责任增加。

二是事权与支出责任相适应。事权和支出责任这两个概念均与财政支出相联系，二者相关但不相同。事权是一级政府对本辖区公民承担的提供公共物品和服务的职责；支出责任是指一级政府自主使用财政资金并有效提供本辖区公共服务的责任。二者的关系可以形象地比喻为"请客"与"买单"的关系。通常情况下，请客者与买单者是一致的。但实践中"中央请客，地方买单"的情形屡见不鲜，地方政府支出责任大于其承担的事权，导致地方政府的财政困难，债务丛生，也降低了公共品提供的质量。

---

① 谢晖：《法学范畴的矛盾辩思》，山东人民出版社1999年版，第265页。

上述五个原则既相互独立，又互相关联，相辅相成，对构建财政公共支出法律控制体系起着原则性的指导作用。财政目的正当性原则起着统领作用，引领财政活动的"公共性"，是界分政府和市场的基本原则；控权与授权适度平衡原则是预算权配置的基本准则，也是整合过程控制与结果控制的关键；人大监督与公民参与相补充原则是财政民主原则的具体要求和体现，体现了预算的参与性，实现控制主体的共治，满足了结果控制进路对公众参与的制度需求，为财政公共支出法律控制提供了正当性基础；财政收支关联原则是收支一体化理念的体现，为财政支出总额、结构、平衡等法律控制提供指引；事前分权与事后问责相结合原则是财政公共支出法律控制尤其是两条路径整合中的重要原则，指引着财政分权与财政问责的制度协调。

第五章 财政公共支出法律控制之过程控制

第一节 预算权的二元构造与配置

一、预算权的二元构造

（一）预算权的不同界说

预算权这一概念由来已久，而且频频出现在宪法、财税法、预算法等不同领域和法学以外的其他学科中。但是专门对预算权进行概念界定和解析的研究成果可以说是寥寥，[①] 似乎学界对这一概念已达成共识，往往吝笔墨于此。然而，事实并非如此，学者对这一概念的理解和界定并非一致，甚至出现概念混用的现象。综观各种观点，预算权主要被理解为以下几种含义：（1）"预算权力"说。这是现在学术界主流的观点，将预算权与预算权力等同，认为预算权是一种公权力。如冯辉在宪政视角下讨论预算权的分配问题，他认为预算权的分权包括两个维度：一是中央政府与地

---

① 以"预算权"为篇名，在中国知网上检索，检索到39篇文献，其中有两篇专门对预算权这个概念进行不同角度的界定和分析。以"预算权力"为篇名进行检索，共检索到118条文献。

方政府之间的纵向分权；二是议会与政府之间的横向分权。毫无疑问，他将预算权等同于预算权力。[①]（2）"预算管理职权"说。该观点将预算权等同于预算管理职权，是指确定和支配国家预算的权力和对于国家预算的编制、审查、批准、执行、调整、监督权力的总称。[②] 席晓娟认为，"按照预算程序，预算权可细分为预算编制权、预算审批权、预算执行权、预算调整权和预算监督权。"[③] 该观点与"预算权力"说很相近，都将预算权界定为一种公权力，权力内容也基本相同。二者可能的区别在于，预算管理职权的说法体现了预算的管理职能，并且职能通常与职责是一个硬币的两面，也昭示了预算职能与职责的统一。（3）"议会预算权"说。持这种观点的主要是张献勇教授，他在《预算权研究》一书中，将预算权仅界定为议会拥有的权力，指议会审查批准预算的权力和监督审查批准后的预算执行的权力，简言之，包括预算审批权和预算执行监督权。虽然在文中也提及政府亦享有预算权，但政府的预算权最终要受到议会预算权的控制，并且在政府权力分类中，鲜见有将预算权列为政府的一类权力，基于此，将预算权仅界定为议会预算权。[④] 该观点本身看似充满矛盾，既承认政府的预算权，后又被否认，政府是否享有预算权值得商榷。我国《宪法》第八十九条规定了国务院的职权，其中就有"编制和执行国民经济和社会发展计划和国家预算"的权力，编制和执行预算权应当成为预算权的内容而不应被排除在外，也与我国行政权力主体垄断预算权体系的现实国情不符。（4）"预算权利和预算权力统一"说。该说是预算权概念的新发展，有学者称其为"新预算权"。[⑤] 朱大旗教授认为，预算权的配置过程必须充分尊重人民的主体地位，人民所享有的不应是一种过于抽象与笼统

---

① 冯辉：《宪政、经济国家和〈预算法〉的修改理念》，载《政治与法律》2011 年第 9 期，第 20 页。

② 刘剑文：《财税法学》，高等教育出版社 2004 年版，第 209 页。

③ 席晓娟：《法治背景下的预算权重构及规范化运行》，载《中国法律》2014 年第 6 期，第 46 页。

④ 张献勇：《预算权研究》，中国民主法制出版社 2008 年版，第 31～33 页。

⑤ 张学博：《现代财产权观念中的预算权概念研究——兼论预算法之完善》，载《河南财经政法大学学报》2016 年第 5 期，第 23 页。

而无法在预算法实践中予以行使的权力，而应将人民的主体地位充分贯彻落实到预算权体系的每一个环节。提出落实预算法治的立法保留原则、完善人大代表的预算审批权和监督权、明确民众直接性的预算权利。① 刘光华从分析法学的视角切入，认为预算权蕴含于预算法律关系之中，其既可能指涉预算权力也同时表现为预算权利。② 张学博从现代财产权的观念出发，认为"预算权是公民预算权利和预算权力的辩证统一，其核心价值是对预算权力的有效制约。从主权在民的宪法文本和自然权利观念出发，公民的预算权利应该是预算权力的基础，而预算权力是对公民预算权利的保障，两者是决定与被决定的关系。"③

概念的出现和其内涵往往与所处的时代和背景息息相关。我国 1994 年《预算法》强调国家职能的正常运转，具有强烈的计划主义色彩和官僚作风。预算法赋予国家机关主要是行政机关和立法机关编制、审批、执行、监督等预算权力，实现资源优化配置和宏观调控的目的。总体来说，1994 年《预算法》是一部"管理法"，是国家管理公民社会的工具。这一时期对于预算权的界定是从单一的权力视角出发，授予国家机关尤其是行政机关主导的预算权力体系。预算权与预算权力等同契合了当时预算法的理念和功能。随着公共财政的提出，预算法的理念也发生了质的变化，其更加强调公共需要和促进民众权利的实现，是一部"控权法"，也是"公民社会治理政治国家的利器"。④ 因此，预算权的体系中不应单边强调公权力。预算法是调整预算关系的法律规范的总称，预算法调整的预算关系是指国家在组织预算资金收入、支出和进行预算资金使用、管理和监督过程中产生的社会关系。⑤ 有学者将预算法律关系分为主体性预算法律关系、

---

① 朱大旗：《现代预算权体系中的人民主体地位》，载《现代法学》2015 年第 3 期，第 12 ~ 19 页。

② 刘光华：《预算权法律属性：基于法律关系的解读》，载《首都师范大学学报（社会科学版）》2012 年第 6 期，第 62 ~ 67 页。

③ 张学博：《现代财产权观念中的预算权概念研究——兼论预算法之完善》，载《河南财经政法大学学报》2016 年第 5 期，第 25 页。

④ 朱大旗：《中华人民共和国预算法释义》，中国法制出版社 2015 年版，第 13 页。

⑤ 刘剑文：《财税法学》，高等教育出版社 2004 年版，第 206 页。

基础性预算法律关系和辅助性预算法律关系。[①]　如果从预算法律关系的视角来看，仅"权力"单一维度不能全面反映预算法调整对象的范围和特质。预算过程是各利益集团博弈的过程，一定意义上是对政治权力的分配，代议制理论、社会契约理论、委托代理等理论都为立法机关和行政机关拥有财政权、预算权提供了正当性基础，公众委托政府代为生产和提供公共物品，同时付出了缴纳税费等减损私人财产的代价。在预算权的结构中，作为公权力的预算权力始终占据主导地位，公众社会权利在整个预算权体系中黯然失色，甚至被排除在预算权的范畴。

"权力—权利"进路是法权分析的基本框架和思路，如果预算权仅指预算权力，那么与预算权力相对应的"权利"是什么呢？在宪法、预算法等法律规范中，涉及公民预算权利的条文客观存在，且在预算法修订后数量有所增加，因此，本书将有关公民在预算中享有的权利类型化为"预算权利"，它与国家机构所拥有的预算权力统称为"预算权"。唯有如此构成，国家机构的预算权力与公民的预算权利间的冲突和平衡问题才有可能解决，走出仅依赖预算权力间内部制衡的传统路径，使公众社会的预算权利成为抵御预算权力的外部制衡力量。同时，公民预算权利的类型化也是公众面对国家机构的预算行为享有的正当权利诉求，为预算问责制的落实提供理论和现实基础。

（二）预算权是预算权力与预算权利的耦合

如前文所述，预算权是预算权力与预算权利的辩证统一，是预算权力与预算权利的耦合体。"耦合"原指物理学上两个或两个以上的体系或两

[①]　主体性预算法律关系是预算权力机关与预算资金使用主体（特别指行政机关）之间的预算法律关系，基础性预算法律关系是公民集体与公民个体之间的预算法律关系，辅助性的预算法律关系是指国家预算权力主体（主要指预算监督主体）、国家司法机关、社会团体（NGO）及公民等主体相互之间为保障上述预算法律关系及其价值的实现而形成的预算法律关系。参见刘光华：《预算权法律属性：基于法律关系的解读》，载《首都师范大学学报（社会科学版）》2012年第6期，第63页。

种运动形式之间通过相互作用而彼此影响一直联合起来的现象。① 借用这一概念，用来表达通过某种条件将两种社会现象有机地结合起来，互相依赖，共同发挥作用。预算权是预算权力和预算权利的耦合体，是建立在一定的基础之上的。第一，属性不同。预算权力代表一种服从与被服从的关系，由国家强制力作为保障。预算权利代表一种资格和自由。预算权力对预算权利进行不同程度的限制，在博弈中划定各自的范围。通常预算权力会凭借自身优势占据主动，二者力量对比悬殊，从而激化一系列的社会矛盾和经济矛盾。因此，法律应赋予公民更多的预算权利与预算权力尤其是行政机关的预算权力抗衡，防止权力的滥用。二者之间的对抗、协作促使他们之间的耦合。第二，终极目标具有一致性，即为了实现公民福祉最大化，这是二者耦合的主要基础。"谈到设计出能够明智解决问题的政治制度时，宪政整体必须不止是限制权力的政体，它还必须能有效地利用这些权力，制定政策，提高公民的福利。"② 二者目标的一致程度，将决定其耦合程度。

公民的预算权利是国家预算权力的前提和基础，预算权力是公民预算权利的保障，皆源于人民主权的宪法原则和自然权利的观念。代议制是实现人民主权的具体途径，通过选举代表组成人民的权力机关行使社会共同体的权力，政府向权力机关负责。财政主权是人民主权的重要组成部分，是人们对于国家财政支出的最高权利，③ 在代议制下，国家财政支出的权力由权力机关控制，议会预算权成为制约行政机关预算权力的主导力量。由此可见，作为公民本应享有的预算编制权、审批权、执行权等均授予权力机关和行政机关行使，然而，代议制并不完美，有其自身的弊端，存在于代议制中的政府具有一个消极缺陷，即不能使人民的个人能力——道德的、智力的和积极的能力——得到充分发挥。④ 对于代议制的缺陷，有必

---

① 中国社会科学院预算研究所词典编辑室：《现代汉语词典》（第 5 版），商务印书馆 2005 年版，第 1012 页。

② ［美］斯蒂芬·L. 埃尔金、卡罗尔·爱德华·索乌坦：《新宪政论——为美好的社会设计政治制度》，周叶谦译，生活·读书·新知三联书店 1997 年版，第 156 页。

③ 张献勇：《预算权研究》，中国民主法制出版社 2008 年版，第 34 页。

④ ［英］密尔：《代议制政府》，汪瑄译，商务印书馆 1982 年版，第 85 页。

要通过对公民的预算权利对国家预算权力进行事前、事中和事后的监督和制衡予以弥补。需要说明的是，在代议制下，公民将对财政支出进行控制的预算编制权等预算权利已让渡给国家，即私权利转化为公权力，因此，预算编制权、审批权、执行权、监督权等从性质上不应归入公民的预算权利体系，而应归入国家的预算权力体系，否则会导致权力属性的混淆。总之，对财政支出的控制应从传统单向的"权力—权力"路径拓展为"权利—权力"和"权力—权力"双向、多元共治的预算治理体系，这也是预算法演进的方向。

具体而言，预算权体系的基本构造如图 5 - 1 所示。

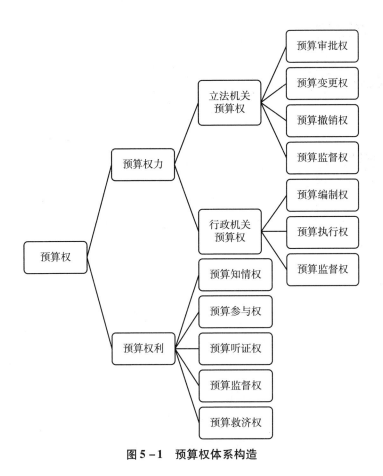

图 5 - 1　预算权体系构造

二、预算权配置的路径

立法机关与行政机关共同控制我国的财政支出，前者称为政治控制，后者称为行政控制，这是过程控制的重要两面。预算本质上是对政府财政权的控制，预算权力的配置主要发生在以下三个层面：行政机关和立法机关、财政部门和其他政府部门、行政机关内部，这也是预算权配置的基本路径。

（一）立法机关与行政机关之间预算权的配置

1. 其他国家预算权配置的演进路径

行政机关与立法机关之间的预算权力的配置张力最大，综观多数国家的预算史，实际上就是一部立法机关和行政机关争夺预算权力的历史。[①] 预算编制权、预算审批权、预算执行权、预算监督权等在不同机构中的配置不是固定不变的，而且各个国家在预算权力的配置方面的演进轨迹并不相同，这与各国的历史、政治、法治的发展息息相关，但是从主要国家预算权力配置的演进轨迹似乎也能看到一种必然，是未来预算法治发展的方向。

演进路径一：国会统治——总统主导——国会和总统相互制衡、共同控制。这一演进路径的典型代表国家是美国，美国的预算制度阶段性特征较明显。1789 年美国组建联邦政府至 1861 年美国内战爆发，这期间是国会主导预算过程，联邦各部门和机构可以不经过总统的授权直接向国会要求预算拨款，宪法赋予国会兼有预算编制和审批的权力。该种预算制度暴露出其主要的弊端，即预算权力过于集中于国会，权力不受制衡，导致低效和腐败。南北战争时期出于战争资金调拨的需要，总统成为战时预算的主导者，这一时期非常短暂，因此并未因此削弱国会的预算主导权。1921

---

① 行政权力和立法权力始终是国家预算的主角，司法权力参与预算的情形在当下并不普遍，即便参与，其一般也仅体现为对于行政与立法之争执的裁决。参见朱大旗、何遐祥：《议会至上与行政主导：预算权力配置的理想与现实》，载《中国人民大学学报》2009 年第 4 期，第 129 页。

年《预算与会计法案》的颁布改变了预算权力的结构，准确地说是行政机关内部预算权力配置发生变化，形成了总统主导的行政预算管理模式的基本框架，预算权力逐渐向总统倾斜。该法案规定：只有总统才有权向国会提交政府的预算草案，各个行政部门不得直接向国会提交本部门的预算草案。该法案创立了总统管理与预算办公室（OMB）和会计总署（GAO），协助总统进行预算编制和内部控制。预算的编制和建议权转移至总统，甚至总统具有对国会拨款的截留权。立法机构对总统提出的预算进行审议，有权进行更改，但受限于专业性，无法形成整体的政策框架。1974 年《国会预算与扣押控制法案》开启了国会和总统共同控制、势均力敌、相互制衡的阶段。该法案加强了国会的预算能力以制衡总统的预算权力，可以说是立法部门的回归，国会在现有的收入和拨款委员会基础上，国会参众两院各增加一个预算委员会，并为整个国会设立了国会预算办公室（CBO），并且有自己的预算蓝图、预测方法、项目评估程序和支出优先排序等，建立了控制预算截留的制度体系。该法案的实施限制了总统预算权力的扩张，平衡了总统和国会在预算权力配置中权限。①

演进路径二：国王控制——议会控制——内阁控制。这一演进路径的典型代表国家是英国。英国是建立预算制度较早的国家，1215 年《大宪章》颁布之前，国王的征税权和用税权几乎不受其他机构的限制和约束，仅是在"习惯所许可的限度"②。伴随着国王与贵族的矛盾加深，1215 年《大宪章》对国王的征税权力进行了限定，开启了英国构建政府预算制度的过程。1688 年"光荣革命"确立了君主立宪制，议会实现了对王权的控制，在预算制度方面则体现为议会扩大控制的范围，将君主私人支出和国家支出相分离，对君主个人支出进行监管，并收回王室收入的征收权，强化王室收入的控制。议会采取一系列的措施增强对政府支出的控制，其中包括取消"非拨款支出"、将民用支出从王室支出中剔除进行再分类等。"光荣革命"不仅是英国历史的重要转折点，英国预算制度的发展进入新

①　肖鹏：《美国政府预算制度》，经济科学出版社 2014 年版，第 53 页。
②　王淑杰：《英国政府预算制度》，经济科学出版社 2014 年版，第 32 页。

的阶段。随着内阁责任制和政党制的完善，19 世纪 60 年代起，预算控制权逐步由议会转移到政府手里，直至政府完全控制了议会，政府拥有预算的编制和执行权，议会拥有批准权，财政部和内阁在预算中发挥主导作用。英国上述财政支出控制权力的演进轨迹，可以相应地划分为预算的早期形成阶段、中期发展阶段和后期成熟阶段。

演进路径三：专制王权控制——国会民主控制。这一演进路径的典型代表国家为日本。日本 1889 年（明治二十二年）颁布了具有近代宪法观念的《大日本帝国宪法》（以下简称明治宪法），该宪法虽然被称为立宪主义宪法，但其具有极强的神权主义君主制色彩。明治宪法第 1 条明确规定日本由万世一系之天皇统治之，意味着日本天皇控制着立法权、行政权和司法权，并不受任何权力的制约。天皇掌控财政权，众议院的预算先议权和议决权并没有具体确立，议会对预算无法实施否决权。二战后，日本于 1947 年颁布《日本宪法》，以国民主权取代明治宪法的天皇主权，是日本立宪政体的巨大进步。选择内阁制的立宪政体，国会是国家政治生活的核心。国民主权原则和内阁制为日本行政权力及官僚制的组织功能的发挥提供法治化保障与权力制约机制。① 议会掌控了实质的预算权力，对政府预算进行多元监督。行政机构的预算权配置也发生了变化，过去由财务省主导演变为内阁主导，内阁享有预算的编制权和提案权。财务省根据内阁发布的指导方针完成"预算方案"，提交内阁会议决议，最终形成政府预算草案，交由国会审批。日本以宪法的形式明确规定了国会的财政处理大权，财政制度的确立、修改以及财政政策的制定，必须经国会讨论通过。预算的修改、追加等同样需要经国会审议和批准。② 日本财政制度确立了财政议会主义原则，由国会控制财政权，这也是日本由王权专制财政演化为民主财政的关键。

---

① 闫海：《给予立宪政体的日本预算执行多元监督及借鉴》，载《江苏社会科学》2010 年第 2 期，第 144 页。
② 焦建国：《作为财政控制与组织系统的政府预算——日本的预算理念、制度与财政运行机制》，载《经济社会体制比较》2002 年第 5 期，第 47 页。

2. 强化立法机关的预算权，矫正权力失衡

从其他主要国家预算权配置的演进路径看，议会在角色定位中基本都是重要的角色。前文论及预算权在行政机关和立法机关配置的失衡问题，因此，强化立法机关的预算权是落实其预算权力矫正失衡的必要路径。

第一，加强人大的组织建设。人大的预算监督和实际作用的发挥不仅仅取决于技术层面，政治层面的因素更多。立法机关在预算中基本是虚化的，没有实质性的权力，直到1998年全国人大常委会预算工作委员会的成立扭转了这种局面，立法机关开始行使其预算审批和监督的权力。由此可见，立法机关的组织建设是其行使职权的保障，今后可以在会议议期、投票表决、人员配备等方面进一步完善。同时建议各级人大设立预算委员会，强化人大预算审查监督职能的履行。

第二，赋予人大预算修正权，对预算草案分项目表决，避免预算案整体否决的结果。人大预算修正权的范围即人大对预算案有权作出修正的事项是否应当限定？如有学者主张总额部分人大可以放权，应赋予政府一定的自主权；由于人大接触的信息要比政府更广泛、更民主，应赋予人大对预算支出用途的修正权。① 开展预算绩效管理改革后，全国人大财经委员会以及地方人大有关专门委员会要向本级人大提交上一年总预算执行情况的审查结果报告，其中就有提出提高预算绩效的意见和建议。可见，人大的监督内容依然包含了绩效监督，因此，赋予人大对不符合绩效目标的预算安排一定的修正权是加强对绩效预算的监督和绩效运行的监控的必然要求。

第三，细化初步审查的原则和内容，明确初审权的效力。如日本，国会对内阁提交的预算草案进行为期两个月的审议，众议院对预算草案有先议权，由众议院的预算委员会完成审议。审议的程序包括综合审议（对整个预算提出质询）、一般审议（对个别项目提出质疑）、公听会（召集由各党派推荐、预算委员会认可的陈述人进行公述）、分科会（即预算委员会划分若干个"分科会"，进一步听取有关大臣或政府委员对预算细目的

---

① 黎江虹：《新〈预算法〉实施背景下的预算权配置》，载《税务研究》2015年第1期，第76页。

介绍并质疑)。① 日本的做法值得借鉴，我国人大可以单独设立专门的预算委员会，突出委员会的专业理性，并对委员会初审权的行使程序、时间、效力等做进一步具体的细化，实现预算人大的回归。

（二）行政机构内部预算权的配置

1. 准确定位财政部门作为核心预算机构的角色

财政部门作为核心预算机构，在财政资金分配关系中扮演着资源配置者和决策者的角色，尤其体现在预算编制环节。根据《预算法》第三十二条的规定，预算的编制应当根据"社会发展目标""国家宏观调控总体要求""跨年度预算平衡""绩效评价结果"等进行编制，财政部门与其他支出部门之间不应拘泥于传统的合规性和规范性的控制，应着眼于宏观调控、中期预算框架、预算总额控制、绩效控制等方面。在预算支出部门享有一定裁量权的情形下，财政部门的总额控制以及战略性规划尤为重要，因此，合理确立财政部门的法律地位，实现财政部门在传统预算模式下合规性控制的角色向核心预算机构的角色转变。

就我国目前的预算编制情形，一方面，考虑到分离预算编制权将导致财政部门预算权力的不完整，部门间预算编制职责划分界限不清会影响预算执行等弊端，应继续延续由财政部负责具体预算的编制，但应借鉴"外部编造主义"的观点，预算的编制应加大外部专家的参与力度，提高预算编制的质量和科学性。另一方面，应当规范国务院对预算草案的审核，完善相应制度，形成对财政部门预算编制权的实质监督。

2. 授予预算支出部门适度的财政自主权

一是适度的预算资金调剂权。《预算法》第七十二条留给预算部门和单位在预算执行过程中资金调剂的裁量空间，财政部的相关规定对资金调剂的态度原则上是严格控制，但也给出了调剂的条件。按照财政部的规定，资金调剂原则上不突破"类"，突破"类"的须报经财政部门批准，"款"级科目调剂只需各部门自行审核，报财政部门备案。由此可见，预

---

① 杨华：《日本政府预算制度》，经济科学出版社 2016 年版，第 81 页。

算部门享有比较大的裁量空间。预算资金的调剂是对预算案的更改，在一定程度上是对财政决策权的分享，也意味着财政部门决策权的下放。因此，自由裁量权的"度"成为内部授权的关键，在财政问责机制不健全、财政部门核心地位确立之前，过度下放权力是非常危险的。日本的特别会计预算设有"弹性条款"，其中规定了哪些项目具有多大的弹性，并将弹性资金来源与支出联系起来，既保证预算支出部门具有一定的财政自主权，同时也能防止因权力滥用所致的隐忧积聚。

二是具体财政支出行为的裁量权。由于财政支出种类繁多，具有各自不同的特点，法律很少也很难对每一项财政支出规模和支出方向进行法律控制，财政支出行为不可避免地带有裁量性。比如政府投资，即使预算明确了政府投资的额度，相关法规限定了政府投资的方向，但是在投向具体项目的选择上支出部门仍有裁量的空间。政府采购中交易对象、交易方式的确定和选择方面也应有一定的自主权。授予支出部门一定的财政自主权具备一定的合理性。因此，对于具体财政支出行为的法律控制，更多的是依赖理性的程序进行规制。理性的程序设计能够将支出部门的裁量权进一步压缩和规范，减少恣意。程序理性的基本要素，可以从信息公开、财政监督、财政问责、公众参与等方面进行具体制度构建，此外，绩效评价可以提高资金使用的有效性，应当融入具体程序中。

三是预算部门的自主权应当建立在全方位的财政监督之中。从财政监督主体看，包括财政部门、立法机关、审计机关建立起来的财政监督体系；从监控方式看，包括支出标准等的事前控制、预算执行中动态监控的事中控制以及审计监督的事后控制。

（三）保证信息公开，提高财政透明度

信息的获取是人大预算监督和社会公众监督政府财政支出行为的必要前提，信息的不完整或信息不对称，财政监督机制可能是无效的。从这个意义上讲，公开透明的预算制度是财政制度的重要组成部分，也是实现善治的基本原则。然而根据国内外研究机构的评估，我国财政信息的透明度仍存在很多问题，甚至未达到公认的"合格"水准。从我国预算法的规定

看，一般公共预算这本账与其他三本账的编制要求并不一致，前者按照功能分类应当编列到项，按照经济性质分类编列到款；后者三本账的支出只要求按照功能分类编列到项。从公布的财政支出信息看，每一项支出的去向并不具体细化，其中以"其他支出"表示的支出总和占到一般公共预算支出的20%，具言之，一本账中20%的资金去向是不公开的，无疑助长了政府财政权行使的恣意和失控，使得人大和社会公众的预算监督只能停留在形式层面，弱化了监督的效力。

公开透明是现代政府财政管理的重要原则。透明财政管理是将财政信息向社会公众公开。信息公开的意义是显而易见的。一方面，它是进行财政监督的前提。无论是立法监督、社会监督抑或公众监督，均通过公开的财政信息完成，没有信息的公开，一切监督只能"停摆"，缺少了权力的制衡，政府权力在"黑箱中"操作，无法有效限权；另一方面，对于财政部门而言，信息的公开除了实现内部监督外，对于绩效预算的开展至关重要。财政部门通过获取绩效信息从而判断绩效目标的完成程度，最终影响预算资源的分配。

促使政府信息公开的机制是什么？如何提高财政透明度？前者寻求的不仅是提高财政透明度的理论支撑，同时也为后者的解决提供方法论。在现代国家里，财政收入大部分来源于税收，而不是依靠自身的财产取得。税收连接着"国计"和"民生"，成为体现国家和公众关系的主要方式。政府有义务向公众公开所有的财务信息，公众也有权利了解政府的收入是如何使用的。是故，需要有一种政治机制保证政府向公众公布全部财务信息，体现政府对公众的责任；政府通过提供基本公共服务和公共产品来满足公共需要，其中包括基础设施的提供，这些资本项目需要大量资金，当政府财政收入无法满足时，政府通常通过发债为资本项目融资。近些年地方债逐年增加，虽然风险总体可控，但也出现部分城投违约、地方过度举债等问题。要确保政府债务的可持续性发展，必然要推进政府债的市场化和透明度，政府需要向公众公布财务信息，履行信息披露的义务。因此，需要充分市场机制的作用确保信息的完整、准确和易解。总体而言，政治机制和市场机制既阐明了包括财政信息在内的政府信息公开的机理，同时也为提升财政透明度提供了两条进路。

第一，提升财政透明度的政治进路。政治进路是促进政府信息公开的常规且具有主导性的进路。我国 2014 年《预算法》修订后预算公开有了实质性的进步，各地方政府通过制定相关文件、建立公开平台等措施落实预算公开原则。在理念方面关注权利对权力的制约，完善公民的知情权、监督权和参与权，明文规定基层人大审查预算草案前应该听取选民和社会各界的意见；明确了公开为原则，不公开为例外；公开的内容进一步细化和全面；最后是法律责任的规定保障预算公开的实现。财政公开透明是建立现代民主问责和政府治理的重要方面，近十多年来各地方政府进行了有益的尝试，如举行听证会、经申请公开部门预算等。从预算决算报告公开的情况看，各地财政透明度均有大幅度的提高。[①] 但也存在诸多问题，如公开主体不明确、公开的内容不细致（如有的省份只公开预决算的总额，没有细化）、公开的期限不明晰、责任追究机制不明确等等。对于实践中地方政府财政信息公开暴露问题较集中的地方公债信息公开问题，主要表现在产业投资基金信息和 PPP 项目的信息公开，2019 年正式施行的《政府投资条例》仅进行了原则性的规定，即政府投资应当遵循公开透明的原则，没有具体制度的落实。今后应当围绕上述问题逐步完善财政信息公开制度，提高财政透明度。

第二，提升财政透明度的市场进路。市场进路并不具有强制性，它是通过发挥市场的引导作用间接促使政府主动地公开信息。此种进路主要针对政府的投资性支出，当政府投资资金不足时通常通过资本市场发行公债融资。政府发行公债融资应当遵循资本市场的运作规律，其中充分的财务信息披露则是重要的条件，包括信用评级、审计、政府财务会计报告等都与财政信息密不可分。因此，中央和地方政府发债融资的行为促使政府进行信息公开。市场进路只是一种非正式制度，相对于政治进路而言起到一定的辅助作用。

---

① 《2018 年地级及以上城市财政透明度排行榜》，载《中国经济周刊》2018 年第 33 期。

第二节　参与式预算的制度构建

参与式预算是一种预算管理模式，指公民直接参与预算决策过程，决定部分或全部公共资源的配置结果。追根溯源，参与式预算起源于1989年巴西阿雷格里港创造的原始模型，自此已拓展至其他拉丁美洲、欧洲、亚非等国家并以不同的样态发展繁殖，成为近年来地方民主发展过程中激动人心的创新之一。传统的预算决策制定程序由政府单边主导，参与式预算与之不同，它吸纳了政府、公民、非政府组织和公民社会组织共同参与预算过程，并且赋予公民在预算过程中决定财政资源如何使用和支用方向，可以说扮演着决策者的角色。近年来，在多重因素的共同作用下，我国的参与式预算也取得了较快的发展，在地方层面出现了多层次、不同类型的参与预算实验，形成了各具特色的参与模式，如浙江温岭的"民主恳谈会"、山东济南槐荫区的"居民参与式预算"、上海闵行区的"网络与听证会相结合"模式等。我国《预算法》第四十五条规定基层人大审查预算草案前"听取选民和社会各界意见"的预算听取意见制度，提升了参与式预算的法治化程度。2017年3月4日，全国人大常委会发布《关于建立预算审查前听取人大代表和社会各界意见建议的机制的意见》，提出要"健全预算审查听取意见机制"。可以说，参与式预算弥补了我国政府单一维度治理的"治理亏欠"，但是，不可否认，我国参与式预算在参与的深度和广度以及参与效果等方面还存在一些问题，公民预算参与形式大于实质，因此，如何推进参与式预算值得在理论上进一步研究。

一、参与式预算的理论基础

（一）参与式预算是缓解代议制民主缺陷的必然选择

预算民主制度的建立为预算案奠定了正当性基础，这已经在公共预算的历史演变中被证实。对预算的审批和监督是议会的主要职权，借助议会将政府财政收支的权力纳入代议机关的民主控制，从而使政府的财政收支具有了正当性。代议制民主开启了预算民主建设，换言之，预算民主最初源于代议制民主。预算资源的分配主要通过代议机构民主控制。传统意义上，判断决策正当性的标准有两种理论，分别是"传送带理论"和"专家理性理论"。前者认为行政决策的正当性来源于议会机关的授权，通过授权将民主代议机关的"正当性"传递给行政机关；后者认为行政决策的正当性来源于专家拥有的技术理性。[①] 随着代议制民主的演进，其缺陷也随之暴露出来。一是代理链条层级多且日益庞杂，从公民到代议机关的委托代理链条极易被中断或变异，某些利益集团利用自己的优势影响代议机构的决策，弱势群体的话语权被排斥，传送带断裂引发预算决策正当性拷问。二是代议制民主本身即排除了代表或议员以外的公民参与预算决策的权利，且少数服从多数的原则使少数群体的利益被忽视。三是代议制民主依托投票选举制度，自由竞争性的选举造成精英阶层政治权力的垄断，公民参与的态度愈加冷漠，不利于公民角色的塑造。四是缺少对话和沟通机制，分散的个体偏好不同，多元利益主体间的冲突和分歧无法达成基本共识，降低了预算决策的公信力和可接受性。代议制民主的缺陷，导致作为财政资源的供给者不能控制财政支出的方向，与公共财政相违背。参与式预算为所有公民而不限于选出的代表参与预算资源的分配，增强了弱势群体在资源分配中的话语权，具有直接性和公共性，缓解了议会民主"传送带"断裂引发的正当性危机。

（二）参与式预算是践行协商民主的必然要求

一般认为，协商民主伴随着对自由主义民主的批判以及参与式政治的发展在 20 世纪 80 年代逐渐形成。至于协商民主的定义，由于论者对协商的目的、范围、价值等理解不同，对协商民主的界定众说纷纭，莫衷一是。最早提出协商民主的约瑟夫·M. 毕塞特认为协商是"公共政策价值

---

① 李昌麒、岳彩申：《经济法学》，法律出版社 2013 年版，第 373 页。

的论辩",是参与者认真考虑各种实质性信息与理由并独立作出判断,并且彼此说服一个良好的公共政策是由什么构成的论理过程。① 信息、论辩和说服是协商的基本要素。科恩认为协商过程发生的形式是论辩,是公共的、包容的,是排除外在强制的,是排除任何可能有损于参与者之平等的内在强制。② 概括来说,协商可被认为是基于信息、理由和证据,依据相互性而展开的一种审慎思辨的沟通行为,它致力于产生见多识广、合理和"精练"的意见与偏好。③

协商民主应包含两个方面,即协商与民主,是二者的统一体。只有协商并不必然产生协商民主。民主意味着包容,受决策影响的所有人都有机会表达观点和意见,并得到平等对待,从而使民主协商的结果更趋于理性和成熟。协商民主的立场和视角不同,其内涵也不尽相同,为了更好地理解协商民主,可以抽离出其共性的元素,具体包括公民参与、审慎思辨、公共包容、偏好转换等。(1)公民参与。公民参与是协商民主的前提,这里的参与应当具有比一般意义的参与更深刻的含义。参与应当是理性的而不是冲动的偏好,是具有反思性的协商。(2)审慎思辨。一方面,协商民主的主要形式是论辩和公共对话;另一方面,要求参与者谨慎清晰地表达自己的观点,知晓自己的观点与他人观点的不同,有能力控制或缓和情绪。(3)公共包容。参与者平等地参与,与决策有利害关系的公民均有权利参与表达不同的意见和观点,并得到平等对待,不受金钱、政治权力等因素的影响而被排斥在外。(4)偏好转换。偏好转换是协商民主不同于其他民主的地方,通过辩论、对话自觉解决冲突和歧义,达成共识,而不是强制性的指定。

参与式预算是践行协商民主的一种方式,是在进行预算决策中引入协商民主理念,公民理性地平等参与到预算决策中,通过对话、论辩的形式

① Joseph M. Bessette, the Voice of Reason: Deliberative Democracy and American National Government, Chicago: the University of Chicago Press, 1994, P. 46.

② [德]哈贝马斯:《在事实与规范之间:关于法律和民主法治国的商谈理论》,童世骏译,生活·读书·新知三联书店2014年版,第378页。

③ 李强彬:《协商民主:理论和经验》,社会科学文献出版社2018年版,第6页。

完成偏好转换，最终达成共识。协商民主为参与式预算提供理论支持，引导参与式预算更理性和有效，提高参与的质量。反过来，参与式预算进一步深化了协商民主的理论和实践，二者相辅相成，互相促进。

（三）参与式预算是以人为本理念的必然产物

财税法人本主义理念的兴起深受自然法人本主义思潮的影响，"18 世纪的古典自然法学家认为人们能够根据理性发现自然法（即理想状态）原则建立一套完美无缺的法律体系。"① 在此意义上，人本主义更是从应然层面的一种表达。人本主义的财税法实质上意欲追求以权利为本位，强调纳税人与国家地位平等的理想图景。从形式上看，国家征税权来自国家法律的授权，但从实质上看却是最终来自纳税人的共同意志。一直以来，税收均以强制性、无偿性、固定性为主要特征，人本主义理念下不能再片面强调税收强制性、无偿性，"聚众人之财"应当"办众人之事"，坚持以人为本，以促进和实现人的全面发展、经济与社会协调发展为最终目标。财税体制改革的终极目的是增进全社会和每个国民的福祉总量，而不是国家本位下只增进少数特权的福祉。"人民"在整个财政收支过程中是主体地位，彻底扬弃历史上"皇粮国税"模式下的命令服从关系，将人民主权、权利保障、权力制约、法律至上的宪法精神嵌入财政法律规范中。

人本主义的财税法权利本位观不仅体现在理论研究上，更应体现在实践中。作为政治方法论的权利本位论，既要求政治家把尊重和保障权利确立为治国理政的基本原则，更要求政治家在治国理政的实践中认真回应权利诉求、认真实施权利立法、认真提供权利救济、认真防范侵权行为。② 参与式预算体现了以人为本的理念，公民直接参与预算决策决定资源的分配，平等表达观点并平等对待，体现了对公民人格的尊重，有利于培育理性的预算参与者和公民社会。

---

① ［美］罗斯科·庞德：《法理学》第一卷，余履雪译，法律出版社 2007 年版，第 36 页。
② 黄文艺：《权利本位论新解——以中西比较为视角》，载《法律科学》2014 年第 5 期，第 23 页。

二、参与的维度：参与式预算在中国的实践

参与式预算目前在世界各地的模式千差万别，做法各式各样。即使作为参与式预算首创城市巴西的阿雷格里港，自 1989 年第一次实践参与式预算以来，程序也在不断发生变化。参与式预算的范畴、参与程序、参与形式、参与的广度和深度等各不相同，这与各地政治、文化、政府治理模式等密不可分。本书选择参与式预算的四个基本维度即主体之维、权利之维、效力之维、制度之维构建参与式预算的基本框架，并在此基础上进行分析。

（一）主体之维：参与式预算的参加者

参与式预算的主体即参与式预算的参加者，解决的是"谁有权参与"的问题。我国《预算法》第四十五条规定了"听取选民和社会各界的意见"，被认为是我国参与式预算的制度雏形。这里的主体范围是"选民和社会各界"，选民是指有选举权的人，那么，选民选举出来的人民代表是否属于这个范畴？从各地的做法看，也有将人大代表的参与归为参与式预算，严格意义上讲，人大代表参加人大的预算审议，不属于参与式预算。社会各界通常指统一战线中的各种社会力量，此种表达具有协商民主的意味。应当说，从法律的规定看参与主体的范围十分广泛。纵观国内外参与式预算的实践，参与主体的范围各有不同。一种是全民参与，以巴西阿雷格里港为代表。它的理念是让未经选举产生的公民参与到公共资金的配置中。这种模式实施起来难度较大；另一种是选出居民代表参与预算，如云南省盐津县群众参与预算改革，由乡镇通过抽签、投票等选举出来的"群众议事员"组成民主议事会。这种模式比较普遍。国内参与的主体构造中很少提到社会组织，是一缺憾。从参与的层级上看，我国主要发生在社区、乡镇和街道、县（区）市、村等基层预算，国外也主要在市镇、城乡政府实行。

从国外实践看，参与式预算的参加者包括公民和组织，而且首要考虑将预算决策权力赋予可能会受到预算影响的公民和组织。其中，以非政府组织、社区性组织为典型的社会组织发挥了重要作用平台。例如，韩国

1989 年设立的"经济公正公民联盟"、1999 年设立的"民主参与人民团结"等市民社会组织就曾积极参与预算，开展预算知识教育和培训等一系列活动，推动参与式预算的进一步发展。印度古吉拉特的非政府组织 DISHA 被赋予通过立法机关收集预算草案的信息和文件的权利，通过对基层选举的代表提供培训、向立法机关提交审议报告提供决策参考等方式对预算案发挥影响力。

（二）权利之维：公众参与权利保障体系

参与式民主与传统代议民主是两种不同的民主类型。传统代议民主机制的运行注重权力在不同机构间的配置，形成权力间的制衡。参与式民主的实现同样需要权力/权利的保障得以实现。多年来公民参与权一直没被重视，究其原因，与对公众参与权的内涵和法律性质的错误认识有一定关联。从公众参与权的属性来看，它是一种具有权力性的权利，也就是说，公众参与权本质上是权利，同时也是一种隐藏着权力的权利，是公众作为"主权者"身份参与公共行政的权利，是公众的主体性权利，这种权利使公众获得了行政参与主体的身份。[①] 明确了公众参与权的权利本性，政府即应当采取措施履行相应的义务确保公众参与权的实现；明确公众参与权的权力性特质，有利于确立公众在参与预算法律关系中的主体地位，强化政府保障公民参与权的义务和责任。同时，由于公民参与权本质上是权利，其权力性在强制性等方面存在一定的边界和限度。

（三）效力之维：公众参与预算的效力

参与式预算的效力解决的是公众直接参与预算能否实质影响预算决策的问题。整体考察世界范围内公民参与预算的效力，以公民是否参与分享政策分析和制定、影响资金分配决策为标准，可将其划分为"非政策分享型"的参与式预算和"政策分享型"的参与式预算两类。前者是指民众的意见并不进入决策过程，其难以影响预算决策；后者是指民众可通过常

---

① 邓佑文：《论公众行政参与权的权力性》，载《政治与法律》2015 年第 10 期，第 83 页。

设组织方式进入决策过程，对资金分配决策的影响较大。例如，巴西阿雷格里港市参与预算实行全面预算模式，任何一个想要参与会议的个人均可以参与。参与的范围包括特定主题（如住房、城市建设设施卫生保健等）和一般支出项目。公民参与预算的效力很明显，有替代代议预算的趋势。多数国家区分预算的类型而决定公民参与的效力。通常经常性预算预算决策权分享的程度较低，参与的形式主要有调查问卷、咨询等；资本性预算分享程度高，公众会直接参与预算资金的分配决策，进行项目优先性的排序。从我国的实践看，公民参与的预算很少覆盖所有的开支，多与公民切身利益息息相关的公共项目，如无锡市民项目选择包括基础设施、就业、小型公共项目，温岭市的公共交通预算。相比较而言，海口市美兰区的社区居民参与式预算的试点项目更广泛些，涉及居民的出行、居住、安全、生态环境保护、文化生活、公共服务需求等。

（四）制度之维：参与式预算的制度供给模式

参与式预算的制度之维指向制度供给的模式。诺思将制度分为正式制度与非正式制度，前者如规章和法律，后者如习惯、行为准则和伦理规范。无论从世界范围还是我国实践来检视参与式预算的制度属性，更多地属于非正式制度，也就是说，在传统的预算制度架构中很难寻找到公众参与的法律依据，公民被排除在预算关系主体之外。仅有少数国家或地方出台了参与性预算的规范性文件，如秘鲁政府曾于 2002 年颁布了《权力下放法》与《地区政府法》，为参与式预算提供正式制度保障，并在《权力下放法》中明确规定，地区政府和市政府都应实施年度参与式预算，且参与式预算的编制和执行应与共同发展计划保持一致。随后在 2003 年秘鲁颁布《参与式预算框架法》，将参与式预算的程序进一步法定化。

三、困境与挑战：参与式预算存在的问题

（一）非正式制度主导，法治化缺失

参与式预算的模式因各地的情况不同而各具特色，没有固定的模式。

对于中国这样的转型国家，参与式预算并不是在代议制民主作为正式制度的基础上演进的，而在很大程度上是作为选举民主程度不足的弥补性改革，或是追求制度创新而出现的。各地参与式预算多是自发兴起，以非正式制度为主导。参与式预算的依据多为基层文件和惯例，法治化缺失。作为我国参与式预算最先兴起的浙江温岭也只是制定了《温岭市市级预算审查监督办法》。非正式制度能够依据当地的政治社会情形相机抉择，具有广泛性、灵活性和回应性，但其弊端也很明显，如稳定性不足，权责不明晰。参与式预算的发起或效力多由人为决定，甚至因为官员的离任而无法持续下去。如法国和德国"选择性倾听"的做法，商议的结果由地方当局而不是参与的公民作出，且无须说明理由。因此，如何将非正式制度融入正式制度之中是参与式预算制度建构应当关注的问题。

（二）参与形式化，效果不显

首先，参与的主体不广泛，社会组织缺位。社会组织在我国生长缓慢，政府的干预过多，没有形成独立的力量参与预算和治理。其次，公民参与意愿较低，参与不足。公民参与预算决策的热情不高，这与激励机制的缺位和专业性不足有一定的关联，公民看不懂预算讨论不了问题，无法论辩。再次，参与的效果不显。参与预算对预算决策权的影响并不大，分享权力的制度没有建立起来，多数属于非政策分享型，只起到咨询顾问的作用。最后，参与的信息化程度不高。参与的方式主要包括民主恳谈、编制和初审阶段的听证、咨询、申请预算公开、共同决策，网络参与等信息化程度有待提高。

（三）参与权利未实现体系化，保障性不足

在目前的法律体系中公民参与"既未设置公众参与决策性程序的具体途径、方式，亦未提供预算决策层面上公众分权的基本原则"，[①] 权利缺失，政府和人大没有保护权利实现的职责，保障性不足。这也导致参与式

---

① 陈治：《实施民生财政背景下的预算法治变革》，法律出版社2016年版，第124页。

民主与传统预算民主的失衡，权力与权利的失衡。

（四）传统预算改革路径与参与式预算改革路径的衔接不畅

我国 20 世纪 90 年代发起的预算改革路径总体上是从上到下的，比如部门预算的推出，强化了财政部门预算编制的集权，成为核心的预算部门，控制着财政支出的总额。参与式预算改革的路径是自下而上的，肇始于乡镇层面的预算分配，继而逐步推广至各地。值得一提的是，此处自下而上的改革路径，并不是公民自发兴起的，而是由个别领导的推动和研究机构的推波助澜实现的，具有不稳定和持续性差的弊端。两种路径截然相反的预算改革必然会发生抵牾，县级预算作为从上自下的部门预算与自下而上的参与式预算的交汇点，如何衔接两种预算是亟待解决的难题。

四、赋权与参与：参与式预算的制度构建

参与式预算的核心是赋权和参与。总体来说，参与式预算的上述困境也可以归结为这两方面。因此，参与式预算的构建应从这两个方面着手。

（一）赋权保障：建立公民的预算参与权利体系

公民的预算参与权体系的构建包括程序性权利和实体性权利两个面向。首先，建立程序性的赋权机制。公民预算参与权通常被认为是一项程序性权利，通过制定程序规则赋予公民参加预算的程序性权利，如知情权、参与权、监督权、意见表达权、救济权等，追求程序正义。程序性权利体系中应以知情权为重心，知情权是公民参与预算的前提。知情权的保护要求政府建立预算公开制度，公开的信息要完整、易懂、及时。其次，建立实体性的赋权机制。实体性权利对预算决策的影响较大，避免了公民参与"走过场"的形式化，追求结果正义。实体性权利如决策权则具有权力的特质，实现了与公权主体的权力分享。最后，公民参与权的限度。参与权本质上是权利，其权力性与公权主体的权力虽具有同质性，但不能将

二者同等视之，否则会带来权力与权利的错位。换言之，公民参与权的强制性不应超过公权力。因此，对于决策权，具有决策权的公权主体享有最终的决策权。

（二）组织保障：提高公民参与能力

对于参与主体的资格，并不以是否专业以及素质的高低为前提，但是毫无疑问，公民素质影响着参与的质量，因此，应当加强参与式预算的组织保障。一是积极培训公民预算知识和预算审查技能，普及经济政策、财政政策和经济发展规划等，克服短期化的倾向。可以借鉴韩国的做法，韩国是参与式预算较发达的亚洲国家，通过举办公民预算学校和预算政策研讨班积极培育公民参与预算能力。此外，还可以倡导出版有关预算基本知识的书籍普及宣传预算知识和技能。二是加强社会组织的参与，提高参与质量。社会组织具有组织性强、基本素质高、稳定性等优势，是国家治理重要的力量。当前应当创造条件加速社会组织的成长，吸纳社会组织参与到预算决策中。三是界面协商关系的构筑。界面协商是指正式的建制化机构与社会公共领域之间直接的交往性活动，是官方意志的形成与公众舆论之间相互限于回应的过程。可以理解为是"官民互动"的界面，是国家与社会互动关系的体现。[①] 我国预算法规定的"听取意见"能否直接认定是参与式预算值得商榷，这一规定过于原则和概括，导致参与的意愿不高和低效。"听取意见"提高了政府的开放程度，但是仅代表单向的信息传递，与协商不同。协商侧重于对话和辩论，公开、透明、自愿、平等，是双向的沟通，最终达到政治共识。界面协商可以通过听证会、咨询会、论证会、座谈会等实现。在具体的制度构建中，可以将协商性因素嵌入正式制度中，相互渗透。四是加强政府的信息化建设，完善财政信息公开制度。扩大财政预算公开的范围，完善预决算报告内容，加强监督和保障，完善法律责任。

---

① 李强彬：《协商民主：理论和经验》，社会科学文献出版社 2018 年版，第 43 页。

（三）参与的限度：参与式预算的适用范围

如同传统预算机制存在缺陷，参与式预算同样存在弊端。第一，公众的参与是有成本的，增加了财政支出。参与式预算的开展受到经济条件的制约，从国内实践看，参与式预算最初兴起于经济条件较好的江浙一带。我国很多乡镇财政就是吃饭财政，民生支出比重不高，限制了参与式预算的开展。第二，参与式预算更关注短期利益和微观利益，忽视长远利益和宏观利益，反而会阻碍公共财政的进度。由此可见，参与应有一定的限度和界限，应当在法律中明确。

从参与的范围看，对于不同的预算类型应当提供不同的参与方式。对于资本性预算，与公众利益密切相关的投资项目，比如基础设施、民生福利等支出，应当开展参与式预算，加大参与的影响力和效力；对于经常性支出，可选择调查问卷、咨询等参与形式。

从参与的层级看，限定在县级及以下层级的预算，包括村和街道不构成独立一级预算的层级。参与式预算体现的是对财政资金分配决策的影响，村以及街道虽然不构成一级预算，但是也拥有一定的财政资金，这部分资金的使用可以看作预算资金使用的延续。从这个角度看，村、街道仍然可以纳入参与式预算的层级。

（四）完善制度体系：提高法治化程度

提高参与式预算的法治化水平首先从完善法律体系着手，构建预算法和其他单行立法的法律体系。《预算法》层面，明确参与式预算的概念、原则、适用范围。通过授权立法的方法，给予各地一定的自主权，结合当地政治经济情况制定相应的规则。如参与的程序、参与的模式、参与层级等问题，也给各地发挥创造力提供了弹性空间。此外，还有财政信息公开、财政透明度等配套法律制度的完善。公民预算参与权不能只停留在口号式的文本表达，而是应当将其具体权利内容和权利形态通过立法的方式进一步规范化。相应地，明确国家机关为保护公民预算参与权的实现应当履行的职责，体现为对国家权力的一系列约束。"权利—义务—责任"存在密不可分的逻辑联系，当公民的预算参与权受到侵害时，应通过相应的救济途径进行救济，无救济即无权利。因此，建立和完善预算问责机制和救济渠道是实现公民预算参与权的重要保障。公民预算参与权的设定应当遵守可行性、防范性、必要性、协调性等原则，既要重视公民预算参与权的价值功能，同时也要结合我国预算实践和国情，循序渐进，逐步提高预算参与的法治化程度。

第六章 财政公共支出法律控制之结果控制

第一节 财政公共支出总额法律控制的制度构建

预算法由于其单方面的控制思维和规则取向在控制财政支出规模扩张方面作用有限。发达国家很重视通过法律来控制政府的财政支出水平，在英美法系最重要的法律表现形式就是财政拨款法案。[①] 美国国会设立国会预算办公室，它会确定预算规模的上限，并且不得审议任何突破预算决议案规定的预算总额水平的法律议案。我国香港特别行政区立法会最重要的职责之一就是批准税收和公共支出，并为此专门设立了财务委员会和政府账目委员会。可见，法律对财政支出总额的控制方面应有所作为，当然，法律对财政支出总额的控制并不是固定数额的控制，可以考虑多元化的制度供给方式，完善预算编制、审批和执行的相关规则，以达到控制财政总额的目的。

一、完善预算编制和审批制度

（一）建立"自上而下"和"自下而上"相结合的预算编制方法

所谓"自下而上"的预算编制方法，是指财政部门在各部门提交的预

---

① 叶珊：《财政赤字的法律控制》，北京大学出版社 2013 年版，第 65 页。

算建议数的基础上确定预算支出控制数，因此财政规模的持续增长不可避免。"自上而下"的预算编制方法，是由财政部先确定财政支出控制数，预算部门编制的预算不能超出控制数。比如日本，它采取自上而下的预算编制方式，内阁于每年6月召开会议，根据社会经济形势和国家发展方向讨论下一年度的预算编制方针及"概算要求"，并在8月拟定基本方针并确定预算上限。每个部门必须在"概算要求"的限额内提出预算请求。美国1990年《预算执行法案》对自主性支出总水平进行国会限额，由预算共同决议案设定，通过议程限制来执行。限额预算控制方法是新加坡最具特色的创新，由财政部设定各部门5年的预算支出限额，预算限额与跨越前后6年的平滑 GDP 增长率挂钩，以减少经济波动的影响。[①] 我国采取的"二上二下"的预算编制方法，始于"二上"的自下而上的编制，虽有"二下"的调整，但无法进行实质性的更改。因此，在编制方法上应当采取"从上到下"的方式和"从下到上"的方式相结合的编制体制，通过"自上而下"由财政部门确定可用于公共支出的预算数，"自下而上"则由预算部门根据绩效目标估计部门支出计划的成本，在支出限额内编制部门预算和单位预算，在此过程中，应当建立两种编制方式的协调机制，在此基础上制定稳定的总体支出计划。

（二）清理规范法定支出

法定支出突破了正常的预算程序，通过其他法律的规定直接进入预算支出的范围，扰乱了预算编制程序和整体安排。由于法律具备一定的稳定性，不可能频繁修订，使得法定支出的项目长期影响预算的编制。对法定支出进行实质性控制的可能路径有以下三条：一是限定法定支出数额，不能超过财政支出总额的一定比例。二是设置法定支出的退出机制。法定支出有其合理的一面，有利于落实国家的政策，限制公民基本权利的支出不被其他支出排挤，但是法定支出的范围不能泛化，应明确法定支出的性质，清理规范重点支出同财政收支增幅或生产总值挂钩事项。对其控制的

---

① 廖晓军主编：《国外政府预算管理概览》，经济科学出版社2016年版，第319页。

重点从投入转向支出端，利用绩效评价机制设立动态的法定支出退出机制。同时，清理规范法定支出要同修订相关的单行法同时进行，否则将会遇到法律障碍。三是增加"随走随付"（pay as you go）规则。"随走随付"是美国1990年《预算执行法案》中对增加法定收入和支出的限制措施，即增加的项目不能增加财政总赤字，增加的部分要相应减少其他支出或增加税收来补偿，同样，减少一项税收，必须通过增加另一种收入来补偿。美国的这一做法值得借鉴，充分显示出财政收支的关联性。

（三）预算审批阶段：细化初步审查

初步审查是立法机关审议预算草案的初始程序，在人大审查预算形式化的背景下，初步审查可以起到实质审查的作用。一些国家是以委员会的组织形式进行审议，可以对整个议案或个别项目提出质疑，分项目进行审议。我国人大的初步审查规定较笼统，预算法应当将初审的组织保障、程序、标准、内容、职权等细致规定，进一步发挥初步审查对财政支出规模的实质控制功能。

二、健全财政支出标准体系

财政支出标准是对未来一定时期的资源配置进行预期设限，规定各项支出消耗的资源限值，详言之，是单位公共产品供给成本的界限。财政支出标准是预算编制和预算执行必须遵守的基本依据，对于财政支出规模的控制具有直接和显著的作用。确定财政支出的质量和数量标准，会抑制政府提供高标准、多数量公共产品的冲动，防止支出规模的过度膨胀；同时财政支出标准能够将有限的财政资金协调配置到各个领域，不至于因为某项支出的高比例而挤出其他某项支出；财政收支标准具有稳定性，通常不会随着经济的变动而变动。当经济增长时，财政收支标准并不随之增长，财政规模并不必然增长，同理，当经济下行时，财政规模也不会随之调低，保证公共产品的供应。

财政支出标准能够有效地控制财政支出规模，财政支出标准体系建设为很多国家所青睐。我国从2000年开始进行财政支出标准体系的建设，

2007 年财政部出台《中央本级基本支出预算管理办法》，2009 年财政部发布了《中央本级项目支出定额标准管理暂行办法》，地方各级政府也纷纷立法，针对不同的项目制定不同的支出标准，标准体系越发规范和全面。2014 年修订的《预算法》也将预算支出标准纳入进来，《预算法》第三十二条第 3 款规定，各部门、各单位应当按照财政部门规定的预算支出标准和要求编制本部门、单位预算；第九十四条规定，超预算标准建设楼堂馆所的，应当承担法律责任。国务院《关于深化预算管理制度改革的决定》中提出完善基本支出定额标准体系，严格机关运行经费管理，加快制定机关运行经费实物定额和服务标准。上述规定均提到了支出标准，但是对于标准的类别、制定程序、效力等缺乏系统的规定。《预算法实施条例》对预算支出标准作出解释，是指预算事项合理分类并分别规定的支出限额，主要包括基本支出标准和项目支出标准。财政支出标准种类繁多，中央和地方政府均出台了相应的文件推进标准体系建设。比如上海，2017 年以行政事业单位资产配置、社会治理和社区服务以及养老等基本公共服务领域项目支出标准为重点，加快推进项目支出定额标准体系建设。

财政支出标准体系的建设是预算管理的基础，应当制定规范支出标准的法律制度，规范不同类型支出标准的制定。基本支出标准和项目支出标准是根据预算事项的不同进行的划分，分别制定相应的支出标准，以制定规章制度为宜；顶层设计上，主要从宏观层面规定支出标准制定的原则、程序、效力、责任等，不具体到支出标准的具体内容，可以考虑在财政基本法中完成。

三、财政支出规模控制的指标化

（一）指标控制的内涵

指标控制是通过设定一系列的指标对财政收入、预算支出、预算赤字、政府债务等进行限额控制，是预算编制和执行不可逾越的边界。随着政府规模的膨胀、支出扩张以及连年财政赤字，各国意识到总额控制的必要性。除了重新重视预算平衡外，还运用了指标控制的手段。

从指标的类型上看，多是经济学术语，主要有比重、支出变化率和名义目标变量的绝对值。其中，比重通常以占国内生产总值（GDP）或其他总的经济活动规模的比重指标来规定总额控制的目标，包括债务水平、预算平衡或政府债务状态和收支方面的比重，如《稳定与增长公约》规定欧元区各国政府的财政赤字不得超过当年国内生产总值的3%；支出变化率常用的指标是相对于基期的实际增长率或下降率，也可以用名义变化率来表示，这主要用来衡量预算平衡或收入负担的状况；名义目标变量的绝对值是以现金表示的未来支出或赤字水平，或以某个水平为基准的变化情况。[①]

从指标约束的期限看，分为一年期约束指标和中长期约束指标。一年期约束指标通常是在年度预算平衡框架下的指标控制，中长期约束指标是对今后一定时期的财政收支目标进行规划，事实证明，中长期约束指标能够克服一年期约束指标短视性及不具持续性等缺陷，更注重年度间的衔接及远期目标的实现，其效果要优于一年期约束指标。

从指标控制的对象上看，有财政支出指标、财政收入指标、财政赤字指标和公债指标，其中财政支出指标中，既有财政支出总额控制的指标（通常采取支出规模占GDP的比重即财政支出的相对规模或者支出变化率等指标），如英国中期财政规划中对公共支出的预测并未用总支出的绝对额，而是用政府支出占国家收入的一定比例作为中期财政支出规划的核心指标。也有针对财政支出中某些构成分别确立相应的指标进行控制。公债指标如《马斯特里赫特条约》里政府总债务与GDP的比率是重要的公共债务指标（不得超过60%），英国制定的"可持续投资规则"，要求政府借款占GDP的比重在整个经济周期内维持在市场可以接受的水平上。财政目标的实现往往不只需要一个财政指标，而是多个指标的结合，如支出规则中结构平衡与债务比率的指标相结合。

（二）指标控制在预算法中的体现

在我国，指标控制的内容主要体现在以下两个方面。

[①] 马骏、赵早早：《公共预算：比较研究》，中央编译出版社2011年版，第234页。

第一，设定指标（比例）对财政收支的编制提出具体要求。我国《预算法》第三十六条和第五十五条对预算收入的规模从编制到执行起到一定的控制作用。预算法中一如既往地秉承了"以收定支"和"量入为出"的理财观念，用"收"来制约"支"，因此，对财政支出的规模也具有约束力。《预算法》第三十七条对预算支出中机关运行经费和楼堂馆所等基本建设支出的规模进行控制。① 加之国务院 2017 年出台的《机关团体建设楼堂馆所管理条例》，把严格控制机关团体建设楼堂馆所的举措制度化。债务规模影响财政收支的规模，《预算法》明确规定地方债务实行限额管理，国务院于 2014 年印发的《关于加强地方政府性债务管理的意见》中确立了规范管理的原则，对地方债务实行规模控制，并将其分门别类列入全口径预算管理。

第二，对特定的预算支出设定支出上限。如《预算法》第四十条规定预算费按照本级一般公共预算支出额的 1%～3% 设置即属于这种情况。

（三）指标控制的制度供给模式：强制性与非强制性相结合

指标控制财政规模的优势在于以结果为导向，具有较强的导向功能。各类指标相对具体、明确，对于预算的编制和执行具有引导和约束功能，同时，各类指标是在实践和科学计量的基础上确定下来，对财政风险的预防以及经济的可持续性发展提供技术保障，能有效实现控制财政收支规模的目标，指标控制的治理模式更符合经济理性。

然而，值得注意的是，指标控制财政规模也存在自身的缺陷，在实施中会遇到一定的障碍。首先，指标的科学性和准确性很难保证或难以评估，用指标控制的财政规模的合理性也会大打折扣。指标控制的有效性取决于指标设计的科学性、真实性及合理性，实践中会碰到一些难题，如衡量财政规模的大小的指标就很难量化，财政赤字率、国债负担率的警戒线

---

① 第三十六条规定："各级预算收入的编制，应当与经济社会发展水平相适应，与财政政策相衔接。"第五十五条规定："各级政府不得向预算收入征收部门和单位下达收入指标。"第三十七条规定："各级预算支出的编制，应当贯彻勤俭节约的原则，严格控制各部门、各单位的机关运行经费和楼堂馆所等基本建设支出。各级一般公共预算支出的编制，应当统筹兼顾，在保证基本公共服务合理需要的前提下，优先安排国家确定的重点支出。"

等是否遵照国际标准？即使这些指标法定化后，还涉及计算各个指标所依存的数据的真实性和完整性，这些都影响指标的有效性；其次，指标的固定化与经济的波动性会形成矛盾和掣肘，历史上由于经济波动或下滑而突破指标的不算少数，抑或说有些指标只是摆设，没有实质约束力。"固定目标有一个关键缺陷：它们不区分经济增长和衰退时期。它们使政府在经济过热和需要克制的时候，也会产生同样的赤字，就像它停滞不前，需要刺激一样……当然，在危机期间，许多国家的政府都是通过无视规则来避免这种困境的。"① 再次，预算制度是一个比较复杂的事物，兼具技术因素、政治因素、经济因素、社会因素等，在预算指标的制定及制度化过程中，会存在多个利益群体的博弈和多元化目标的冲突，指标落地往往有一定难度。正如美国20世纪80年代美国国家税收限制委员会建议用宪法修正案的方式将联邦支出的增长速度限制在GNP增长的速度之内，最终由于宪法改革途径的不确定、漫长、特殊利益的障碍等无疾而终。② 即使完成了预算立法改革，其执行效果往往不如最初的预期甚至无法运转。美国1985年通过的《平衡预算与紧急赤字控制法案》（又称为《格兰姆—拉德曼—霍林斯法案》），可以说是赤字削减的立法创新，设立固定的赤字目标，规定了最高支出限额，然而立法者玩起来会计上的花招，绕开了这些约束性的规则。由此可见，预算不仅是技术问题，政治因素、经济因素不可忽视。最后，指标控制财政规模容易导致"一刀切"管理，无视中央与地方以及各地方之间的差异化。我国是单一制国家，采用五级财政治理结构，无论从规范层面还是经验层面，均不可否认地方拥有适度的财政自主权，指标控制财政规模有可能会用整齐划一的指标掩盖了地方之间的差异性。

基于以上指标控制存在的困境，在设计指标控制时可以考虑制度供给的多元性，指标控制财政总额的立法模式可以考虑采取强制性和非强制性相结合的模式。预算法可以确立指标的类型和原则性规定，具体内容、程

---

① Allen Schick, *An Inquiry into the Possibility of a Budgetary Theory*, Irene Rubin. , New Directions in Budget History, New York: State University of New York Press, 1988, P. 42.

② 侯一麟：《预算平衡规范的兴衰——探索美国联邦赤字背后的预算逻辑》，张光、刁大明译，载《公共行政评论》2008年第2期，第23页。

度、形式等可以授权制定或提供裁量的空间。对总额控制的执行力度一般用两个标准来判断：一是总额控制目标是否会适应经济境况或者政治偏好而改变或调整；二是总额控制是永久性的、年复一年的，还是必须在每年的预算制定之前或者在政府换届时重新确定。[①] 预算指标是预算编制的主要依据，先有预算指标而后有预算支出，无预算不支出，预算指标的全过程管理实际反映了预算指标的来源以及增减变动情况，因此，指标控制是财政支出总额控制的重要途径，对于硬化预算约束、规范预算管理意义重大。

第二节　财政公共支出结构法律控制的制度构建

一、财政公共支出横向结构的法律控制路径

《预算法》第六条、第九条、第十条和第十一条分别规定了财政支出的方向，其中第六条规定一般公共预算支出用于保障和改善民生、推动经济社会发展、维护国家安全、维持国家机构正常运转等。上述各类支出的控制方式是否一样？财政规模一定的前提下如何选择支出的项目？这些问题法律中没有明确的指示。

财政支出结构的控制路径包括指标控制、标准控制、规定项目的优先顺序以及财政收支关联控制。对一般公共服务支出、法定支出都应本着控制的原则，采取最高限额或占财政支出比重的指标控制、行政管理支出标准控制或项目定额控制，法定支出的控制可以借鉴美国"随走随付"（pay as you go）的补偿性机制，这些项目的增加不能增加总赤字，即增加的部分要由在其他项目的减少或增加税收来补偿。在财政规模一定的情况下，项目的优先性体现了当权者的价值选择。"预算是被设计用于承担义务和信守承诺的。它包括价值选择，即何种目的应居于优先地位，它包括权利

---

① 马骏、赵早早：《公共预算：比较研究》，中央编译出版社 2011 年版，第 234 页。

问题：我们如何统治，并通过谁统治？"① 在项目支出优先顺序方面，《预算法》明确了重点支出的优先。规定优先安排国家确定的重点支出，有关重点支出的规定在预算法中共出现的五次，贯穿预算编制、审查、调整、决算、法律责任各个阶段。那么，何为重点支出？法律中并未直接规定，可能是考虑到各地区发展水平和结构的差异性，预算法中不宜一刀切，再加上重点支出的范围会随着经济社会发展水平的发展变化而改变，所以各地应遵循因地制宜的原则进行具体的界定和列举。然而有些地方并没有具体规定重点支出的范围，这使得重点支出成为一个模糊的概念，很难保证财政支出重点支出的优先权。在执行阶段，《预算法》规定调减预算安排的重点支出数额需要经过预算调整程序，日本的《日本财政法》规定的较严格，禁止目的外使用。② "民生财政不是空泛的口号，而是现代财政理念的转折性变化：即从以财富的生产为逻辑起点，转向以财富的支配使用为逻辑起点。"③

此外，加强一般公共服务支出及法定支出的绩效评价，将绩效评价结果与下一年度的预算编制挂钩，这也是优化财政支出结构的有效路径。

二、财政支出纵向结构的法律控制进路

（一）财权与事权相匹配

现代财政分权理论指出，财权和事权不匹配很容易引发"公共池"问题，从而弱化财政分权对地方政府行为的约束，导致财政支出效率低下，因而主张财权与事权相匹配。④ 党的十八届三中全会通过的《中共中央关于全面深化改革若干重大问题的决定》中对中央与地方财权与事权划分做出了概

---

① 阿尔伯特·C. 海迪等：《公共预算经典——现代预算之路（第二卷）》，苟燕楠，董静译，上海财经大学出版社 2006 年版，第 2 页。

② 《日本财政法》第 32 条："各省厅长官不得将财政支出预算及跨年度经费用于其所确定的目的以外的事项。"

③ 刘尚希：《论民生财政》，载《财政研究》2008 年第 8 期。

④ 郭庆旺、吕冰洋：《中国分税制：问题与改革》，中国人民大学出版社 2014 年版，第16 页。

括性的指引："国防、外交、国家安全、关系全国统一市场规则和管理等作为中央事权；部分社会保障、跨区域重大项目建设维护等作为中央和地方共同事权，逐步理顺事权关系；区域性公共服务作为地方事权。"2016 年，国务院颁布《关于推进中央与地方财政事权和支出责任划分改革的指导意见》，提出财政事权的划分要体现基本公共服务的受益范围，兼顾行政职权和效率，适度加强了中央的财政事权，减少中央和地方的共同事权。2018 年，国务院办公厅发布《基本公共服务领域中央与地方共同财政事权和作出责任划分改革方案》，首次明确基本公共服务领域中央与地方共同财政事权的范围，财政事权划分改革取得实质性进展。同时，规定了共同事权分类分档转移支付，补足地方财力，有助于推进基本公共服务均等化。因此，实现财权与事权相匹配，除了明晰事权，还要完善相应配套制度，如规范转移支付制度、推进公共服务大数据平台的建设以实现信息共享、强化财政监督等。

（二）事权和支出责任相适应

政府间事权的划分没有固定的模式，在确定各级政府的事权和支出责任时，既要借鉴财政分权理论和国际惯例，也要结合本国实际情况。通常，划分的依据和考量的因素包括公共品的重要性、受益范围、均等化供给与分享等。从受益角度看，全国性受益应该由中央政府独立承担，区域性受益的事权应该由地方政府独立承担，跨区域受益的事权中央与地方政府共同承担。在此基础上，对多级政府共同交叉行使的事权，应作出明确、具体的界定，以避免相互推诿或者上推下卸。美国《无政府指令法》即是为了减轻联邦指令给地方政府带来的沉重财政负担而出台的，旨在限制联邦政府任意发出无资助指令，主要从程序和实体两个方面进行限制。2018 年颁布的《基本公共服务领域中央与地方共同财政事权和作出责任划分改革方案》明确规定了共同事权的支出责任在中央与省级政府的分担比例，使事权与支出责任的划分更具可操作性。同年，中共中央办公厅和国务院办公厅发布了《关于建立健全基本公共服务标准体系的指导意见》，提出按照"谁的财政事权谁承担支出责任"的原则，明晰了中央与地方在基本公共服务领域中支出责任承担的方式。中央和地方事权与支出责任的划分属于基本的财政制度，应在宪法框架下作出统一规定。目前，我国有关财政事权与支出责任划分的规定并不主要由法律文件规定，大部分仍停留在非正式的法律渊源层面。财政基本法的主要任务之一即是规范政府间的财税关系，可以考虑未来由其规定中央与地方事权和支出责任相适应的基本准则和划分的依据，明确财政转移支付的目标、原则和方式等。

（三）制定《财政转移支付法》，规范财政转移支付行为

作为财政支出领域的延伸，财政转移支付法对于实现纵向财政平衡和横向财政平衡至关重要，财政转移支付对地方政府提供公共产品产生"粘蝇纸"效应，对地方政府的财力造成了巨大的冲击，尤其使欠发达地区的财政弱势地位进一步加剧。财政转移支付制度的目标应以实质公平理念为指导，贯穿平衡理念，矫正非均衡发展战略造成的区域分化，向西部地区倾斜。至于公共服务均等化的水平，应从国情出发，量力而行，重点提供基本公共服务。为了保证公共服务均等化的效果，在财政转移支付法中应明确某些具体项目的最低标准，确保居民享受到最基本的公共服务。

第三节　跨年度预算平衡制度的健全与完善

一、中期财政规划：明确法律地位，规范编制程序

（一）明确中期财政规划的法律地位

《预算法》中未规定中期财政规划，而2014年《国务院关于深化预算管理体制改革的决定》以及2015年的《国务院关于实行中期财政规划管理的意见》中均提到中期财政规划的概念并进行专门的管理。《国务院关于实行中期财政规划管理的意见》中将中期财政规划定位为中期预算的过渡，意指三年期滚动预算。作为年度预算编制的依据，并且对年度预算具有约束力，法律中应当确定其法律地位，赋予其法律约束力。条件成熟时

可以考虑将中期预算案提交立法机关审议批准。

（二）设立自上而下的编制体制，明确部门分工

中期财政规划对于跨年度预算平衡的实现至关重要，其地位介于年度预算与财政政策之间，其编制的质量决定跨年度预算的成败以及预算绩效管理的效果。与预算编制体制相同，我国中期财政规划的编制体制实质上也是自下而上的编制体制，弊端重现。从世界范围来说，中期滚动预算的核心要素仍是自上而下的"支出限额控制"。跨年度预算平衡并不是要取代年度预算平衡，年度预算及平衡仍是预算法的基本原则，关键是如何在理论和实践中在二者之间建立一种灵活的预算平衡机制。自上而下的中期财政规划编制体制有利于加强中期预算支出限额对年度预算的约束性作用，更好地衔接各个年度预算，强化财政部门作为核心预算机构的地位，财政资源能够按照国家战略和政策需求在年度间进行合理配置。[①]

从编制主体和编制程序看，未细致规定各部门的分工与监督，仅原则性要求"财政部门会同有关部门研究编制三年滚动财政规划"，无法保证其科学性和准确性。各国在财政中长期计划编制的过程中，部门之间的职责分工是相对比较明确的。在法国，财政中长期计划是由财政部预测司和预算司共同完成的，预测司负责预测财政经济发展趋势，提出计划安排的基本原则和重大的财政改革措施；预算司负责测试财政收支具体情况，编制年度预算和财政收支计划，提出具体财政政策措施。在英国，财政中长期计划是由财政部和预算责任办公室分工完成的，预算责任办公室通过编制预测报告、审核财政部的预算案等对财政部部长形成有效约束。澳大利亚的财政管理职能主要由国库部和财政部分担，是预算制度中的核心部门。国库部主要负责宏观经济政策以及税收管理，财政部主要负责财政支出管理和预算编制，在初步审定各部门支出预算的基础上汇编政府支出预算。在中期预算编制过程中，国库部和财政部既相互独立，又通过组成经济预测联合小组（每季度修正一次经济预测，发布经济预测结果）的方式

---

① 李燕：《实施跨年度预算平衡机制的思考》，载《中国财政》2015 年第 2 期，第 40 页。

密切合作。这种分工协作，有利于集思广益，发挥各部门的优势。因此，建立财政部与其他部门的协调配合机制，理顺部门间的职责关系，从而形成部门合力。

（三）加强中期财政规划与预算、国民经济和社会发展五年规划的衔接

中期财政规划的法律地位不明朗，约束力较弱，再加之编制的质量不到位，甚至闭门造车，也导致其应用性和操作性不强。绩效预算的首要环节就是绩效目标的设定，中期预算编制的质量影响着绩效预算的运行。同时，中期财政规划应与国民经济和社会发展五年规划衔接，比如可以考虑制定财政发展规划作为中期财政规划的上位概念，从而实现与国家规划的衔接。同时提高中期财政规划的编制水平和质量，保证科学性和可操作性。

二、预算稳定调节基金制度：明确功能定位，完善制度框架

（一）明确预算稳定调节基金的功能定位

预算稳定调节基金的性质和功能是构建其制度的基础性问题，基于逆周期的财政政策理论，我国预算稳定调节基金的功能可以定位为财政储备性基金，《预算稳定调节基金管理暂行办法》也有类似的规定。然而实践中，我国预算稳定调节基金的储备性基金的功能并不突出，反而调节功能凸显，带有短期的权宜之财政工具的特点。在制度设计中如何强化储备性功能是面临的问题。可以考虑进一步扩大预算稳定调节基金的来源，将扩大的来源法定化。除了《预算法》中的一般公共预算超收收入、一般公共预算结余资金、一般公共预算连续结转两年仍未用完的资金，又增加了政府性基金预算结转资金规模超过该项基金当年收入30%的部分、政府性基金预算连续结转两年仍未用完的资金、一般超收收入和剩余的中央预备费，政府性基金结转成为重要来源之一。

（二）严格控制预算稳定调节基金的使用条件

预算稳定调节基金的使用条件与其功能定位密切相关，目前，基金的使用条件过于宽泛，用于编制草案和执行预算时的收支缺口，至于导致缺口的原因并未限定。一些地方政府使用基金的随意性更大，预算稳定调节基金偏离其逆周期调节的使命。美国各州的预算稳定基金法律对基金使用方向的规定不一，概括来说主要用于以下几个方向：一是弥补预算执行中财政短收导致的收支缺口，二是提供预算周转资金，三是应对突发公共事件和自然灾害的应急财政储备。严禁一般性资金需求。法律应明确预算稳定调节基金的使用条件，地方政府不能任意扩大基金的使用用途，尤其是一般性资金需求。加强对预算稳定调节基金的监督，由人大审查基金的使用情况，是否超越使用条件，事后对基金的使用效益进行绩效评价，建立基金的事前、事中、事后的监督机制。

（三）扩大预算稳定调节基金的资金来源并法定化

根据《预算法》及《预算稳定调节基金管理暂行办法》，目前资金来源主要包括：一般公共预算超收收入、一般公共预算结余资金、一般公共预算连续结转两年仍未用完的资金、政府性基金预算结转资金规模超过该项基金当年收入30%的部分、政府性基金预算连续结转两年仍未用完的资金，与之前比较，增加了资金来源渠道，可以预见，政府性基金结转资金部分将成为除了预算超收收入这一主要来源之外又一新的重要来源。但是，从我国现实国情出发，地方性债务规模逐年扩张，地方公债还本付息的压力与日俱增，预算稳定调节基金可以起到缓解政府财政压力的功能，考虑到预算编制日益规范和精准，预算超收的数量会有所缩减，因此，为了确保预算调节基金功能的实现，研究其他资金来源的可能性，保证适度的规模和可持续性。《预算法》颁布之前，超收收入并未全部纳入预算稳定基金，如2010年中央预算超收收入为4410亿元，用于补充预算稳定调节基金的为2248亿元，约占超收收入的50%。《预算法》明确规定超收收入纳入预算稳定调节基金，解决了这一问题。此外，从2017年中央预算执行情况的数据看，2017 年补充预算稳定调节基金的资金包括超收收入、结余资金和剩余的中央预备费，其中中央预备费并不是法定的资金来源，应当予以法定化。

第四节　政府债务支出法律控制的完善

目前的预算法对政府债务的控制仍停留在形式上，政府债务的软约束将会成为财政危机的隐患，尤其在对地方债的预算约束方面仍存在龃龉之处。地方债的"借—用—还"等行为脱离预算法的规范管理，地方债尚无法关进预算的"铁笼"。债务融资的规模直接影响财政支出的规模和结构，对债务融资支出的控制需要从举债源头进行事前控制、债务使用过程中的事中控制以及事后监督等全过程进行制度的构建，硬化政府债务的预算约束。

一、财政安全：政府债务规模控制的价值取向

政府债务与政府的其他财政收支形式相比，既有共同点也有不同之处。它们同属于政府的财源构成，又同属于财政支出受到预算的约束。从这个角度讲，政府债务支出的控制与其他支出的控制应当不存在特殊之处。但是，政府债务自身的风险性使其在预算管理中不同于政府的财政收支，比如债务的规模、偿债来源与支出等均应考虑政府举债为政府的可持续性运行带来的风险性。政府债务的风险属于公共风险，风险具有传导性和扩散性，债务风险会进一步传导到其上一级政府、中央政府、投资者、金融市场，由此可见，政府债务安全关系到国家经济安全和社会稳定。债务风险为政府干预做了较好的诠释，也为政府和市场界限的划定提供了思路。作为社会控制制度的法律成为最优的选择，"法律制度的价值和意义就在于规范和追寻技术上可以管理的哪怕是可能性很小或影响范围很小的

风险和灾难的每一个细节"。① 债务的风险性使得"安全"理念内化于法律之中。相应地，财政安全也应成为政府债务管理法律制度的价值取向。

财政安全理念，应当防止发生两个极端。一是激进冒险。风险具有不确定性和潜在性的特点，其发生与否、发生的后果如何均是不确定的，有些地方政府为了追求投资带来的短期利益而无视举债风险，突破自身的经济实力和偿还能力千方百计争取发行更大额度的债务进行投资，或者发行新债偿还旧债、置换存量债务等激进冒险的举措，发债的冲动使风险进一步累积。二是消极回避风险。面对风险，采取消极回避不积极治理的态度，推卸责任，高度依赖上级政府的救助，一定程度上是将举债的风险进行了转移。政府发行公债已成为现代经济社会的普遍做法，财政安全理念并不意味着减少债务的发行甚至不发行，而是将债券发行控制在财政安全的阈值范围内。财政安全理念的实现需要落实到具体的制度设计中，《预算法》的主要目的是规范债务收支行为，通过发债权的分配、举债程序、发债法律责任等形式规范政府债务收支，《预算法》明确了举债的主体、规模、目的、偿债资金来源、风险评估和预警机制、应急处置机制等，可见，预算法承载了规范债务发行以及防范地方债风险的多重功能，有超出预算法的本质和立法宗旨之嫌。如果说这是放开地方债后防范政府债务风险的无奈之举，长远看应当制定专门的公债法。公债法在我国长期缺位，虽有《国库券条例》对国债的发行使用管理等环节进行规范，但是立法位阶不高，适用范围有限，因此有必要制定一部法律位阶高的公债法。其适用范围扩大至对国债、地方债以及国内外借款及担保债务，调整的内容包括公债的种类、发行主体、发行对象、利率水平、规模、用途、期限、偿还方式、公债管理部门的职权和职责、公债持有人的权利、法律责任等。公债法与预算法相互分工和配合，公债法侧重于财政安全和健全以及规范中央和地方的公共债务，对债务规模进行实质性控制。预算法侧重于公债收支活动的形式控制，尤其以地方债的收支为重心，提高债务收支行为的

---

① ［德］乌尔里希·贝克：《从工业社会到风险（上篇）——关于人类生存、社会结构和生态启蒙等问题的思考》，王武龙编译，载《马克思主义与现实》2003 年第 3 期，第 39 页。

合规性，防止预算外的发债行为。

二、完善政府债务的全口径预算制度

我国对财政收支平衡的认识有一个从绝对平衡到相对平衡，从年度平衡到周期平衡，从静态平衡到动态平衡的转变。财政赤字已然成为各国的常态，"造成预算赤字的一个重要原因就是，国会愿意通过那些支出项目，而不关心如何征税才能满足这些项目资金需要的问题。人们喜欢政府开支，但却不喜欢政府征税。"① 长期赤字是一把"达摩克利斯"之剑，财政赤字和债务最终要通过税收和其他政府收入来偿还。因此，应当将政府债务全面纳入预算的管理，控制债务的规模和结构。同时，完善的公共预算编制与报告体系也为债务管理的透明度以及防范政府债务风险提供了条件。

（一）将公债收支明确规定为预算的收支范围

公债是政府收入中的一种特殊形式，发行公债已经成为政府宏观调控、筹集资金的常态化操作，作为财政收支的一个组成部分，应当纳入预算的约束。② 然而，《预算法》第三章"预算收支范围"中并未单独列举债务收入和债务支出，使得债务收支的预算约束变得模糊和不确定。从现有的分类看，在一般公共预算中，债务支出只能归属于功能分类中的其他支出和经济性质分类中的资本性支出或其他支出，不甚清晰。其他三本预算的收支范围则授权其他法律、行政法规和国务院的规定制定，存在不合理之嫌。实务中，政府的财政收支分类管理是预算管理的基础性工作，

---

① ［美］林德尔·G. 霍尔酷姆：《公共经济学——政府在国家经济中的作用》，顾建光译，中国人民大学出版社2012年版，第349页。

② 对于公债是否属于财政收入，学界有不同观点。有学者认为公债是财政收入和财政支出一体两面的混合体，即指政府通过举债方式获取收入，是为收入之一部分，而同时公债利息的支付和本金的返还，亦成为支出之一部分。进一步言，学者们习惯将公债不放入单一的财政收入体系中，而作为约束收支两面的财政管理进行探讨。参见［英］道尔顿：《财政学原理》（第四版），周玉津译，中国台湾正中书局1969年版，第162页。

2007 年进行了一次全面的改革，对财政收支进行统一分类，由"收入分类""支出经济分类""支出功能分类"三部分组成。财政收入按照资金的来源和性质进行分类，债务收入单独作为一类。一般公共预算支出中，与债务有关的支出包括债务利息及费用支出、债务还本支出、部分资本性支出。为了真正实现全口径预算，将政府的所有收支纳入到预算管理，应当在预算法的收支范围的规定中明确债务的收支。具体而言，在我国《预算法》第二十七条一般公共预算收入中增加债务收入，一般公共预算支出中增加偿债支出。

（二）增强地方债务预算的纵向控制，由本级人大进行审查和批准

如前文所述，目前省级债务预算支出及预算执行中债务的增加均列入本级预算调整方案，经过本级人大常委会审查和批准。从法理上讲上述规定有违财政法定和财政民主原则。"公债是递延的税收"，遵循税收法定的原则，征税要征得公民的"同意"，公债的发行自然也应征得公民的同意。我国国债实行余额管理，由全国人民代表大会批准，地方债的控制侧重于纵向控制，即由国务院审批，忽略了横向控制，即同级权力机关的审批和监督。吊诡的是，《预算法》第四十八条规定中央和地方人大审查预算报告的重点中包括"预算安排举借的债务是否合法、合理，是否有偿还计划和稳定的偿还资金来源"，规定间出现龃龉。

如何处理地方债务预算与现有预算体系之间的关系？或者说采取何种模式的地方债务预算？总体而言，政府债务预算与现有预算体系的关系大体上有两种，一种是附属的关系，即债务收支纳入现有相应的预算中。世界上大部分国家基本上都采用这种做法，比如日本，预算类型按会计账户不同，分为一般会计预算、特别会计预算和政府相关机构预算，公债收支分别纳入上述预算中。澳大利亚的预算分为经常性预算和资本预算，债务收支被纳入资本预算管理。我国当前地方债务预算即属于此种模式，以支出项目是否产生收益作为标准，不产生收益的债务收支纳入一般公共预算管理，产生收益的债务收支纳入政府性基金预算管理；另一种是单独编制政府债务预算，构成复式预算的一部分。这种模式将债务的借、用、还单

独编制预算，这种模式具备复式预算的优点，能清晰完整地反映债务收支的全貌，但其仍有商榷之处。历史上，美国在罗斯福新政时期，联邦预算分为"正常预算"和"非正常预算"，非正常预算的收入来源是国债，支出主要用于公营事业、公共投资等，与当时的赤字政策相辅相成。非正常预算比较接近于债务预算，经济复苏后这种复式预算被放弃，联邦预算按照单式预算编制，地方预算分为经常预算和资本预算，地方债纳入资本预算统一管理。一个相对独立的预算应当有特定且稳定的收入来源保证特定的预算支出，分解债务发行到偿还债务的过程，实际上存在两次收支行为。第一次是发债取得的收入与债务支出（通常是资本性支出），第二次是偿债资金的来源收入与偿还债务本金、利息和费用支出。如单独编制政府债务预算，则与其他预算会存在交叉重复的内容，尤其是第一次债务收支与一般公共预算和政府性基金预算会有重合。有学者提出了折中方案，地方债根据其内容的不同，将地方债收入和地方债支出纳入现有预算体系，对于偿债资金来源收入、偿债支出适用复式预算模式，将其纳入政府性基金预算，或者建立偿债资金来源收入、偿债支出为内容的债务预算。[①]也就是第一次收支纳入现有预算，第二次收支建立复式预算或纳入政府性基金预算。

本书认为，目前不适合单独建立与其他子预算并列的债务预算。两次的债务收支都与一般公共预算和政府性基金预算有着千丝万缕的联系，建立债务预算不仅会打破每个预算的相对独立，还会增加预算编制、会计核算等方面的难度，再加上债务预算的规模相比较而言并不是很大，不宜对目前的复式预算格局进行修改。还有一点值得一提的是，我国的一般公共预算支出既包括经常性支出，也包括资本性支出，资本性支出散布在各个预算之中，这也为债务预算的建立提供了难度。可以考虑在建立债务偿债基金的基础上将第二次债务收支，即债务偿债基金和偿债支出纳入政府性基金预算管理。

---

① 华国庆、汪永福：《论地方债预算的制度逻辑与规范控制》，载《学术界》2015 年第 2 期，第 31 页。

（三）编制中长期投融资规划，衔接中期财政规划

地方债按照传统的年度预算管理，而我国实行的是跨年度预算平衡，跨年度预算追求周期平衡，依据中期财政规划等进行编制。发债筹集的资金主要用于资本性支出，资本性支出的项目建设资金量大且周期长，而债务预算是按年度编制，二者难免发生脱节。所以，现实中会出现政府作出投资计划而由于资金不到位导致实际开工率不高的情形。借鉴美国编制资本改进计划（CIP）的做法，编制中长期投融资规划。

第一，明确界定公益性资本支出及范围。《预算法》明确地方举借的债务只能用于公益性资本支出，不得用于经常性支出。也即非公益性项目和经常性支出不允许发行债务融资。上述规定限定了债务支出的方向和用途，控制了债务的规模。然而"公益性"一词具有一定的模糊性，为地方政府举债扩大投资提供了可能。因此，可以在法律中以列举的方式明确公益性资本支出的范围，减少不确定性。

第二，编制中长期建设投融资规划，与中期财政规划相衔接。中长期投融资规划是对一段时期内的投资和融资所做的具体规划，债务收入是其主要收入来源，只有列入规划之中的项目才可以发行地方债务融资。综合考虑地方财力、在建项目规模、债务指标等因素，明确项目资金来源，确定项目优先顺序。中长期建设投融资规划应与三年滚动预算和中期规划相衔接，周期以 3~5 年为宜，滚动编制。

三、明确政府债券的用途，建立债务事前控制制度

（一）政府债务用途法定化

综观各国举债的用途，可以归结为三种用途，相应地形成三种类型的公债：赤字公债、建设公债和特种公债。赤字公债是为了弥补赤字发行的公债，建设公债是为了国家的经济建设发行的公债，特种公债则是为满足特定需要而发行的公债。我国《预算法》明确认可的地方公债的类型是建

设公债，实践中上述三种类型的公债是并存的，并且在《预算法实施条例》中规定地方可以发行短期债券弥补短收造成的赤字，另外，2014年国务院《关于加强地方政府性债务管理的意见》中提出，地方举借的债务，只能用于公益性资本支出和适度归还存量债务，财政部自2015年起实施债务置换，减轻地方还债压力，此时发新债券的目的为置换存量旧债，是为第三种类型的公债。后两种类型的公债突破法律规定的用途，存在合法性质疑，因此，建议在《公共债务法》中明确规定公债的类型和用途，将它们的发行、使用、偿还纳入法律规范管理。法无授权即禁止，法律规定以外的其他类型和用途的债券应当禁止发行。对于不同类型的地方公债适用不同的控制规则，建设公债应在所有公债中占据主体，实行一般的控制原则。赤字公债则应当采用较严格的控制规则，仅在有限的情形下才可以发行，可规定只有省级政府在一般公共预算年度执行中出现短收，通过其他方式仍不能实现收支平衡的，可以发行赤字公债。至于其他特定目的的公债，应当以特别立法的形式加以授权。

（二）建立健全事前控制制度

在我国，国债实行余额控制，地方债实行限额控制，由国务院决定限额总量，地方债发行的规模限制在国务院限定的额度内，并经国务院的审批，显然，我国地方债务治理的模式属于行政控制模式。行政控制模式对地方政府的约束比其他模式强，但行政控制具有强烈的计划性，带来诸多问题，如额度如何科学确定？向地方政府分配的标准是什么？由于中央与地方存在信息不对称，如何提高债务资金的配置效率？本书认为，我国仍继续采用行政控制模式，同时应完善政府债券尤其是地方债的实体控制规则，强化事前控制，尽量减小因债务规模扩张而事后引发财政危机的可能性。综观世界其他国家，数量型的债务指标被广泛采用，使用量化指标进行事前控制。日本《地方公共团体财政健全化法》规定了一系列诸如实际赤字比率、合并实际赤字比率、实际公债比率、未来负担比率等财政预警指标，使用财政偿债率等量化指标对地方政府债务进行直接控制，只要超出量化指标的则不能发行债券，这也加大了地方政府的举债自主权。当然，对于地方政府举债规模的实体控制是否采用量化的指标仍值得商榷。目前世界上还未形成公认的政府债务指标，举债规模的确定是多项因素综合考虑的结果。从采用数量化指标控制国家的实践经验看，有些国家曾多次修改债务指标，有些国家的债务指标的法律约束力并不强，债务规模多次突破上限。由此可见，对债务规模的事前控制并不必然将数量化的债务指标法定化，可以在法律中规定体现财政可持续性发展理念的财政平衡、财政健全的基本原则。与此同时，完善举债审批程序，科学确定限额并合理分配，提高地方债务信息透明度，降低信息不对称引发的道德风险。

第五节　以结果为导向的绩效预算制度的完善

一、完善绩效预算法律法规体系，提升立法层级

从 2003 年党的十六届三中全会提出建立"预算绩效考核体系"以来，中央和地方陆续出台了一系列相关法律法规和制度规范，推动绩效预算向前发展。2014 年修订的预算法首次将绩效预算写入法律，"讲求绩效"成为各级预算遵循的原则，其他的规范性文件多以财政部出台的规章制度来细化，增强绩效预算的操作性。由于法律层级的局限性，导致绩效预算的运行中缺少立法机关的参与，成为行政机关内部的预算活动，或者说绩效预算权力的分配中立法权是缺位的，绩效和预算各行其是，绩效理念难以融入预算的编制、执行、审核、监督过程中。从国外主要国家的经验看，绩效预算改革的推进离不开法律的保驾护航，否则很可能导致停滞不前甚至失败。以美国为例，20 世纪 50 年代发起的绩效预算改革最终搁浅，与缺乏立法机构的支持有很大关系。20 世纪 90 年代，新西兰、美国等开展了新一轮的绩效预算改革，并且颁布相关法案进行规范。如美国 1993 年制定了《联邦政府绩效和结果法案》（2010 年颁布了修正案），是世界上第一部关于政府绩效管理的法案，新西兰在 1988 年和 1989 年分别颁布了

《国家部门法案》和《公共财政法案》，1994 年又颁布了《财政责任法案》，成为绩效预算改革中最彻底和具有代表性的国家。法国于 2001 年颁布《财政组织法》，提出结果导向的绩效预算模式。实证研究的结论表明，实行绩效预算的国家每年的人均财政支出至少减少两个百分点，债务水平较低，GDP 增长率较高。① 长远来看，我国应当提升绩效预算立法的层级，将实践中成熟的做法和经验上升为法律，具体的立法模式至少有两种选择，一是修订《预算法》和《预算法实施条例》，进一步规定绩效预算的目标、主体、权义分配、绩效责任，明确界定产出和结果；二是制定绩效预算管理的专门性法律，协调好与《预算法》的关系，共同规范绩效预算。无论哪一种模式，都应当在绩效预算实践经验较充分和成熟的前提下法律化，否则仍然克服不了当前绩效预算存在的形式大于实质的问题。

二、优化绩效预算系统内部各因素的制度安排

从预算绩效评价到全面绩效管理，是预算制度的历史性跨越，绩效预算上升为国家治理的高度，成为完善国家治理、转变政府职能的重要抓手。绩效预算流程涵盖绩效目标、绩效运行跟踪监控、绩效评价、绩效反馈、绩效评价应用等环节，作为一个系统工程，各环节间互相配合、相辅相成。完善系统内各要素的制度安排，才能发挥系统性的优势。

（一）事前：强化绩效目标管理

绩效目标是绩效预算的前提和评价依据，一些国家将绩效目标规定在法律中。如英国，绩效预算的目标是遏制政府开支迅猛增长的势头，提高公共服务质量，改善政府效能，进而提升公众满意度。美国 1993 年《政府绩效与结果法案》第二篇立法宗旨是"把改进成果、提高服务质量和顾客满意度作为新的关注焦点，提高联邦项目的有效性和公共责任感。"

---

① Crain W. M. , J. Brian O'Roark. , "The impact of performance-based budgeting on state fiscal performance," *Economics of Governance*, Vol. 5, 2004, pp. 167 – 186.

2010 年该法案的修正案着重强调了绩效目标的管理，要求联邦部门设定可衡量的绩效目标，并进行公开。绩效预算的目标不同于传统预算关注投入，而注重支出的结果，强调为民服务，不仅告知纳税人钱花到哪里，还要告知花的效果如何，体现了从追求规模政府到有效政府的理念转变。因此，法律中应当规定绩效预算的目标，它的实现有赖于各部门预算和政策、项目绩效目标的实现。

绩效目标管理中强化立法机关的审核。从绩效目标的设定到审核，涉及到的主体包括预算单位、财政部门和人大，预算单位享有实质性的绩效目标设定权，财政部门和人大囿于法律规定、自身条件等因素的限制对绩效目标进行实质审查或否决的难度较大。可见，预算单位在绩效目标的设定方面有较大的自主权，其后果有可能导致预算单位自降目标要求，设定相对简单易实现的目标应对其后的绩效评价和考核。因此，应当强化人大的审批权，将其作为人大对预算案进行初审的重要内容。

绩效目标应以中期财政规划为指导进行设定，并确定多层次优先绩效目标。绩效目标内容除包括预期产出、成本以外，着重设定经济效益、社会效益、生态效益、可持续性影响以及服务对象或项目受益人的满意度等内容以及相应的指标，凸显结果导向。绩效目标实行多层次分类，划分为优先绩效目标和非优先绩效目标，以此来确定任务的优先性。

（二）事中：完善绩效运行监控和绩效评价制度

1. 完善绩效运行监控制度

绩效运行监控在绩效预算管理系统中是一个难点，理论和实践发展缓慢，缺乏成熟的经验。一些地方政府在实践中进行了探索，如宜宾市实行财政绩效动态监管制度，设置动态监管员，并聘请社会机构辅助进行。岳阳市实行预算单位自控自评，在此基础上引入第三方绩效跟踪重点监控，并将监控报告上网公开。2019 年财政部发布《中央部门预算绩效运行监控管理暂行办法》，为绩效运行监控提供依据。从文件的规定看，按照"谁支出，谁负责"的原则，中央部门是监控主体，进行日常的自控自评，财政部履行组织、指导、重点监控、督促等职责。监控的内容主要包括两个方面：一是预算执行的情况；二是绩效目标完成的进度，主要对及时性、合规性和有效性进行监控。总体上仍是预算单位自己监控自己，具有较大的自主权。其大概的逻辑是充分尊重预算单位的主体地位以及合理的自我利益和需求，纾解以往行政机关内部以及立法机关与行政机关的紧张关系，引导其发挥自身的优势。这也是以结果导向的绩效预算与注重预算控制功能的传统预算的不同之处，绩效预算扩大了预算单位的自由裁量权，同时强调对结果的问责，而传统预算则侧重过程控制，强调外部控制。在当前我国预算控制机制未完全建立的背景下，不应忽视内部控制和外部控制的制度构建，绩效运行监控除了由预算单位自控自评，还应赋予财政部门监督质询的权力，同时强化权力机关的参与，完善外部控制制度。

2. 建立健全绩效评价制度

绩效评价是绩效预算的核心，起着承前启后的作用。绩效评价制度包括绩效评价的主体、评价指标体系、评价标准和方法、评价结果的应用等。建立健全绩效评价制度，主要包括以下几个方面：第一，建立多方评价主体制度。依据财政部 2011 年颁布的《财政支出绩效评价管理暂行办法》的规定，绩效评价的主体包括预算部门和财政部门，未来应当通过法律将人大、审计机关、社会中介服务机构、学术研究机构、社会公众纳入绩效评价的主体，体现专业性和广泛性。第二，制定标准科学的绩效评价指标体系，体现绩效理念。绩效评价指标可以分为共性指标和个性指标、定性指标和定量指标，对于同类评价对象应使用标准化的共性指标，同时应遵循差别化的个性指标，不同地区、领域和不同层级的政府部门制定个性指标，指标的设定应以结果为导向，加强有效性和成果等反映项目目标完成情况的指标的设计。避免只关注"投入量"和过程的传统预算的做法。可以借鉴波兰的做法，建立绩效评价指标库来提升质量。第三，加强对绩效预算的监督，包括行政内部的监督、立法机关、审计机关以及社会大众的监督。新西兰的经验值得我国借鉴，它的《公共审计法案》确保议会能够得到关于国家部门如何使用公共资源的独立信息，建立了"控制和审计长办公室"并规定其为议会的一个独立官员，授权审计所有公共单位。它有权进行绩效审计或是对这些单位的资源使用情况进行质询。第四，加强事前的绩效评价，在源头上保证支出的有效性。有些地方政府已经在进行这方面的尝试，如北京市 2010 年首创事前绩效评估制度、广东省的专项资金竞争性分配、浙江省的重大政策和项目事前绩效评估负面清单等。所以，在地方经验比较成熟后，将事前绩效评价纳入到法律进一步规范，事前评价与事后评价相结合，使预算政策服务于政策目标，增强资金利用的有效性。第五，绩效评价主体应对绩效评价信息的真实性负责。绩效信息的真实性是绩效预算理论的假设前提，可以说是绩效预算合理性的基础。因此，无论是预算部门或单位自评还是委托第三方机构评价，均应保证绩效信息的真实性和客观性，并对信息的真实性负责。

（三）事后：加强绩效结果的应用

我国的绩效预算改革已进行十多年，可以说旷日持久。重新审视绩效预算改革的实践，发现其与绩效预算仍有一定的差距，绩效评价结果对预算决策的影响是非常有限的。因此，今后的绩效预算应加强绩效结果的应用，向真正意义的绩效预算靠拢。然而，对于绩效评价结果应否与预算决策相关联以及关联的程度如何仍存在大量争议，甚至有的学者对绩效预算的概念提出质疑，认为绩效预算是政治上的天真。[①] 各国在实践中的做法也是截然不同。不论是对绩效预算的"四分法"即报告型、信息型、基础型和决定型，[②] 还是"三分法"，即表现型、知晓型和直接型，[③] 都是从绩效结果对资金分配的影响程度出发，或者可以看作绩效结果应用的不同表

---

① Caiden G. E. , Editor N. C. : "Improving Government Performance", Public Administration Review, 2006.

② 报告型绩效预算（PRB），绩效信息只作为绩效报告的一部分内容，但预算决策者并不利用这些信息做决策；信息型绩效预算（PIB），项目的绩效信息对资金支配有影响，但影响很小；基础型绩效预算（PBB），绩效信息对资源分配有重要的影响，但并不一定直接影响资金分配数量；决定型绩效预算（PDB），要求把绩效信息直接精确地应用于资金分配决策。参见 Anwar Shah, Chunli Shen, "Budgeting and Budgetary Institutions", in Anwar shan（eds.）, A Primer on Performance Budgeting, Washington D. C. , Word Bank, 2007, pp. 137 – 178, 转引自牛美丽：《中国地方绩效预算改革十年回顾：成就与挑战》，载《武汉大学学报（哲学社会科学版）》2012 年第 2 期，第 86 页。

③ OECD, Performance Budgeting：A User's Guide, 2008.

现。从各国经验看，由绩效评价结果来决定预算分配的决定型绩效预算几乎是没有的。即使是直接型的绩效预算，常见于在编制部门预算或者中央对地方转移支付的项目预算时直接应用。虽然绩效预算的目的是通过测量绩效来改善政策制定、机构管理和公共责任的目的，[①] 但是由于绩效评价结果与预算资金分配之间难以实现逻辑自洽，绩效结果的好与坏与预算资金的增加和减少并不一一对应，有时绩效结果差的更需要增加预算的投入，可以说，绩效信息与资金分配并不存在自动的或公平的挂钩方式。[②] 加之影响预算决策的因素较多以及绩效信息的可信度等，绩效结果对资金分配的影响是有限度的。所以，加强绩效结果的应用，并不是将绩效结果刚性地应用于预算决策，而是在完善绩效预算的配套制度的同时，将绩效结果循序渐进、分类应用于预算决策。具体来讲，可以从以下几个方面加强绩效信息的应用。

首先，提高绩效运行情况的透明度。定期通报绩效任务的进程信息，并向社会公开。通过公布绩效报告，接受社会公众的监督，也可形成部门间、项目之间的相互比较和竞争，对部门负责人也会带来一定的压力。英国要求各部门每年要两次向议会提交绩效报告，并且在网上公开，部门要说明其绩效信息的可信性。[③] 美国《政府绩效与结果法案》要求各政府部门均要提交年度绩效报告，并规定了绩效报告的内容。我国广州、北京等地方政府以绩效信息公开促进绩效管理，都做了非常有益的尝试。广州市绩效目标和评价结果公开，并接受人大监督。北京推动部门整体绩效报告制度，做到绩效信息与预决算同步审核、同步公开。

其次，分类管理的原则。绩效结果与资金分配的关联程度不能一刀切，应当分类区别化对待。可以有选择地提高重大民生类项目、公益性较强的项目、专项资金、政府采购、政府购买公共服务、特定行业、部门整体等绩效评价结果与资金分配的关联度，绩效信息成为预算安排的重要依

---

① 刘昆：《绩效预算：国外经验与借鉴》，中国财政经济出版社 2007 年版，第 128 页。

② 马蔡琛、朱旭阳：《绩效预算的全球演进——传统绩效预算的得失与新型绩效预算的挑战》，载《中国财经报》2019 年 4 月 13 日，第 7 版。

③ 王淑杰：《英国政府预算制度》，经济科学出版社 2014 年版，第 272 页。

据，其他的财政支出的绩效信息与预算安排间则相对松散。

最后，完善绩效评价结果的应用方式。根据我国的实际情况，绩效评价结果的应用主要包括四种方式：反馈和整改、与预算安排相结合、综合考核、报告与公开。其核心是通过绩效信息的应用影响预算决策，提高资金的利用效率，满足公众的需求，提高社会公众的满意度。

（四）完善配套制度支撑体系

如前文所述，绩效预算管理是一个闭环式的运行体系，体系的有效运转仍需要外部配套制度进行支撑，可以从以下几个方面来完善配套制度支撑体系。

第一，建立健全中长期战略规划及中期财政规划制度。绩效预算管理系统始于绩效目标的设定并以此作为约束手段衡量政府部门的业绩，绩效目标和指标的设计要围绕国家或地方政府中长期战略规划和中期财政规划进行，建立中长期战略规划——中期财政规划——绩效目标逐级细化的制度体系。中长期战略规划具有宏观性、战略性和导向性的特点，中期财政规划是在对总体财政收支情况进行科学预判的基础上，研究确定财政收支政策，绩效目标则应保持与战略规划和中期财政规划的一致性和统一性，成为落实上述规划的落脚点。因此，建立健全中长期战略规划制度和中期财政规划管理制度尤为重要。起着桥梁作用的中期财政规划更是要协调好其与中长期战略规划的关系，做好衔接。

第二，进一步推进政府会计制度改革。收付实现制和权责发生制是会计核算的两种不同方法，服务于不同的预算模式。[①] 收付实现制反映和监督预算收支的执行情况，有助于确保政府收支行为的合规性，与传统预算

---

① 根据 2015 年财政部公布的《政府会计准则——基本准则》第 60 条和第 61 条，收付实现制是指以现金的实际收付为标志来确定本期收入和支出的会计核算基础。凡在当期实际收到的现金收入和支出，均应作为当期的收入和支出；凡是不属于当期的现金收入和支出，均不应当作为当期的收入和支出。权责发生制是指以取得收取款项的权利或支付款项的义务为标志来确定本期收入和费用的会计核算基础。凡是当期已经实现的收入和已经发生的或应当负担的费用，是否收付，都应当作为当期的收入和费用；凡是不属于当期的收入和费用，即使款项已在当期收付，也不应当作为当期的收入和费用。

强调投入、关注预算执行的合规性相契合。随着绩效预算的兴起，收付实现制本身的缺陷显露出来，由于其不能准确地提供资产负债与成本信息，也就无法通过成本来分析效益并最终衡量业绩。权责发生制主要反映和监督政府会计主体的财务状况和运行情况等，能够及时确认政府的成本，为绩效评价提供依据。因此，推行绩效预算的国家纷纷转向权责发生制。20世纪90年代以来，我国政府会计一直实行的是收付实现制，2014年《预算法》第九十七条规定"各级政府财政部门应当按年度编制以权责发生制为基础的政府综合财务报告"，权责发生制的会计核算方法被法定化，随后财政部发布了一系列准则来指引和规范政府会计的改革。2015年财政部发布了《政府会计准则——基本准则》，规定政府会计由预算会计和财务会计构成，预算会计实行收付实现制，财务会计实行权责发生制。由此可见，我国政府会计制度正式过渡到权责发生制，但是并没有"一步到位"，而是"逐步推进"分阶段进行，将预算会计与财务会计的功能适当分离。长远看预算会计应当继续完善部门和综合财务报告框架体系，更好地衔接决算报告和财务报告，适时推出政府成本会计，并修改《中华人民共和国会计法》和《预算法实施条例》，体现政府会计核算的特殊要求，为政府会计改革提供法律保障。

第三，完善绩效审计制度。政府绩效审计是指国家审计机关对政府及其部门的经济活动进行经济性、效率性和效果性的审查和评价。传统的财务审计主要围绕真实性、合法性和效益性进行审查，并不关注效果和效率，绩效审计体现了审计重心从合规性审计到绩效型审计的转变，审计目标、内容、标准都发生了变化。绩效审计对于建立廉洁高效的政府、有效利用资源、最大限度满足公共需求具有重要意义。同时，审计监督是预算监督体系的重要组成，也是最具专业性的外部监督，其提出的审计意见可以帮助政府编制更加合理、有效的预算。

我国绩效审计起步较晚，各地处于试行摸索的阶段，绩效审计在立法、审计模式、审计独立性等方面仍存在一些不足和问题，需要从以下几个方面进行完善。首先，加强绩效审计法律规范体系建设，使其有法可依。英美等国以及国际审计组织都非常重视绩效审计的立法，立法机关是推动绩效审计发展的重要力量。目前，我国绩效审计的立法尚不完备，多是针对是财务审计进行的规定，2021 年《中华人民共和国审计法》进行了修正，明确规定审计机关要重点报告预算执行及其绩效的审计情况，首次将"绩效审计"写入《中华人民共和国审计法》，为绩效审计的实施提供了法律依据。为了绩效审计的进一步推进，应对绩效审计的目标、范围、原则等作出具体规定。其次，专门制定政府绩效审计准则，建立评价体系。由于财务审计的操作准则不能完全适用于绩效审计，应当为绩效审计制定专门的准则，建立绩效审计评价体系，使绩效审计规范进一步科学化和体系化，指导绩效审计的运行。最后，提高国家审计机关的独立性。独立性是审计监督的本质特征，审计机关应当独立于其审计的对象。审计机构的独立程度受一国体制的影响，按照独立性由大到小排列，审计机关可以概括为四种类型：独立性政府审计、立法型政府审计、司法型政府审计和行政型政府审计。[1] 我国审计机构属于独立性最小的行政型政府审计，实行双重领导制，行政上受同级政府的领导，业务上受上一级审计机构的指导，其职权的行使受到人事、财权、事权等方面的限制，难以确保审计机关的独立性和权威性。由此可见，如审计机关不脱离行政管辖，其独立性很难有质的改善。因此，建立将审计机关隶属于立法机关，从政府体系中独立出来，赋予其一定的准司法权，拥有相对独立的事权、财权和人事权。唯有如此，审计机关才能真正独立地进行审计，形成比较客观公正的审计结果信息，提高审计效果。

三、建立和完善激励约束机制

以结果为导向的绩效预算，其逻辑是强调财政支出的结果和产出的绩效责任必然赋予预算执行部门一定的自由裁量权，用"绩效责任"换"管理自由"。也就是说，只强调管理自由而忽视绩效责任的制度构建，或

---

① 张越：《我国政府审计独立性的思考》，载《中国市场》2015 年第 42 期。2019 年 7 月 2 日访问。

强调绩效责任的同时忽视管理自由，都不符合绩效预算的制度逻辑。由是观之，建立和完善绩效预算的法律责任不仅是完善绩效预算的必然要求，也是构建财政公共支出法律控制制度的重要组成部分。绩效预算法律责任的构建不同于"普遍理解"的法律责任即以制裁性为主，而是兼顾激励和问责，二者相互补充、协调配合，试图构建激励与惩罚并行的法律责任体系。

（一）建立健全绩效预算褒奖性责任制度

绩效预算不同于传统预算，它以绩效目标为驱动，通过对绩效结果和产出进行绩效评价衡量预算单位的完成度，并将绩效结果与预算安排和政策调整挂钩的制度。为了完成绩效目标，赋予预算执行主体适度的裁量权，在一定限度内自主决定财政支出的方向和顺序，充分调动预算执法主体的积极性和创造性，坚持问题导向，促进预算执法主体提高财政支出的效率，提供公众满意的公共产品。绩效预算的制度设计非常契合"促进型法"的特点。"促进型法是法律有效发展的结果，是分配社会财富、平抑经济波动的规范，是高级阶段的现代法，以问题的解决为中心，形式上不拘泥于传统的逻辑结构。"[1] 其逻辑结构的最大特点是规定肯定性后果而非不利后果，是褒奖性责任而非惩罚性责任。可以说，褒奖性法律责任是法律责任理论的发展和创新。通过褒奖性法律责任的设计，引导、鼓励预算单位选择财政支出行为，并为自己的选择承担相应后果。

建立健全绩效预算的褒奖性责任制度。一方面，提升褒奖性责任规范的法律层级。修改《预算法》，增加褒奖性法律责任，完善绩效责任的法律体系。"法律责任的设定不只是一个具体的技术问题，它还是一个直接关涉法律体系的正义性、合理性的原则性问题。"[2]。另一方面，完善褒奖性责任的方式。使用适当的奖励办法对部门领导和预算办公室也很重要，

---

[1]　叶姗：《财政赤字的法律控制》，北京大学出版社 2013 年版，第 81 页。
[2]　付子堂、周尚君：《法理学高阶》（第二版），高等教育出版社 2018 年版，第 239 页。

因为有一些机构所作的努力和取得的成果可能不容易观察到，惩罚性的措施可能会导致战略游戏和事实不符的报告甚至造假，可能会诋毁有价值的绩效预算。[1] 褒奖性责任可以具体化为物质激励、精神激励和权利义务激励，目前，我国褒奖性法律责任形式较单一，有些规定不具体明确，调节功能有限。目前，权力义务激励比较欠缺，可以考虑通过赋予一定的权力或豁免一定的程序义务进行激励。许多国家的做法值得借鉴，比如英国，对于绩效好的部门或地方政府，实行适当的"奖励"，一部分是财政利益奖励，另一部分是扩大地方自治权。对于绩效不好的部门，内阁委员会会给该部门提供支持和建议，帮其分析原因，找出改进的方法和措施。[2] 预算管理机关应调整预算控制手段，实现由事后的惩罚性控制向事先的引导性控制转变。

（二）完善绩效预算的问责机制

问责，简言之，即法律责任的追究。有学者将财政问责归结为三个层面：官僚问责、横向监督和社会监督。官僚问责指的是行政内部的预算监督；横向监督是指专门机构的问责，包括立法机构和审计机构的问责；社会监督是指公民参与预算和舆论监督。[3] 除了上述三个层面以外，司法问责亦不容忽视。强化绩效预算的问责机制，应当从以下几个方面进行。

第一，将绩效理念贯穿到预算责任中。传统的预算相对应的法律责任属于合法性问责，与绩效预算相对应的是绩效问责，强调对管理责任的追究。希克认为，在管理责任制度下，管理者在购买投入资源时拥有正式的全权，但是要对预算的产出负起责任。[4]《预算法》中应当明确绩效预算的惩罚性责任，《预算法实施条例》对绩效预算的法律责任尤其是行政责

---

[1] Ho, Alfred Tat‑Ke, "From Performance Budgeting to Performance Budget Management: Theory and Practice," *Public Administration Review*. Vol. 78 Issue 5, Sep/Oct2018, pp. 748 – 758.

[2] 廖晓军：《国外政府预算管理概览》，经济科学出版社 2016 年版，第 28 页。

[3] 马骏：《治国与理财：公共预算与国家建设》，生活·读书·新知三联书店 2011 年版，第 160～189 页。

[4] ［美］艾伦·希克：《当代公共支出管理方法》，经济管理出版社 2000 年版，第 122 页。

任进一步规范和细化，《中华人民共和国审计法》《审计法实施条例》中完善绩效审计的相关内容。

第二，建立绩效预算的司法问责制度。由司法机关介入预算问责，构建绩效预算的司法制度，一方面，能够架构公众参与的桥梁，更大程度地保护纳税人的合法权益；另一方面，通过司法路径矫正政府的失信行为，是建立责任政府的重要举措。落实绩效预算的司法问责，首先，由法律明确财政支出行为的可诉性以及可诉的范围；其次，完善预算法律责任的种类。《预算法》中主要规定了行政责任和刑事责任，与纳税人密切相关的民事赔偿责任尚付阙如，应将其增添到《预算法》中；最后，构建预算公益诉讼制度。国内外实践证明，公益诉讼是司法问责比较合理的路径选择，如美国的纳税人诉讼制度和日本的居民诉讼。我国民事诉讼中规定，公益诉讼的提起主体是检察机关和社会团体，个人没有提起诉讼的资格，从实力、专业等角度考量有其合理性。为了保证制度的统一性，纳税人诉讼的提起主体宜遵照此规定。

第三，明确绩效责任的主体。通过《预算法》的规定，预算责任具有"双重性"的特点，即政府、预算部门和单位以及责任人是预算责任的主体。绩效预算也应做相应的规定，除了政府、部门以及单位作为法律责任的主体外，行政长官、责任人等个人亦应成为绩效责任的主要主体。党的十八届四中全会提出"建立重大决策终身责任追究制度及责任倒查机制"，预算法也可相应构建对预算决策严重失误或者预算不作为造成重要损失的重大问责机制。

第七章 结　　语

财政公共支出是对政府筹集的资金进行分配的过程，属于社会再分配的范畴。国家通过财政集中供给来满足公众的公共需求，是对天然分配结果的一定程度的矫正，国家以此来证成税收的正当性，"权利需要钱，没有公共资助和公共支持，权利就不能获得保护和实施。"[①] 财政支出通过预算完成，财政支出的技术性凸显出工具理性的特点，但是其背后却是价值理性的支撑。罗尔斯称："正义是社会制度的首要价值，某些法律和制度，不管它们如何有效率和有条理，只要它们不正义，就必须加以改造或废除。"[②] 作为社会再分配的范畴，促进和保障社会分配正义自然应当成为财政公共支出法律控制的首要价值和终极目标。因此，通过整合并完善过程控制和结果控制，构建一个分配正义的财政公共支出法律控制体系即成为本书研究的一个愿景。

诚如凯尔森所言，"自古以来，什么是正义这一问题是永远存在的"[③]，正义的标准是历史的、多元的、相对的。同样，分配正义的含义和标准丰富且极具歧义。刘剑文教授认为，从价值的层面来看，各类价值要素都在其中占据各自的地位，总体而言，它是由平等、自由、公平、效率等要素性价值目标构成的价值体系。自由与效率具有同质性，是自由市场竞争的结果；公平和平等也具有一定的同质性，往往依赖外在的力量干

---

① ［美］霍尔姆斯等：《权力的成本——为什么自由依赖于税》，毕竞悦译，北京大学出版社2004年版，第3页。

② ［美］罗尔斯：《正义论》，何怀宏等译，中国社会科学出版社1988年版，第3～4页。

③ ［奥］凯尔森：《什么是正义》，转引自张文显：《当代西方法哲学》，吉林大学出版社1987年版，第182页。

预才能达到。① 两组价值之间在现实中会出现冲突，成为"令人纠结"的选项，法律作为利益协调机制会在一定的社会历史条件下对两组价值进行权衡。

对正义的追求是法学崇高的理想和目标，对正义的解读和争论从未休止。其中，形式正义和实质正义的区分体现了正义理论的不断深化。在昂格尔看来，形式正义要求普遍性规则的统一适用，实质正义强调调整结果的内在公正。② 罗尔斯认为形式正义是一种手段，实质正义才是目的。从形式正义与实质正义的转换，体现了不同时代对正义需求的变化。事实证明，我国财税法名义上在努力缩小社会差距，协调区域间的发展，但并没有取得理想的效果。税收法定和预算法定原则的确立体现了对财政收支行为的规范性控制，只要政府的收支行为符合立法机关批准的预算则是合法的，强调预算对收支行为的拘束力和执行力。但是，"正当程序并不关心结果。它对预算支出的多少、预算的平衡与否、公共债务负担的增长或稳定、税收的增减或者其他预算结果是没有偏好的。"③ 因此，财政公共支出法律控制，应当着眼于以规范性为核心的过程控制以及以结果为导向的结果控制，矫正自然分配的不公平，最终实现分配正义。

本书的研究，最终要回归到建构财政公共支出法律控制体系上来。显然，其法律体系已经超越了预算法，扩展到了从宪法、预算法到财政监督法以及具体财政支出行为单行立法的法律体系。

首先是财政公共支出的宪法控制。财政是国家治理的基础和重要支柱，财税法治化是国家治理法治化的核心和关键。我国财税领域的基本法律规范一直缺位，无形中赋予了《预算法》基本法的地位，被称为"亚宪法""经济宪法"，对其"寄予厚望"，加之诸多功能，使其承受不能承

---

① 刘剑文：《强国之道——财税法治的破与立》，社会科学文献出版社 2013 年版，第 58 ~ 59 页。

② 昂格尔：《现代社会中的法律》，吴玉章、周汉华译，中国政法大学出版社 1994 年版，第 180 页。

③ See Allen Schick, *The Role of Fiscal Rules in Budgeting*, OECD Journal on Budgeting, Volume 2003, P. 11.

受之重。实际上，预算法只是财税立法中针对专门领域立法的专门法，早在200多年前，亚当·斯密就提出财政学包括预算论、赋税论和公债论三部分，预算法无论从内容覆盖还是效力层级上都无法对财政运行的基本原则和制度进行规制。没有顶层设计的指引，难以形成一个体系化的有机联系的财税法律规范体系。在财税一体化理论日益得到认可的当下，一部统领财税领域的基本法更为必要，财税法治呼唤制定财政基本法。① 财政宪定是近代以来越来越多国家的通常做法和立法选择，宪法中会有财税专章或专门的财税条款，并随着经济、政治的发展通过修宪的方式完善相应的规定。比如瑞士，2001年修改宪法，将预算平衡规则入宪，宪法的126条规定政府在短期内保持结构性平衡，在中长期经济周期内保持绝对平衡，该条款从2003年生效。有学者做了一个实证研究，表明瑞士债务率和支出规模均明显的下降趋势。② 意大利于2011年将"黄金法则"入宪，加强财政紧缩政策，平衡国家财政收支。③ 之所以将预算平衡规则入宪，其理由是因为它涉及公民的权利和义务。德国和西班牙也做了同样的选择，将"黄金法则"入宪。考虑到我国修宪的难度较大，可以制定财政基本法对财税领域的基本问题进行规范。制定基本法在一些国家也有先例，比如《德国基本法》第十章为"财政制度"，专门就财政的基本法律原则和基本制度做出规定。④ 笔者考察了德国16个州的州宪法，无一例外地都专章规定了"财政制度"或"财产制度"，对预算计划、地方财政、预算超支、借贷等财税基本制度进行了规定。⑤ 日本颁布了《日本财政法》和

① 刘剑文：《财税法治呼唤制定财政基本法》，载《中国社会科学学报》2015年1月28日，第A08版。

② 参见Zareh Asatryan，César Castellón，Thomas Stratmann："Balanced budget rules and fiscal outcomes：Evidence from historical constitutions"，*Journal of Public Economics*，Volume 167，2018，pp. 105 – 119

③ "黄金法则"是指政府在整个经济周期中所借全部债务仅用于投资，现金支出部分将完全由税收补足。

④ 《德国基本法》第十章为财政专章（第104～115条），涉及财政支出范围、立法权、收益权和财政拨款、地方税收、州际平衡、联邦和各州预算、预算计划、紧急预算、增加支出减少税收的法律、贷款和一般担保、审计等方面。

⑤ 祝捷等译：《德国州宪全译》，人民出版社2017年版。

《地方财政法》，对财政收支重大问题进行规范。财政基本法关系到公民财产权的变化以及对国家政府财政权的制约，对财政收支领域的根本性问题进行规制，从渊源形式看应属于宪法性法律。制定财政基本法是现代财政制度建设的必然要求，是财税法治化的必然选择。预算法主要通过预算程序对财政收支进行形式控制，而财政基本法则是通过控制预算对财政收支进行实质性控制，制定财政基本法这一宪法性法律是控制财政收支的法律依据和法源选择。

其次是财政公共支出的法律控制体系。财政基本法折射出财政支出控制的基本法治精神，体现了公共财政权与私人财产权的基本关系，但是宪法性的表述是非常原则和纲领性的，还需要具体法律规范的支持，主要包括《预算法》《预算法实施细则》及具体财政支出行为的单行法律规范。可以说，具体的财政支出方式是预算在执行阶段的具体表现，但是预算只确定了额度，并不约束财政资金的具体使用方式，甚至有些财政支出并没有纳入预算管理。因此，对具体财政支出进行单行立法，与预算衔接，是终结财政支出乱象的主要路径。具体而言，财政支出法主要包含《财政转移支付法》《政府采购法》《财政投资法》《政府借贷法》在内的法律体系。

最后是财政监督方面的法律保障。财政活动并不是静止的，而是一个动态的过程，从收到支的每一个环节都离不开管理和监督，"管理"和"监督"的目标并不是盈利，而是追求安全。预算法和国库管理法构成财政管理法的重要组成部分。有财政必然要有对财政的监督，我国财政监督方面的法律规范主要体现为预算法、会计法、审计法等，尤其是伴随着《预算法》修订的完成，我国财政监督的法律体系进一步得到了完善。但是，希冀一部预算法承担财政监督法的所有功能，依然突破了预算法的功能定位，为此，应制定专门的财政监督法，规定财政监督职能、监督内容和对象、监督机构、监督程序、法律责任等，辅以会计法、审计法等，将财政监督法定化。

参 考 文 献

［1］［法］奥古斯特·孔德：《论实证精神》，黄建华译，商务印书馆1996年版。

［2］阿尔伯特·C.海迪等：《公共预算经典——现代预算之路》（第二卷），苟燕楠、董静译，上海财经大学出版社2006年版。

［3］［美］阿伦·威尔达夫斯基、布莱登·斯瓦德洛：《预算与治理》，苟燕楠译，上海财经大学出版社2010年版。

［4］［美］阿伦·威尔达夫斯基、娜奥米·凯顿：《预算过程中的新政治》（第五版）序言，中国人民大学出版社2014年版。

［5］［美］艾伦·S.鲁宾：《阶级、税收和权力》，格致出版社、上海人民出版社2011年版。

［6］［美］艾伦·希克：《当代公共支出管理方法》，经济管理出版社2000年版。

［7］［美］艾伦·鲁宾：《公共预算中的政治：收入与支出，借贷与平衡》（第四版），中国人民大学出版社2001年版。

［8］昂格尔：《现代社会中的法律》，吴玉章、周汉华译，中国政法大学出版社1994年版。

［9］［美］B.盖伊·彼得斯：《税收经济学：一种比较的视角》，郭为桂、黄宁莺译，江苏人民出版社2008年版。

［10］白景明：《依法加快建立跨年度预算平衡机制》，载《中国财政》2015年第1期。

［11］（东汉）班固：《汉书》（第1卷），线装书局2010年版。

［12］［美］保罗·A.萨缪尔森、威廉·D.诺德豪斯：《经济学》上

册，中国发展出版社 1992 年版。

[13]［日］北野弘久：《税法学原论》（第四版），陈刚等译，中国检察出版社 2010 年版。

[14] 毕金平：《论财税法法益的层级类型》，载《学术界》2015 年第 7 期。

[15]［美］波斯纳：《法理学问题》，中国政法大学出版社 1994 年版。

[16] 薄贵利：《集权分权与国家兴衰》，经济科学出版社 2001 年版，第 221 页。

[17]［澳］布伦南、［美］布坎南：《宪政经济学》，冯克利、秋风、王代、魏志梅等译，中国社会科学出版社 2004 年版。

[18] 蔡茂寅：《财政作用之权力性与公共性——兼论建立财政法学之必要性》，载《台大法学论丛》1996 年第 4 期。

[19]［美］查尔斯·斯图尔特三世：《预算改革政治》，张岌、张伟译，格致出版社、上海人民出版社 2014 年版。

[20] 陈工：《政府预算与管理》，清华大学出版社 2004 年版。

[21] 陈清秀：《预算法基本原理之探讨》，载刘剑文主编：《财税法学前沿问题研究：法治视野下的预算法修改》，法律出版社 2015 年版。

[22] 陈治：《财政法定实质化及其实现进路》，载《西南政法大学学报》2017 年第 1 期。

[23] 陈治：《地方预算参与的法治进路：一个预算制度变迁的微动力视角》，载《法学研究》2017 年第 5 期。

[24] 陈治：《迈向财政权实质控制的理论逻辑与法治进路》，载《现代法学》2018 年第 2 期。

[25] 陈治：《迈向实质意义的预算法定》，载《政法论坛》2014 年第 2 期。

[26] 陈治：《实施民生财政背景下的预算法治变革》，法律出版社 2016 年版。

[27] 陈治：《中国预算法实施的现实困境、功能限度与改革进路——基于财政可持续视角的考量》，载《财经法学》2017 年第 1 期。

［28］程燎原、王人博：《赢得神圣：权利及其救济通论》，山东人民出版社 1998 年版。

［29］褚伟敏、杨军昌：《财政学》，高等教育出版社 2000 年版。

［30］［美］E. 博登海默：《法理学：法哲学及其方法》，邓正来、姬敬武译，华夏出版社 1987 年版。

［31］［英］戴维·M. 沃克：《牛津法律大辞典》，李双元等译，法律出版社 2003 年版。

［32］［英］戴维·赫尔德：《民主的模式》，燕继荣译，中央编译出版社 2008 年版。

［33］［英］道尔顿：《财政学原理》（第四版），周玉津译，中国台湾正中书局 1969 年版。

［34］［美］道格拉斯·C. 诺思：《制度、制度变迁与经济绩效》，杭行译，格致出版社、上海三联书店、上海人民出版社 2008 年版。

［35］［美］道格拉斯·诺斯、罗伯斯·托马斯：《西方世界的兴起》，华夏出版社 2009 年版。

［36］邓佑文：《论公众行政参与权的权力性》，载《政治与法律》2015 年第 10 期。

［37］邓子基、邱华炳：《财政学》，高等教育出版社 2000 年版。

［38］段炳德：《"以支定收"还是"以收定支"：我国财政收支关系的实证研究》，载《北京工商大学学报》（社会科学版）2007 年第 1 期。

［39］段凡：《从法权概念到法权逻辑——中国法权研究评析与展望》，载《湖北大学学报（哲学社会科学版）》2012 年第 3 期。

［40］范柏乃、张鸣：《基于面板分析的中国省级行政区域获取中央财政转移支付的实证分析》，载《浙江大学学报（人文社会科学版）》2011 年第 1 期。

［41］冯辉：《宪政、经济国家和〈预算法〉的修改理念》，载《政治与法律》2011 年第 9 期。

［42］付志宇、陈龙：《现代财政学》，机械工业出版社 2016 年版。

［43］付子堂：《法理学进阶》（第五版），法律出版社 2016 年版。

［44］付子堂、周尚君：《法理学高阶》，高等教育出版社 2018 年版。

［45］高培勇著：《财税体制改革与国家治理现代化》，社会科学文献出版社 2014 年版。

［46］葛克昌：《社会福利给付与租税正义》，载《国家学与国家法》，台湾月旦出版社股份有限公司 1996 年版。

［47］葛克昌：《税法基本问题——财政宪法篇》，台湾月旦出版社股份有限公司 1996 年版。

［48］葛克昌：《行政程序与纳税人基本权》，北京大学出版社 2005 年版。

［49］葛克昌：《租税国的危机》，厦门大学出版社 2016 年版。

［50］郭庆旺、赵志耘：《公共经济学》，高等教育出版社 2006 年版。

［51］郭维真：《中国财政支出制度的法学解析》，法律出版社 2012 年版。

［52］［德］哈贝马斯：《在事实与规范之间：关于法律和民主法治国的商谈理论》，童世骏译，生活·读书·新知三联书店 2014 年版。

［53］［英］哈特：《哈特论边沁——法理学与政治理论研究》，法律出版社 2015 年版。

［54］哈特：《法律的概念》（第二版），许家馨、李冠宜译，法律出版社 2011 年版。

［55］郝铁川：《我国国民经济和社会发展规划具有法律约束力吗》，载《学习与探索》2007 年第 2 期。

［56］何遥祥：《议会至上与行政主导：预算权力配置的理想与现实》，载《中国人民大学学报》2009 年第 4 期，第 129 页。

［57］侯一麟：《预算平衡规范的兴衰——探究美国联邦赤字背后的预算逻辑》，载《公共行政评论》2008 年第 2 期。

［58］胡明：《预算治理现代化转型的困境及其破解之道》，载《法商研究》2016 年第 2 期。

［59］胡卫列：《论行政公益诉讼的建构》，载《行政法学研究》2012 年第 2 期。

［60］胡伟：《财政民主之权利构造三题》，载《现代法学》2014 年第 4 期。

［61］黄俊杰：《特别公课类型化及其课征正义之研究》，载《台北大学法学论丛》2002 年第 4 期。

［62］黄文艺：《权利本位论新解——以中西比较为视角》，载《法律科学》2014 年第 5 期。

［63］［美］霍尔姆斯等：《权力的成本——为什么自由依赖于税》，毕竞悦译，北京大学出版社 2004 年版。

［64］［美］J. R. 康芒斯：《制度经济学》（上），于树生译，商务印书馆 1962 年版。

［65］纪志耿、黄婧：《从掠夺之手到扶持之手——政府职能转变的理论基础及其现实意蕴》，载《现代经济探讨》2011 年第 4 期。

［66］季卫东：《宪政新论——全球化时代的法与社会变迁》，北京大学出版社 2005 年版。

［67］贾康、余小平、马晓玲：《财政平衡与财政赤字》，载《财经科学》2001 年第 1 期。

［68］蒋悟真、李其成、郭创拓：《绩效预算：基于善治的预算治理》，载《当代财经》2017 年第 11 期。

［69］焦建国：《作为财政控制与组织系统的政府预算——日本的预算理念、制度与财政运行机制》，载《经济社会体制比较》2002 年第 5 期。

［70］今明善、车维汉：《赶超经济理论》，人民出版社 2001 年版。

［71］景宏军：《地方政府引入绩效预算的理性思考》，载《地方财政研究》2015 年第 1 期。

［72］景宏军、李韵：《我国财政收支规模与城镇化关系的实证研究》，载《财政监督》2016 年第 15 期。

［73］［奥］凯尔森：《什么是正义》，转引自张文显：《当代西方法哲学》，吉林大学出版社 1987 年版。

［74］［法］魁奈：《魁奈经济著作选集》，商务印书馆 1997 年版。

[75] 李昌麒：《经济法学》（第二版），法律出版社 2008 年版。

[76] 李慈强：《跨年度预算平衡机制及其建构》，载《法商研究》2015 年第 1 期。

[77] 李建英编译：《苏联财政法》，中国财政经济出版社 1985 年版。

[78] 李建人：《公民预算知情权及其约束制度》，载《法学》2015 年第 9 期。

[79] 李齐云、马万里：《中国式财政分权体制下政府间财力与事权匹配研究》，载《理论学刊》2012 年第 11 期。

[80] 李强彬：《协商民主：理论和经验》，社会科学文献出版社 2018 年版。

[81] 李燕：《实施跨年度预算平衡机制的思考》，载《中国财政》2015 年第 2 期。

[82] ［美］理查德·A. 马斯格雷夫：《财政理论与实践》（第五版），中国财政经济出版社 2003 年版。

[83] 梁慧星：《民法总论》，法律出版社 2005 年版。

[84] 梁平等：《论实体法与程序法的关系》，载《武汉理工大学学报（社会科学版）》2014 年第 6 期。

[85] 梁启超：《饮冰室文集》之二十三，中华书局 1989 年重印本。

[86] 廖晓军：《国外政府预算管理概览》，经济科学出版社 2016 年版。

[87] ［美］林德尔·G. 霍尔酷姆：《公共经济学——政府在国家经济中的作用》，顾建光译，中国人民大学出版社 2012 年版。

[88] 林纪东：《"中华民国"宪法逐条释义》（上），台湾三民书局股份有限公司 1982 年版。

[89] 林来梵：《针对国家享有的财产权：从比较法角度的一个考察》，载《法商研究》2003 年第 1 期。

[90] 刘翀：《论现代形式法的实质化发展》，载《燕山大学学报（哲学社会科学版）》2014 年第 4 期。

[91] 刘光华：《预算权法律属性：基于法律关系的解读》，载《首都

师范大学学报（社会科学版）》2012 年第 6 期。

［92］刘剑文：《财税法学》，高等教育出版社 2004 年版。

［93］刘剑文：《财税法治呼唤制定财政基本法》，载《中国社会科学学报》2015 年 1 月 28 日，第 A08 版。

［94］刘剑文：《从"管"到"治"：新预算法的理念跃迁与制度革新》，载《法商研究》2015 年第 1 期。

［95］刘剑文：《论财税体制改革的正当性——公共财产法语境下的治理逻辑》，载《清华法学》2014 年第 5 期。

［96］刘剑文：《论财政法定原则——一种权力法治化的现代探索》，载《法学家》2014 年第 4 期。

［97］刘剑文：《落实税收法定原则的现实路径》，载《政法论坛》2015 年第 3 期。

［98］刘剑文：《强国之道——财税法治的破与立》，社会科学文献出版社 2013 年版。

［99］刘剑文、王桦宇：《公共财产权的概念和法治逻辑》，载《中国社会科学》2014 年第 8 期。

［100］刘剑文、熊伟：《税法基础理论》，北京大学出版社 2004 年版。

［101］刘剑文：《由管到治：新〈预算法〉的理念跃迁与制度革新》，载《法商研究》2015 年第 1 期。

［102］刘剑文：《走向财税法治——信念与追求》，法律出版社 2009 年版。

［103］刘尚希：《建立公共财政的突发事件应急机制》，载《经济参考报》2003 年 5 月 28 日。

［104］刘尚希：《论民生财政》，载《财政研究》2008 年第 8 期。

［105］刘守刚：《财政类型与现代国家构建——一项基于文献的研究》，载《公共行政评论》2008 年第 1 期。

［106］刘守刚：《家财型财政的概念及其运用》，载《经济与管理评论》2012 年第 1 期。

[107] 刘杨:《法律正当性观念的转变》,北京大学出版社 2008 年版。

[108] 刘元贺、孟威:《省级人大预算草案初审权的制度供给与创新路径——基于 30 部省级预算法规的考察》,载《四川理工学院学报(社会科学版)》2016 年第 2 期。

[109] 刘振勇:《批评、建议、申诉、控告和检举权的性质之我见》,载《法学杂志》1987 年第 10 期。

[110] 刘洲:《财政支出的法律控制研究——基于公共预算的视角》,西南政法大学博士论文,2011 年。

[111] 芦部信喜、高桥和之:《宪法》,林来梵、凌维慈、龙绚丽译,北京大学出版社 2006 年版。

[112] [美] 路易斯·亨金等编:《宪政与权利》,郑弋等译,生活·读书·新知三联书店 1996 年版。

[113] 罗春梅:《预算假设、预算申请与政府理财观误区——基于省级预算形成过程分析》,载《云南财经大学学报》2009 年第 3 期。

[114] [美] 罗尔斯:《正义论》,何怀宏等,中国社会科学出版社 1988 年版。

[115] [美] 罗尔斯:《政治自由主义》,万俊人译,译林出版社 2000 年版。

[116] [美] 罗斯科·庞德:《法理学》第一卷,余履雪译,法律出版社 2007 年版。

[117] [美] 罗斯科·庞德:《通过法律的社会控制》,沈宗灵译,商务印书馆 2010 年版。

[118] [美] 罗斯托:《经济增长的阶段:非共产党宣言》,中国社会科学出版社 2001 年版。

[119] 罗伊·T. 梅耶斯等:《公共预算经典——面向绩效的新发展》,上海财经大学出版社 2005 年版。

[120] 马金华:《外国财政史》,中国财政经济出版社 2011 年版。

[121] 马骏:《实现政治问责的三条道路》,载《中国社会科学》

2010 年第 5 期。

[122] 马骏、谭君久、王浦劬：《走向"预算国家"：治理、民主和改革》，中国编译出版社 2011 年版。

[123] 马骏、温明月：《税收、租金与治理：理论与检验》，载《社会学研究》2012 年第 2 期。

[124] 马骏、赵早早：《公共预算：比较研究》，中国编译出版社 2011 年版。

[125] 马珺：《公共物品问题：文献综述》，载《中华女子学院学报》2012 年第 1 期。

[126] 马良灿：《从形式主义到实质主义：经济社会关系视域中的范式论战与反思》，社会科学文献出版社 2013 年版。

[127] 马寅初：《财政学与中国财政——理论与现实》，商务印书馆 2001 年版。

[128] 马兹晖：《中国地方财政收入与支出：面板数据因果性与协整研究》，载《管理世界》2008 年第 3 期。

[129] 毛程连：《国有资产管理学》，复旦大学出版社 2005 年版。

[130] 孟庆瑜：《绩效预算法律问题研究》，载《现代法学》2013 年第 1 期，第 85 页。

[131] [法] 孟德斯鸠：《论法的精神》（上册），商务印书馆 1961 年版。

[132] [英] 密尔：《代议制政府》，汪瑄译，商务印书馆 1982 年版。

[133] [英] 穆勒：《政治经济学原理》下卷，商务印书馆 1997 年版。

[134] [英] 尼尔·麦考密克、[奥] 奥塔·魏因贝格尔：《制度法论》，周叶谦译，中国政法大学出版社 2004 年版。

[135] 倪红日：《应该更新"事权与财权统一"的理念》，载《涉外税务》2006 年第 5 期。

[136] [美] P. 诺内特、P. 塞尔兹尼克著，张志铭译：《转变中的法律与社会：迈向回应型法》，中国政法大学出版社 2004 年版。

［137］［美］乔·萨脱利：《民主新论》，冯克力、闫克文译，东方出版社 1998 年版。

［138］Richd Allen，Daniel Tommasi：《公共开支管理——供转型经济国家参考的资料》，中国财政经济出版社 2009 年版。

［139］［美］R. M. 昂格尔：《现代社会中的法律》，吴玉章、周汉华译，译林出版社 2001 年版。

［140］［日］神野直彦：《财政学——财政现象的实体化分析》，南京大学出版社 2012 年版。

［141］神野直彦：《体制改革的政治经济学》，社会科学文献出版社 2013 年版。

［142］沈宗灵：《现代西方法理学》，北京大学出版社 1992 年版。

［143］［英］史蒂文·卢克斯：《权力：一种激进的观点》，彭斌译，江苏人民出版社 2012 年版。

［144］史玉成：《环境利益、环境权利与环境权力的分层架构——基于法益分析方法的思考》，载《法商研究》2013 年第 5 期。

［145］［汉］司马迁：《史记·夏本纪》，甘宏伟、江俊伟注，崇文书局 2009 年版。

［146］［美］斯蒂芬·L. 埃尔金、卡罗尔·爱德华·索乌坦：《新宪政论——为美好的社会设计政治制度》，周叶谦译，生活·读书·新知三联书店 1997 年版。

［147］孙笑侠：《法律对行政的控制》，山东人民出版社 1999 年版。

［148］汤茵：《论预算审批权的规范与运作》，载《清华法学》2014 年第 5 期。

［149］唐清利、何真：《财产权与宪法的演进》，法律出版社 2010 年版。

［150］特里萨·特尔、米纳什：《政府间财政关系理论与实践》，中国财政经济出版社 2003 年版。

［151］童之伟：《法权与宪政》，山东人民出版社 2001 年版。

［152］童之伟：《再论法理学的更新》，载《法学研究》1999 年第

2 期。

[153]［英］托马斯·孟：《英国得自对外贸易的财富》，商务印书馆1997 年版。

[154] 汪德华：《中国全口径财政支出规模核算与分析：2003 – 2013》，载《地方财政研究》2015 年第 7 期。

[155] 汪庆红：《中国公共财产的概念考察——以宪法为中心》，载《理论导刊》2014 年第 10 期。

[156] 王鸿貌：《论预算国家视野中预算制度与预算法的功能——兼论我国预算制度改革和〈预算法〉的修改》，载张献勇：《财政立宪与预算法变革——第二届中国财税法前沿问题高端论坛论文集》，知识产权出版社 2013 年版。

[157] 王鹏、杜捷、陈思、朱云飞：《以基尼系数为视角的财政转移支付均等化效果研究》，载《财政研究》2012 年第 6 期。

[158] 王绍光、马骏：《走向"预算国家"——财政转型与国家建设》，载《公共行政评论》2008 年第 1 期。

[159] 王士如、高景芳、郭倩：《宪政视野下的公共权力与公民财产》，法律出版社 2011 年版。

[160] 王世涛：《财政宪法学研究：财政的宪政视角》，法律出版社2012 年版。

[161] 王淑杰：《英国政府预算制度》，经济科学出版社 2014 年版。

[162] 王婷婷：《范式与路径：中国财政治理法治化研究》，载《财经法学》2016 年第 1 期。

[163] 王锡锌、章永乐：《专家、大众与知识的运用——行政规则制定过程的一个分析框架》，载《中国社会科学》2003 年第 3 期。

[164] 王小卫：《宪政经济学——探索市场经济的游戏规则》，立信会计出版社 2006 年版。

[165] 王晓阳：《预算执行过程中的自由裁量权及其法律规范》，载《江西财经大学学报》2009 年第 1 期，第 67 页。

[166] 王泽彩：《预算绩效管理：新时代全面实施绩效管理的实现路

径》，载《中国行政管理》2018 年第 4 期。

[167]［美］威廉姆·A. 尼斯坎南：《官僚制与公共经济学》，中国青年出版社 2004 年版。

[168] 魏建国著：《中央与地方关系法治化研究：财政维度》，北京大学出版社 2015 年版。

[169] 魏陆：《人大预算监督：从形式向实质的艰难转变》，载马骏、谭君久等主编：《走向"预算国家"：治理、民主和改革》，中央编译出版社 2011 年版。

[170] 魏艳：《特许经营抑或政府采购：破解 PPP 模式的立法困局》，载《东方法学》2018 年第 2 期。

[171]［德］乌尔里希·贝克：《从工业社会到风险（上篇）——关于人类生存、社会结构和生态启蒙等问题的思考》，王武龙编译，载《马克思主义与现实》，2003 年第 3 期。

[172] 乌日图：《关于财政预算稳定调节基金的几点思考》，中国人大网，http：//www. npc. gov. cn/npc/bmzz/caizheng/2008 - 03/10，2018 年8 月 15 日访问。

[173] 吴少龙、牛美丽：《从控制到结果：中国预算改革能跨越吗？——A 市绩效预算改革研究》，载马骏、谭君久、王浦劬主编：《走向"预算国家"：治理民主和改革》，中国编译出版社 2011 年版。

[174] 席晓娟：《法治背景下的预算权重构及规范化运行》，载《中国法律》2014 年第 6 期。

[175] 肖鹏：《美国政府预算制度》，经济科学出版社 2014 年版。

[176] 信春鹰：《法律移植的理论与实践》，载《北方法学》2007 年第 3 期。

[177] 熊伟：《财政法基本问题》，北京大学出版社 2012 年版。

[178] 熊伟：《财政法基本原则论纲》，载《中国法学》2004 年第3 期。

[179] 熊伟：《从财政依附性反思中国社会保险》，载《武汉大学学报（哲学社会科学版）》2017 年第 4 期。

[180] 熊伟：《认真对待权利：公共预算的法律要义》，载《政法论坛》2011 年第 5 期。

[181] 熊伟：《法治、财税与国家治理》，法律出版社 2015 年版。

[182] 徐孟洲：《论经济社会发展规划和规划法制建设》，载《法学家》2012 年第 2 期。

[183] 徐孟洲：《耦合经济法论》，中国人民大学出版社 2010 年版。

[184] 徐阳光：《地方财政自主的法治保障》，载《法学家》2009 年第 2 期。

[185] [英] 亚当·斯密：《国富论》下册，商务印书馆 1994 年版。

[186] [古希腊] 亚里士多德：《政治学》，吴寿鹏译，商务印书馆 1965 年版。

[187] 闫海：《给予立宪政体的日本预算执行多元监督及借鉴》，载《江苏社会科学》2010 年第 2 期。

[188] 杨春福：《风险社会的法理解读》，载《法制与社会发展》2011 年第 6 期。

[189] 杨大春：《中国近代财税法学史研究》，北京大学出版社 2010 年版。

[190] 杨度：《金铁主义说》，《中国新报》第一至五号，1907 年 1 月 20 日~5 月 20 日。

[191] 杨海生、聂海峰、陈少凌：《财政波动风险影响财政收支的动态研究》，载《经济研究》2014 年第 3 期。

[192] 杨华：《日本政府预算制度》，经济科学出版社 2016 年版。

[193] 杨平：《公民预算知情权的法律保障》，载《甘肃政法学院学报》2010 年第 3 期。

[194] 杨仁寿：《法学方法论》，中国政法大学出版社 2013 年版。

[195] 杨伟民：《规划体制改革的主要任务及方向》，载《中国经贸导刊》2004 年第 20 期。

[196] 杨志勇：《大规模减税不必受 3% 财政赤字率约束》，中国税务网，http：//www.ctax.org.cn/xstt/zjsd/201811/t20181129_1082687.shtml，

2018 年 12 月 4 日访问。

［197］杨子晖、赵永亮、汪林：《财政收支关系与赤字的可持续性》，载《中国社会科学》2016 年第 6 期。

［198］叶海波、秦前红：《法律保留功能的时代变迁》，载《法学评论》2008 年第 4 期。

［199］叶珊：《财政赤字的法律控制》，北京大学出版社 2013 年版。

［200］佚名：《大清宣统政纪》卷 8，载《近代中国史料丛刊》第三编（18），台湾文海图书出版公司 1970 年版。

［201］［英］约翰·洛克：《政府论》（下），叶启芳、瞿菊农译，商务印书馆 2013 年版。

［202］曾康华：《西方财税理论研究》，中国财政经济出版社 2007 年版。

［203］［美］詹姆斯·布坎南：《自由、市场与国家》，北京经济学院出版社 1998 年版。

［204］张宝生、张庆普：《基于耗散结构理论的跨学科科研团队知识整合机理研究》，载《科技进步与对策》2014 年第 21 期。

［205］张富强：《论税收国家的基础》，载《中国法学》2016 年第 3 期。

［206］张恒龙、陈宪：《政府间转移支付对地方财政努力与财政均等的影响》，载《经济科学》2007 年第 2 期。

［207］张绘：《中国绩效预算管理论坛（2018）——全面实施绩效管理专题研讨会观点综述》，载《财政科学》2018 年第 5 期。

［208］张岊：《后现代主义视角下的公共预算模式比较：申请者和审批者的对话》，载《甘肃行政学院学报》2015 年第 6 期。

［209］张念明、庞凤喜：《稳定税负约束下我国现代税制体系的建构与完善》，载《税务研究》2015 年第 1 期。

［210］张琴：《从国家与社会关系看经济法的价值重构》，载《重庆科技学院学报（社会科学版）》2016 年第 1 期。

［211］张荣芳、熊伟：《全口径预算管理之惑：社会保险基金的异质

性》，载《法律科学（西北政法大学学报）》2015 年第 3 期。

［212］张守文：《财政危机中的宪政问题》，载《法学》2003 年第 9 期。

［213］张守文：《收益的可税性》，载《法学评论》2001 年第 6 期。

［214］张守文：《税权的定位与分配》，载《法商研究》2000 年第 1 期。

［215］张文显：《法理学》，高等教育出版社、北京大学出版社 1999 年版。

［216］张文显：《法理学》，高等教育出版社 2001 年版。

［217］张献勇：《预算权研究》，中国民主法制出版社 2008 年版。

［218］张馨：《应从市场经济的基点看待公共财政问题》，载《财政研究》1999 年第 1 期。

［219］张学博：《现代财产权观念中的预算权概念研究——兼论预算法之完善》，载《河南财经政法大学学报》2016 年第 5 期。

［220］张怡：《税收法定化：从税收衡平到税收实质公平的演进》，载《现代法学》2015 年第 3 期。

［221］赵全厚、高娃、匡平：《地方政府债务应纳入资本预算——美国地方政府债务资本项目融资管理的启示》，载《地方财政研究》2016 年第 3 期。

［222］郑春燕：《现代行政中的裁量及其规制》，法律出版社 2015 年版。

［223］中共中央马克思恩格斯列宁斯大林著作编译局：《马克思恩格斯全集》第 21 卷，人民出版社 2003 年版。

［224］中国社会科学院预算研究所词典编辑室：《现代汉语词典》（第 5 版），商务印书馆 2005 年版。

［225］钟晓敏：《财政学》，高等教育出版社 2010 年版。

［226］周叶中：《宪法》，高等教育出版社、北京大学出版社 2000 年版。

［227］朱大旗、何遐祥：《议会至上与行政主导：预算权力配置的理想与现实》，载《中国人民大学学报》2009 年第 4 期。

［228］朱大旗：《税收法定的精神实质和落实》，载《国际税收》2014 年第 5 期。

［229］朱大旗：《现代预算权体系中的人民主体地位》，载《现代法学》2015 年第 3 期。

［230］朱大旗：《中华人民共和国预算法释义》，中国法制出版社 2015 年版。

［231］朱芳芳：《地方公共支出管理问题研究》，厦门大学博士论文，2003 年。

［232］朱孔武：《论预算审议在我国民主宪政体制中的地位》，载《岭南学刊》2009 年第 6 期。

［233］朱丘祥：《分税与宪政——中央与地方财政分权的价值与逻辑》，知识产权出版社 2008 年版。

［234］Allen Schick, An Inquiry into the Possibility of a Budgetary Theory, Irene Rubin. *New Directions in Budget History*, New York: State University of New York Press, 1988.

［235］Allen Schick, "Macro – Budgetary Adaptations to Fiscal Stress in Industrialized Democracies," *Public Administration*, Vol. 5, 1986.

［236］Allen Schick, "Performance Budgeting and Accrual Budgeting: Decision Rules or Analytic Tools?" *OECD Journal on Budgeting*, 2006.

［237］Allen Schick, "Post-crisis Fiscal Rules: Stabilizing Public Finance while Responding to Economic aftershocks," *OECD Journal on Budgeting*, Volume 2010.

［238］Anwar Shah, Chunli Shen, "Budgeting and Budgetary Institutions," Anwar shan (eds.), *A Primer on Performance Budgeting*, Washington D. C., Word Bank, 2007.

［239］A. Wildavsky, *The Politics of the Budgetary Reform*, New York: Harper Collins Publisher Inc, 1988.

［240］Bird Richard, "Threading the Fiscal Labyrinth: Some Issues in Fiscal Decentralization," *National Tax Journal*, Vol. 6, 1993.

［241］ Celina Souza, "Participatory Budgeting in Brazilian Cities: Limits and Possibilities in Building Democratic Institutions," *Environment and Urbanization*, 2001.

［242］ Crain W. M. , J. Brian O'Roark, "The impact of performance-based budgeting on state fiscal performance," *Economics of Governance*, Vol. 5, 2004.

［243］ Fred Thompson, "Mission-Driven, Results-Oriented Budgeting: Fiscal Administration and the New Public Management," *Public Budgeting & Finace*, Vol. 14, No3, 2003.

［244］ G. Edward White, *The Constitution and The New Deal*, Harvard University Press, 2000.

［245］ Greece A. Vamvoukas, "Budget Deficits and Economic Activity", *International Adcance in Economic Research*, Vol. 5, No. 1, 1999.

［246］ Hehui Jin, Yingyi Qian, Barry R. Weingast, "Regional decentralization and fiscal incentives: Federalism, Chinese style," *Journal of Public Economics*, Vol. 9, 2005.

［247］ Ho, Alfred Tat-Ke, "From Performance Budgeting to Performance Budget Management: Theory and Practice," *Public Administration Review*. Vol. 78, Issue 5, Sep/Oct2018.

［248］ Jerome G. Rose, "Tax and Expenditure Limitations: how to Implement and Live within Them," N. J, *Center for Urban Policy Research*, Rutgers, 1982.

［249］ Jun Ma, "The Dilemma of Developing Financial Accountability without Election. ," *Australian Journal of Public Administration*, 2009.

［250］ Junnifer Nedelsky, *Private Property and the Limits of American Constitutionalism*. The University of Chicago Press, 1990: 68.

［251］ Lau C. M. , Low L. C. , Eggleton I. R. C. , "The interactive effect of budget emphasis, participation and task difficulty on managerial performance: a cross-cultural study," *Accounting, Auditing & Accountability Journal*, Vol. 10,

1997.

[252] Louis Fisher: "The Authorization-Appropropritation Process in Congress: For all Rules and Informal Practices," *Catholic University Law Review*, Vol. 29, No. 5, 1979.

[253] Micheal Ruffner and Joaquin Sevilla, "Public Sector Mordernization: Modernizing Accountability and Control," *OECD Journal on Budgeting.*, Vol. 4, Issue 2, 2004.

[254] Nocolai Hartmann, *Diesseits von Idealismus and Realismus in Kant – Stuien*, Bd. XXIX, 1924.

[255] OECD, "Performance information in the budget process: an overview of oecd country experiences," *Source OECD Governance*, Vol. 28, 2007.

[256] Schick, A, "The Road to PB: The Stafea of budget reform," *Public Administration Review*, No. 12, 1966.

[257] Sherry R. Arnstein, "A Ladder of Citizen Participation," *Journal of the American Planning Association*, Vol. 4, 1969.

[258] Tao Zhang, Heng-fu Zou, "Fiscal decentralization, public spending, and economic growth in China," *Journal of Public Economics*, Vol. 2, 1998.

[259] Tarschys, Daniel, "Time horizons in budgeting," *OECD Journal on Budgeting*, 2002.

[260] Walker, D. M., 21st century challenges: Performance budgeting could help promote necessary reexamination: GAO – 05 – 709T, GAO Reports, 2005.

[261] Zareh Asatryan, César Castellón, Thomas Stratmann, "Balanced budget rules and fiscal outcomes: Evidence from historical constitutions," *Journal of Public Economics*, Vol. 167, 2018.

后　记

　　本书是在我的博士论文基础上修改完善而成的。光阴似箭，转眼间博士毕业已逾三载，但博士求学的那段时光一直萦绕在心，值得我用一生去回味。在书稿修订过程中，仿佛又回到了那段难忘的岁月，感慨万千，心中更是充满感激之情。

　　特别感谢我的博士生导师、西南政法大学财税法学科负责人张怡教授。与老师的结缘是在一次财税法的学术会议上，当时我鼓足勇气向老师表明考博的心意，老师不仅没有回绝，反而耐心地解答我关于考博的疑惑。后来，老师将我招至麾下，我如愿以偿地成为了张怡老师的学生，成为了"怡乐园"大家庭的一分子。老师求真务实的治学理念、豁达宽广的人生态度、循循善诱的为师之道深深地影响着我。每次发送的邮件老师总能在短时间内及时回复，甚至在深夜也不例外，这让有拖延症的我感到汗颜。每当学业上遇到困难停滞不前时老师的点拨和鼓励就如同明灯指明了方向。博士论文从选题到写作都得到了老师极富启发性的修改建议和思路，论文的顺利完成离不开老师的鞭策和鼓励。经师易遇，人师难求，我是何等的幸运！

　　感谢在论文开题、预答辩以及答辩环节各位专家提出的真知灼见，使论文能够得到更好的修改和完善。他们是卢代富教授、邓纲教授、王怀勇教授、岳彩申教授、周勇兵教授、陈治教授、黄元聪教授、胡大武教授、黄茂钦教授、杨惠教授、宋宗宇教授、胡光志教授、许明月教授、叶明教授，在此表示衷心的感谢！

在西政的求学生涯是我人生中弥足珍贵的一段经历。西政以法学界的黄埔军校著称,有着非常深厚的历史底蕴。校园里的各种讲座、论坛通告让人目不暇接,报告厅外提前排起的长龙、报告厅里站着听报告的壮观场面在西政并不稀奇,在这里能切身感受到智慧的交锋、思想的碰撞和论辩的魅力,让莘莘学子找到了精神家园。感谢课堂上授业解惑的张国林教授、岳彩申教授、卢代富教授、盛学军教授、许明月教授、张怡教授、王煜宇教授、唐烈英教授、江帆教授、邓钢教授、胡大武教授、李树教授,老师们博学、睿智、亲和,怀揣家国情怀,让人敬仰。"德不孤,必有邻。"感谢同窗好友,一起学习的快乐时光永远难忘。感谢"怡乐园"这个大家庭,在这里时刻都能感受到兄弟姐妹般的美好情谊。感谢王婷婷副教授和侯欢博士在读博期间给予的诸多帮助和支持。

本书写作并不是一帆风顺,要跨越大大小小数不清的山丘。我国从20世纪90年代即提出"财税法一体化"的概念和理念,强调收入、支出和管理的统筹和一体化研究,然而从研究的现状看,收入端的研究要大大多于支出端的研究,税法的研究多于财政法的研究,支出端和财政法的研究相对比较薄弱。如何确保"众人之财"用到"众人之事"上,将财政权"关到笼子里",使财政支出更加合理和正当,这些问题深深萦绕在脑海。面对政府预算、经济学、管理学、预算法、财政法等不同学科庞大的知识体系,以及中外文资料的收集、数据的整理,都是对我的极大挑战,更为了研究框架和结构更科学和更具逻辑性而寝食难安、绞尽脑汁。感谢这段岁月的历练,哪怕是期间走过的弯路,也都将成为我人生中最宝贵的财富。近些年来,我国财税法治建设不断推进和深入,令人欣喜。希冀本书能对财税法治的发展提供一点点参考价值,则与有荣焉。

本书能够顺利出版,要特别感谢山东科技大学经济管理学院的领导和同事的大力支持!同时也特别感谢经济科学出版社相关编辑老师的辛勤付出!

最后,我要感谢我的家人。无论何时,父母家人永远是我坚强的后盾。为了支持我的学业,父母尽其所能地帮我减轻生活负担,分担家务,毫无怨言。感谢我的爱人一路以来的陪伴和关爱。儿子是我心底最柔软的部分，也是我克服重重困难的动力，我和儿子一起成长！

　　生有涯而知无涯，由于笔者专业知识和思维视野的局限，本书定有偏颇和不足之处，恳请学界专家和读者批评指正！

王彩霞

2023 年 6 月于青岛